Collection Bibliothèque d'«at plus»

可能なる革命

Another World is Possible

大澤真幸

Masachi Ohsawa

homo Viator

太田出版

可能なる革命

大澤真幸

太田出版

可能なる革命〈目次〉

III

まえがき

私たちは、明らかに、変化を、劇的な変化を求めている。どこへの変化ということについて明確なイメージをもつことはできずにいる。しかし、ここからの、現状からの変化を切実に求めている。

現状からの変化、現状からの解放を強く強く求めているのに、逆に現状に執着してしまうことがある。どうしてそんな奇妙なことになるのか、その心理的なメカニズムについては、本文に記してある。いずれにせよ、今の私たちは、現状からの変化を求めれば求めるほど、逆に、現状へとしがみつくほかなくなる、という逆説のうちにある。これはまことに不幸なことだ。

本書では、私たちがほんとうは引き起こしたいこと、無意識のうちに求めている変化を、すでにほとんど死語になっていて使われることがない語、しかし最も強い語で表現した。革命、である。少なくとも一九七〇年代序盤までは、「革命」は左翼の政治プログラムを表現する語として使われてはいた。しかし、どんなに強く変化を希求していても、現在では、この語が用いられることはない。それは、本質的な変化への深い断念があるからだ。

革命とは何かについては、本文（とりわけ序章）に記してある。ただ、あらかじめこれだけは言っておこう。革命ということで、非合法的な暴力活動のようなものを想像する必要はない。今日の社会では、合法的な活動の積み重ねによっても、革命の名に値する劇的な変化を――少なくとも原理的には――引き起こすことができる。そう、革命は可能だ。その可能性の根のようなものを探すのが、本書のねらいである。変化を求めながらも逆に現状に固執するという悪循環から逃れるためには、革命がまさに可能だということを信じる必要があるからだ。

＊

本書は、『atプラス』誌での連載をもとにしている。二〇一一年一月に連載を始めてすぐに、3・11の津波と原発事故があった。そのため、第一回を掲載した後、連載のもともとの狙いとは異なる、3・11についての考察を何回か書いた（この部分については、すでに『二千年紀の社会と思想』に収録した）。本書では、あらためて、前記の、連載の本来の趣旨にそった部分を集め（現状に合わせて）加筆・修正した。

全体は緩《ゆる》やかにつながってはいるが、季刊の雑誌の各回の論考をもとにしているので、章の独立性は高い。だから、どの章からでも読むことができる。

連載中は、『atプラス』の編集長だった、落合美砂さん、柴山浩紀さんの両名にお世話になった。毎回、私の原稿をギリギリまで待って掲載してくださったことに、また各回の原稿への懇切なコメントに、心より感謝している。

さらに、今回、単行本化するにあたっての、赤井茂樹さんの献身的な尽力には、お礼の言葉もない。第12章、序章、終章は、赤井さんの助言に基づいて書いたものである。また赤井さんは、現在に合わせた最新の調査データを収集してくださった。赤井さん、ありがとう。

大澤真幸

二〇一六年九月

I

序章　改革？　維新？　いやそうではなくて…

1　改革・維新を超えて

現代日本の政治において鍵となっている言葉を挙げるとすれば、それらは、「改革」とか「維新」といった語に、つまり変化を強く指向する語になるだろう。保守政党でさえも、改革を謳《うた》う。つまるところ、われわれは変化を求めているのだ。だが、ここでは、社会の変化を意図的にもたらすことを指し示す、最も強い語が避けられている。最も大きな（意図的な）変動を意味する語が回避されているのである。かつて、左翼にとっては、「改革 reform」は、それほど積極的な語ではなかった。まして、「修正」は悪い意味であった。「修正主義者 revisionist」というのは、根本的で本質的な変化から逃げ、弥縫《びほう》的ないしは暫定的な手直しですませようという中途半端な者のことである。修正や改革や維新よりもずっと強い語、より大きく根本的な変動を指し示す語、しかし今日ではほとんど誰も口にしない語とは、もちろん「革命revolution」である。

　革命は、かつて左翼の政治プログラムを指していた。が、今日、左翼を自認している政党やグループでさえも、「革命」を口にすることはない。彼らは、――保守政党と一緒になって――改革を唱えているのだ。

　ということは、われわれは変化を求めてはいるが、それは「革命」というほどには大げさではないささやかな変化だということになるのか。改革とか維新とかがくりかえし、ほとんどやかましいほどに叫ばれてはいるが、われわれが求めているのは、革命というほどの抜本的な変革ではなく、末梢的な制度のごく一部の修正なのか。そうではあるまい。革命が言及されなくなったのは、人々が、社会主義や共産主義の可能性を信じなくなったからである。[1]

　革命という語は、一九世紀の中盤以降は、主として、資本主義との関係で使われてきた。少なくとも、資本主義と民主主義が十分に発達した社会においては、革命という語は、資本主義というシステムを否定するほどまでの変化を社会にもたらすことを企図しているときに、呼び出される。ところで、長い間――短く見積もっても一九世紀後半から二〇世紀末までの一世紀以上の間――社会主義や共産主義は、資本主義の外部、あるいは資本主義を通りこした〈その先〉という夢の具体化だった。革命は、社会主義や、さらにそれを超えた共産主義の実現をめざす変革の運動と見なされてきた。それゆえ、社会主義や共産主義の可能性に確信をもてなくなった二〇世紀の末期以降は、どんなに劇的な変化を求める者も、もはや革命という語を使わない。

それならば、われわれが求めている変化は、資本主義の枠内の変化ということなのだろうか。資本主義を絶対に乗り越えられない地平として前提にした上で、その内部での改革や改良を人は求めているのだろうか。この問いに対する答えは、両義的なものにならざるをえない。つまり、ある意味では、答えはまさに「イエス」であり、しかし、別の意味では、そのようにシンプルに言い切るわけにはいかないのだ。どうしてこのようなあいまいな答えになるのかと言えば、それは、現状の資本主義そのものに、両義性があるからだ。

2　世界の終焉を想像するよりも難しい

社会や政治の改革を唱える者に、あなたが求めているその「改革」は資本主義そのものの否定を含むのかどうかを問えば、ほぼ全員が、「そんなことはない、資本主義の内部の変化である」と答えるだろう。なぜなら、誰も、資本主義の終焉《しゅうえん》やその向こう側に対する想像力をもってはいないからだ。フレドリック・ジェイムソンが――彼自身も「誰かが言っていたように」と留保を付けつつ――述べているように、現代のわれわれには資本主義の終わりを想像するよりは世界の終わりを想像するほうが簡単である。[2] 実際、われわれは、何らかの原因で、世界そのものが終わるとか、人類が滅亡するとか、ということについてならば、ある程度の想像力を働かせることができる。だが、人類か世界かが終わるその日に、人類が資本主義以外の方法を用いて繁栄している、という状態を思い浮かべることは困難だ。資本主義が終わるとすれば、それは、人類そのものが滅亡するときだ…とわれわれは皆ひそかにそう思っている。だから、社会の各所に現れている問題点を指摘し、強い口調で改革を唱える者も、資本主義の外にまで出て行く気はない。そんなことは思いもよらない。

資本主義は地球規模で繁栄していて、健康そのものであるように見える。資本主義の外に出て、なお豊かであることなど、とうてい不可能なことのように思えるのだ。現代社会において、その事実を最もはっきりと印象づけているのは、「中国」である。冷戦が事実上とっくに終わっているのに、世界で最も多くの人口をかかえるこの国は、公然と「社会主義」を標榜《ひょうぼう》している。中国が主唱するイデオロギーも、そして採用している政治システムも、今日の世界標準とはかけ離れている。それどころか、唯一の政党が法の上にたち、他の政党を認めず、民主主義を無視した方法で人事権を握る等々、今日、この世界で広く受け入れられている価値観から見れば、明らかに問題だらけのやり方である。

それに対する中国の公式見解は、こうである。そのような価値観とは、西洋的な価値観に過ぎない。つまり、中国の政治システムやイデオロギーへの批判は、特殊西洋的な視角を普遍的なものとみなす誤りだというわけだ。中国には中国のやり方がある。それを、今日、中国の人民と政府は、「社会主義」と呼んでいるだけだ。

だが、ここで、われわれは究極の逆説に出会うことになる。中国流の社会主義とは、「改革開放」以降、要するに、市場経済とセットになった社会主義ということである。いや、もっとはっきり言えば、それは、資本主義で勝ち抜くための手段としての社会主義という意味だ。すると、どういうことになるのか。中国は、西洋のそれとは違う自身の独自性を、西洋が普遍的なものとみなす価値観には順応しない独自性を主張しているわけだが、そのような言動は、少なくとも一つの普遍性を受け入れた上でのことだ、ということになる。それは資本主義、グローバル化した資本主義の普遍性である。未だに、社会主義という看板を掲げ、その上、世界の政治と経済に圧倒的な影響力をもつこの大国は、どんなに独自性を主張しようとも、その前提として、暗黙のうちに資本主義という枠組みだけは受け入れているのだ。

人は、どんなに声高に変化を主張しようとも、グローバルな資本主義の外へと出て行くつもりはない。資本主義の終わりを主張することは、人類そのものが終わってもよいと皮肉に言ってみることよりももっと難しいことなのである。

3　にもかかわらず終焉の予感

だが、それにもかかわらず、誰も資本主義が――人類が終わるその日まで――終わりを迎えることを信じておらず、そして資本主義の外部でなお繁栄できる道への変革を求めてはいない、と断定するわけにはいかない。どうしてか。

まず、多くの人が、このまま歩んでいけば、資本主義そのものの総体的な破局が待っているのではないか、という漠然とした不安をもっている。二〇〇八年九月一五日のリーマンショックや、あるいは二〇〇九年以来のギリシャ経済危機は、そうした破局の予兆のように受け取られた。

そうした不安が広く分け持たれていることを示す、間接的な証拠は、資本主義の終焉を予感させる――「とんでも本」ではないきちんとした学問的裏付けをもつ――本が、日本国内で、また主要な「先進国」の全体で、ベストセラーになった、という事実である。そのような本の代表は、言うまでもなく、トマ・ピケティの『21世紀の資本』である。[3] 念のために述べておけば、この書物は、資本主義の終焉を予言した本でもなければ、資本主義とは異なる体制を提唱した本でもない。ピケティは、冒頭で、自分は冷戦が終わった一九八九年には高校生であり、社会主義に対していかなる幻想も抱くことがない世代に属しており、マルクスの『資本論』と違って、資本主義の超克を主張しようとは思わない、とはっきりと述べている。にもかかわらず、この本が異常な売れ行きを示したのは、読者が、この本を、資本主義の終焉を予感させる黙示録のように受け取ったからであろう。

さらに、人々が要求していること、人々が改善を求めていること、それらは、結局、一つの国の一つの政策や、あるいは一つの法律の改正・策定によっては実現されえず、もしそれらをほんとうに獲得しようとすれば、グローバルな規模の社会変動を引き起こすしかないのではあるまいか。人々が改革を要求しているその問題点は、グローバルな資本主義そのものの矛盾なのではあるまいか。資本主義に内在している限りは、解決できないことなのではあるまいか。こうしたこと、つまり不安と恐怖の原因となっているその問題がグローバルな資本主義そのものの全体に及んでいるということは、漠然と自覚されている場合もあるし、そうとは自覚されていないこともある。が、これは客観的な事実ではないか。

たとえば、ピケティの本の主題でもある格差、貧富の経済格差について考えてみよう。格差をグローバルな規模で見たとき、それはすさまじく、アジア・アフリカのいくつかの国の底辺には、かつての新大陸の黒人奴隷に比せられるほどに悲惨な労働者がいることは、よく知られている。東南アジアや南アジア、中国等では、ブラック企業が営む過酷な工場（英語では「スウェットショップ」と呼ばれ、中国語では「血汗工廠」と呼ばれる）で、総計すれば何百万もの労働者が、マルクスが『資本論』の「資本の原始蓄積」の章で書いた産業革命初期のイギリスの工場の幼い労働者や、それどころか二〇世紀の強制収容所の囚人のように搾取《さくしゅ》され、働かされている。アフリカでは、天然資源の採取のために、超低賃金の労働者が文字通り奴隷のごとく動員されている。裕福とされる中東の産油国に、基本的な人権すら奪われているに等しい、大量の移民労働者がいる、等々。こうしたことは、学問的には、従属理論や世界システム理論のようなマルクス主義系の社会学者によって指摘されてきたし、単純に、事実として報道もされてきている。

が、現在の特徴は、このような格差が、わざわざ地球の果ての遠くに目を向けなくても見つかる、ということである。これに類する底辺の労働者や失業者が、「先進国」とされている豊かな国の中に、したがって日本の中にも、いくらでも見つかる。たとえば、私は、第11章で、藤田孝典の『貧困世代』という報告を引用している。[4] 藤田は、「下流老人」という造語で知られている。この語は、今では、広く普及し、普通に使われている。下流老人とは、生活保護基準相当の極貧で暮らす高齢者のことだが、藤田は、ソーシャルワーカーとしての活動を通じて、下流老人予備軍とも呼ぶべき若者が、「世代」と呼んでよいほどまとまったかたちで存在していることに気づいた。貧困世代の若者は、（しばしば学生のときから）非正規雇用の仕事に就き、収入は生活保護費並で、長時間の単純労働に従事する。彼らの大半は、雇用形態が「正規」に変わることはなく、おそらく、一生、中流になることなく、結婚もできず、ときに住む場所すらなく、しばしば（奨学金等によって）多額の借金を背負っている。このままでは、彼らは、そのまま下流老人になるだけだろう。

ここで述べておきたいことは、この種の格差、このような低賃金労働者（とその「控え」となる失業者）は、資本主義が正常に機能するための、構造的な必然ではないか、ということである。資本主義の作動を通じて利潤があがるためには（剰余価値が生産されるためには）、このように過酷に搾取される労働者がどうしても必要になるのではないか。資本主義をとるか、過酷な格差をとるかの二者択一なのであって、格差なき資本主義はありえないのではないか。はっきりと語られることは少ないが、このような直観をもっている人は、現場で仕事する者にも、理論家にも少なくはないはずだ。

4　資本主義は克服してきた

だが、このような議論には、常套的《じょうとうてき》な反論がある。これまでも何回となく、左翼の理論家や運動家は、資本主義のある特定の欠陥をとりあげ、それは、資本主義というシステムの再生産を脅かす根本的な難点であると主張してきた。その欠陥のゆえに、資本主義そのものが転覆《てんぷく》するだろう、と。したがって、その欠陥の是正を強く要求するならば、資本主義そのものが維持できなくなるはずだ、と。しかし、こうした主張はすべて間違っていた。資本主義は、それらの欠陥を許容水準にまで是正し、なお自分自身を維持することに成功してきたのである。言い換えれば、本質的とされていた欠陥は、資本主義にとって偶有的《ぐうゆうてき》なものであって、それらを補修することで、ますます元気な資本主義が生まれてきたのだ。

たとえば、恐慌。資本主義にとって景気の循環は避けがたい。その中には、並の不況の水準を超えた恐慌が含まれている。かつて、マルクス主義者は、恐慌は資本主義を終わらせる、と論じていた。しかし、資本は、国家の助けを借りて、恐慌を手なづける方法を編み出した。今でも、景気循環やバブルの崩壊のようなことは起きるが、それは、そこそこ利く薬があるので必ず治すことができる風邪のようなもので、資本主義の生命を奪うほどではない。

あるいは、マルクスは、アメリカ合衆国で南北戦争が起きたとき、「北」を強く支持した。マルクスは、——アメリカの新聞の通信員として生計を立てていたこともあるのに——一度もアメリカに行ったことはなく、したがって南北戦争の実態も、また奴隷労働の現場も、自分の目で確認したことはなかったのだが、南部の奴隷労働に反対だった。彼が奴隷制に反対したのは、道徳的な理由から（だけ）ではなく、その廃棄が、資本主義そのものの廃棄につながると予想していたからだ。奴隷労働によって得られる安価な綿花が、イギリスに輸出され、イギリスの産業を支えていた。もし安価な綿花が手に入らなくなれば、イギリスの資本主義は大打撃を受けるだろう、とマルクスは予測したわけだ。しかし、周知のように、南北戦争では北軍が勝利したが、それによって、資本主義はむしろますます健康になった。

もうひとつ加えておくならば、フェミニズム。二〇世紀の後半に出てきた、ラディカル・フェミニズムやマルクス主義フェミニズムは、家父長的な家族が、労働力の再生産、私的所有の維持と相続にとって不可欠な装置であるとして、家父長的な家族を離脱することとは、資本主義そのものの超克を意味すると論じていた。こうした主張は、実は、二〇世紀に始まったものではなく、マルクスにとっては若き盟友にあたる、アウグスト・ベーベルが、一九世紀の後半に、すでに似たようなことを述べている。が、いずれにせよ、家父長的な家族の根幹にあった性別役割分業や男女差別は、——今でも残ってはいるが——かつてほどにはひどいものではなくなったが、そのことが資本主義の衰微にはつながらなかった。資本主義は、むしろフェミニストと同様に家父長制や男女差別に反対だろう。家父長的な家族に固執する者は、むしろ、資本主義についていけない者たちの方である。

このくらいにしておこう。このように、これまでもさまざまな弱点が指摘され、それが資本主義の命とりになるほど重要な難点であるとされてきたが、それらはことごとく克服され、資本主義はむしろタフになってきた。今回も同じことではないだろうか。二一世紀に現れている、グローバルな資本主義のさまざまな難点も、資本主義そのものの本質的で構造的な欠陥とは言えないのではないか。

5　後ろ向きの対策

だが、今回は、このような反論は成り立たないのではないか。そのように考える根拠がある。確かに、現在も、資本主義は、国家や国際組織や外交圧力の助けを借りながら、直面する困難をめぐって対抗手段を講じている。しかし、これまでとは違う。そのやり方が、いわば、後ろ向きなのだ。どういうことか簡単に説明しよう。

現在の対抗手段、二一世紀になってからとられている手段とは、簡単に言えば、これまで資本主義がその欠陥を克服しようとして獲得してきたことを、少しずつ放棄する、ということである。最もわかりやすい例は、労働者の権利や保護に関係する制度である。資本主義における過酷な搾取や恐慌による大量の失業を回避するために、労働者の権利を確保する制度が、どの先進資本主義国にもある。それらの制度が、賃金の水準を維持し、解雇を難しくする。が、日本だけではなく、すべての先進資本主義国が現在推進していることは、企業がより権利の小さな労働者を雇用できるようにすること、臨機応変に労働者を解雇できるようにすることである。

ということは、資本主義は、やはり、十分に低い賃金で働く労働者を必要としている、ということである。ここで、われわれはあらためてマルクスの炯眼《けいがん》に驚くことになる。先ほど、マルクスは、アメリカの奴隷制の廃棄が資本主義にとって致命傷になるはずだと予想していた、と述べた。そしてその予想は外れた、と。その通りではあるのだが、しかし、同時に、われわれは、あらためて気づく必要がある。ヨーロッパでは、中世の終わりには、奴隷というものがほとんどなくなっていたのに、どうして、新大陸で奴隷制が大規模に復活したのか。新大陸の経済が資本主義の中に組み込まれていたからではないか。確かに、合法的な奴隷制は、もはやどこでも許容されない。しかし、資本主義は、奴隷のように扱われる労働者、ゴミのようにいつでも廃棄できる労働者をやはり必要としているのである。かつて、そのような労働者は、資本主義の国際秩序の辺境に求められていた。資本主義は今や、それを中心部にも必要としている。

ともあれ、ここで強調したいことは、資本主義は、かつて苦難の果てに獲得してきたことを少しずつ放棄することで困難に対処している、ということだ。市場における規制緩和もそのような方向の対処のひとつである。あるいは、緊縮財政によって、社会福祉の水準を低下させることも、またそうした傾向の中に含まれる。

このように資本主義は、今や、後ろ向きの対応によって延命しようとしている。ということは、今度こそ、資本主義は本質的な危機に直面しつつある、ということではあるまいか。実際、この後ろ向きの対応は、「改革」を求める多数派が、解決してほしいと願っている問題を解消するどころか、むしろ拡大する。たとえば、近年の労働政策は、格差を小さくするのではなく、逆に大きくする。

6　資本主義をめぐるアンチノミー

それゆえ、資本主義をめぐってアンチノミーがある。一方で、誰も資本主義のその先に対する想像力をもたない。資本主義は、誰も超え出ていくことが不可能な最終的な地平のように見える。たまに資本主義を拒否する姿勢を見せる集団がいるが、つまり、資本主義の中心国に対してテロなどによって対抗する集団がいるが、彼らが成功しているとはとうてい言い難い。彼らは、資本主義がもたらした豊かさを羨望《せんぼう》している（その意味では、彼らも資本主義を駆動させている価値観を受け入れてしまっている）。彼らは、資本主義とは異なる方法によって、資本主義に匹敵する成果を上げようとするが、それはかなわない。要するに、彼らが求めていることは、端的に論理的に矛盾したこと、つまり資本主義抜きの資本主義である。そんなものがうまくいくはずがない。

だが、他方で、資本主義には大きな構造的欠陥があり、それは、資本主義そのものを否定することによってしか解消できないようにも見える。この欠陥は、いずれ、資本主義の内部で働く大半の者にとって耐え難いものになる。が、その欠陥を、資本主義を維持したまま解決することはできそうもない。

このアンチノミーを次のように見てもよい。グローバルな資本主義を全体としてみるならば、それは大発展し、非の打ちどころがないほど健康であるように見える。しかし、逆に、ローカルに細部を眺めるならば、資本主義はいたるところに深い傷をおっているようにも見えてくる。全体としての成功と、あらゆる細部に宿る悲惨とが、現代の資本主義の二つの顔である。

この状況に対するわれわれの対応が、「改革」や「維新」への要求だ。実際のところ、改革や維新の内容は、いずれもどこか手ぬるく、困難を打開するには遠いことを人々は自覚している。だから、ほんとうのところ、思い切って〈革命〉と言いたいくらいなのだ。が、それはかなわない。資本主義の外を望見するいかなる想像力もないからだ。〈革命〉などと言おうものなら、それは、愚かな夢を見ていると、自分でも認めざるをえない。だから、妥協的に、撤退して「改革」とか「維新」とか言ってしまう。これが、われわれの現状ではないか。

7　革命の定義

さて、そこで本書のねらいを書こう。資本主義をめぐる以上のアンチノミーに対して、第三の選択肢を提案することに、本書の目的があるわけではない。

ただ、われわれが無意識のうちに求めているものは、ある意味で〈革命〉だということ、このことを前提にして、次のように問うてみたいのである。それならば、〈革命〉を担い、遂行する主体はいるのか。そのような主体は、われわれの社会の中に準備されているのか。とりわけ、若い世代の中に、そのような主体はいるのか。このことを、さまざまな角度から問い、探究すること、これが本書のねらいである。

ここで、〈革命〉という語を定義しておこう。ここまで、資本主義との関係で、革命について論じてきたが、資本主義を否定する制度や社会の構築を目指すことが革命というわけではない。それでは、革命を狭く捉えすぎていることになる。

また、「歴史のお勉強」から来る、革命についての通俗的なイメージは、ここでは忘れなくてはならない。通俗的なイメージとは、非合法的な暴力とか、流血の惨事とか、武器をもった闘争とかといった事項によって構成されるイメージだ。現代社会は、少なくとも日本社会は、自由で民主的な社会であり、ある意味で、非常に許容的（寛容な）社会である。私の考えでは、現代社会のこのような特徴のおかげで、合法的な活動の積み重ねだけでも、革命になりうる。もちろん、そのような活動の中には、デモとか、インターネットを用いた情報の拡散とかも含まれる。

さて、では〈革命〉とは何か。もちろん、それは、社会構造の根幹を含む変動を、意図的な集合行動によって引き起こすことではあるのだが、通常の改革とどのように区別されるのか。次のように考えるとよい。

どのような社会にも、論理的にはもちろん可能だし、法的にも必ずしも禁じられてはいないのだが、「それ」を選択すること、「それ」をなすことは、事実上は、不可能だとされていることがある。「それ」を選択しないことを暗黙の前提とした上で、われわれには、「それ」と「あれ」との選択の自由が与えられており、われわれは当然、「それ」ではなく「あれ」の方を選択する。たとえば、結婚式の宣誓において、花婿（花嫁）は相手を死ぬまで愛するかを問われる。問われる以上は、「できません」と答える自由も形式的にはあるのだが、絶対に、そのように答えることはない。実際には、「ノー」と言わないことを前提にして、「ノー」と言う自由も与えられているのである。これと似たことが、社会全体にもある。どの社会にも、である。日本社会ももちろん例外ではない。というか、日本社会は、特に事実上不可能な選択肢をたくさんもつ社会である。

たとえば、日米安保条約の破棄は、日本にとって、そのような不可能な選択肢のひとつである。破棄を口にする人はたまにいるが、そういう人も含めて誰も、ほんとうに安保条約を解消し、その圏外に出られると本気で思ってはいない。EUにとっては、たとえば、ギリシアやその他の加盟国の債務を帳消しにすることは、事実上は、不可能な選択肢である。アメリカ合衆国にも、そのような事実上の不可能な選択肢はいくつもある。完全な銃規制とか、完全な公的保険（ユニヴァーサル・ヘルスケア）などである。

ここで、〈革命〉とは、集合的な要求を通じて、事実上は不可能とされていたことを実現し、そのことで、状況の全体を一変させることである。日米安保条約をほんとうに破棄し、日本国内にある米軍基地を撤廃することになったら、確かに、そのことは、日本社会のほかのすべての側面にも大きな影響を与えるだろう。憲法に対する態度も変わるはずだ。もし合衆国が、完全な銃規制に成功するとしたら、そのときには、個人の自由についてのアメリカ人の考え方や態度がトータルに変化したときである。〈革命〉とは、このように、不可能だったことを可能にするような変化を、社会運動によってもたらすことを指す。

本書で考えたいことは、日本社会に、このような意味での革命を担いうる主体はいるのかである。革命の主体を出現させうるポテンシャルを現代の日本社会はもつのか。とりわけ、一〇代から三〇代前半くらいまでの若い世代に、そのようなポテンシャルがあるのかが興味深い。というのも、これら若者に関しては、政治や社会への関心が乏しくなっている、というのが通念だからである。

これが、本書の全体を貫く問いである。とはいえ、各章の独立性は高い。またそれぞれの章は、それぞれに固有の主題をもっているので、必ずしも、今述べた主題に強く縛られているわけでもない。ときに、この序章で述べた一般的な問いは、背景に退いており、表面の考察の中にはしゃしゃり出てはこない。

1　以上の展開について、木村草太氏との会話がヒントになった。
2　Frederic Jameson, *An American Utopia: Dual Power and the Universal Army*, Verso, 2016, p.3.
3　トマ・ピケティ『21世紀の資本』山形浩生・守岡桜・森本正史訳、みすず書房、二〇一四年。
4　藤田孝典『貧困世代』講談社現代新書、二〇一六年。

II

第1章　「幸福だ」と答える若者たちの時代

何とも不可解なデータを参照することから、考察を始めよう。

＊

1　幸福な若者

われわれの社会は、総体として、大きな困難に直面している。この事実に関しては、ほぼ衆目《しゅうもく》の一致しているところではないだろうか。その困難が何であるか、体系的に、また正確に指示し、説明せよ、と言われれば、それができる人はほとんどいない。しかし、それぞれの人が、それぞれに深刻な関心をもってかかわっている特定のどの観点から捉えても、われわれの社会は順調に行っているとは見えないだろう。たいていの人は、このままいけば大丈夫とはとうてい思えず、逆に、このままではわれわれの社会は破綻《はたん》するだろうという不吉な予感をもっている。たとえば、景気。景気が回復し、失業や雇用の不安が解消してほしいと願っている人は多いが、日本の、あるいは世界の経済が順調に成長していくだろうという展望をもっている人はあまりいない。たとえば、老後の生活や医療。こうした社会福祉に関連する諸分野について楽天的な予想をもてないことは、今は若かったり、健康であったりする人でも知っている。あるいは、地球環境問題。……問題を正確に把握しているのは、それぞれの分野の専門家だけかもしれないが――もしかすると専門家すらよく把握していないかもしれないが――、そこに、容易には解決できない困難があることは、特別な専門知識をもっていない者でも分かっている。

こうした当然の事実を確認した上で、データを見てみよう。NHK放送文化研究所は、一九七三年以来、五年ごとに、一六歳以上の日本人を対象とした、「日本人の意識」と題する大規模な社会調査を実施してきた[1]。サンプル数が非常に多く、またサンプリングの方法も厳格であること、そして何より、原則的には、毎回同じ質問を用いていること等の諸点で、この調査は、信頼性が高い。社会意識の変化を、非常に正確に辿《たど》ることができるのだ。この調査の中で、生活の全般的な満足度に関

図1-1　日本人の「生活全般についての満足度」の変化

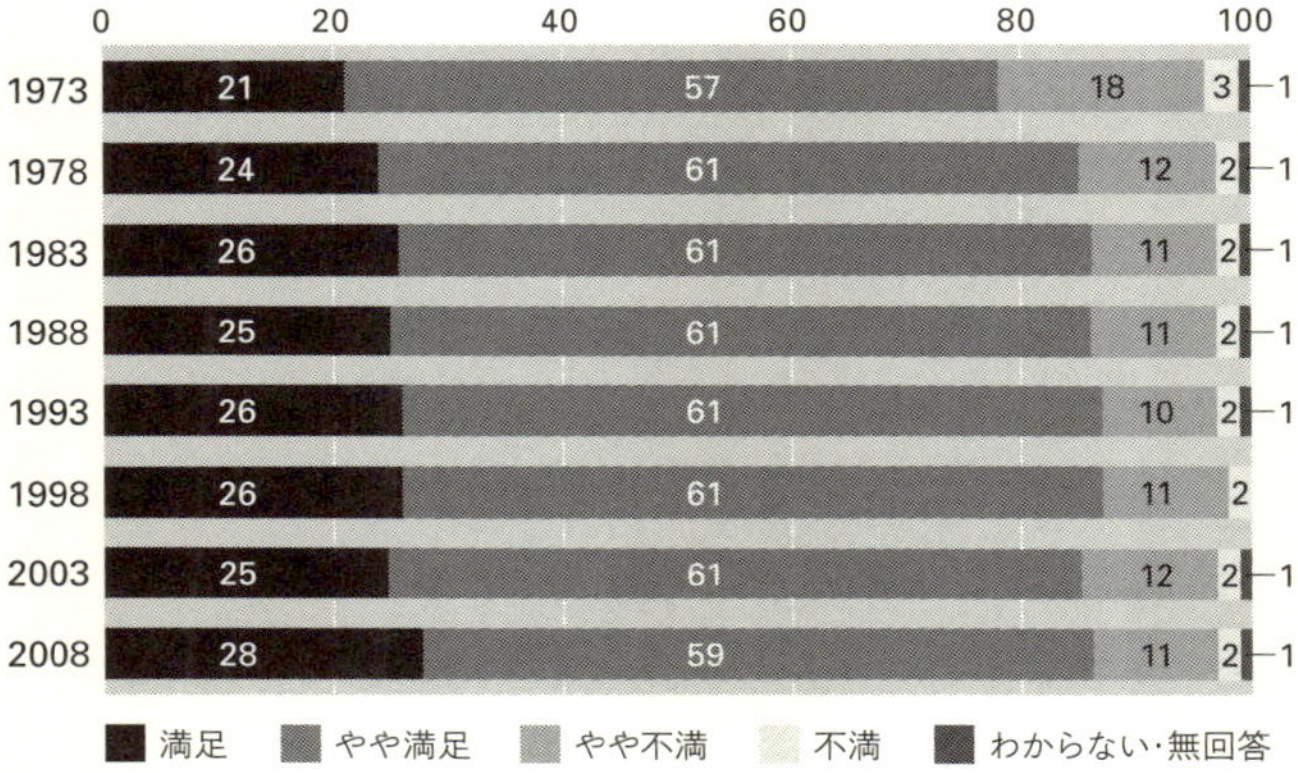

（『現代日本人の意識構造〔第七版〕』172頁　図VI－7）

する質問が入っている。簡単に言えば、「今、どのくらい幸福か」を問うているのだ。答えは、「満足／どちらかといえば満足（やや満足）／どちらかといえば不満（やや不満）／不満」の四択である。一九七三年から二〇〇八年までの変化を示しているのが、図１－１である。

　どの時点でも、ほぼ満足していると回答する者が圧倒的な多数であるという事実は、驚くにあたらない。驚くべきは、一九七三年から二〇〇八年の三五年間を経て、満足していると回答する者、幸福だと答える者の比率が増えているという事実である。一九七三年には、「満足」と答えた者は二一％だが、二〇〇八年には、それが二八％になっている。「満足」と「やや満足」を合計した、広義の満足は、この間に、七八％から八七％へと一〇ポイント近く上昇している。微増だと見なしてはならない。これらは、統計学的に十分に有意《ゆうい》な差である。もう少し仔細《しさい》にデータを見ると、上昇した時期は、二回あったことが分かる。最初は、一九七三年から一九八三年までの一〇年間であり、二回目は、最近の五年間（二〇〇三年から二〇〇八年）である。

この調査結果は、われわれの直感に反する意外なものではないか。われわれの社会は、とりわけ日本社会は、（どの観点から見ても）うまく行っていない。そのことを、大多数の人は理解している。しかも、それらの困難の多くは、われわれの日常生活に深い影響を残している。それなのに、どうして、満足・幸福と答える者が増加しているのだろうか。調査が始められた一九七三年が、とりわけ不幸な年だったのか。確かに、一九七三年は第一次オイルショックの年だが、調査はオイルショック勃発《ぼっぱつ》前に行われているので、その影響はありえない。また、三五年間には、いわゆる「バブル経済」の多幸症《たこうしょう》的な期間を含むが、調査は、現在ではその頃よりもさらに満足度・幸福度が上がっていることを示唆しているのだ。どうしてだろうか。

だが、真に驚くべきことは、さらに先にある。現代社会にはさまざまな深刻な困難があるが、その負の影響を被《こうむ》るのは、主として若い世代――一〇代後半から三〇代までの若い世代――である。たとえば、不況で職がなくて困るのは、定職をもっていたり、引退してしまった中高年ではなく、まさに今、仕事を探している若い世代だ。年金に関しても、困ることになるのは、何十年か後にそれを必要としている若年層だ。地球環境の悪化による生態系の破綻は、それが現実化したときに未だ生きている若い人々にとってまずは脅威である。こうしたことを考慮すれば、少なくとも若い世代に関しては、過去の同じ年齢層と比べて、幸福度が低下していると予想せざるをえない。

ところが、先の調査の結果を解析してみると、この予想は完全に裏切られるのだ！図1‐2は、一九七三年と二〇〇八年の調査で強い満足感を表明した者（つまり「満足」と答えた者）に関して、男女別・年齢層別に整理したものである。

ここから一目瞭然なように、若い層ほど幸福度が低いという傾向を示しているのは、現在（二〇〇八年）のデータではなく、過去（一九七三年）のデータの方である。右肩上がりのグラフがこのことをよく表している。二〇〇八年のグラフは、これとはまったく異なる形状をもっている。驚くべきことに、若い世代の、つまり一〇代(後半)から三〇代までの世代の——とりわけ男性の——幸福度が、圧倒的に高まっているのだ。むしろ、高齢者に関しては、一九七三年に比して二〇〇八年では、満足度が下がっている。日本人全体を総計したときに、現在の生活を満足・幸福と認知する者の比率が増えているのは、特に若い層において、満足感・幸福感を表明する者が激増しているため、高齢層で減少している分を補って余りあるからである。

図1-2　1973年と2008年日本人の「生活全体についての満足感」

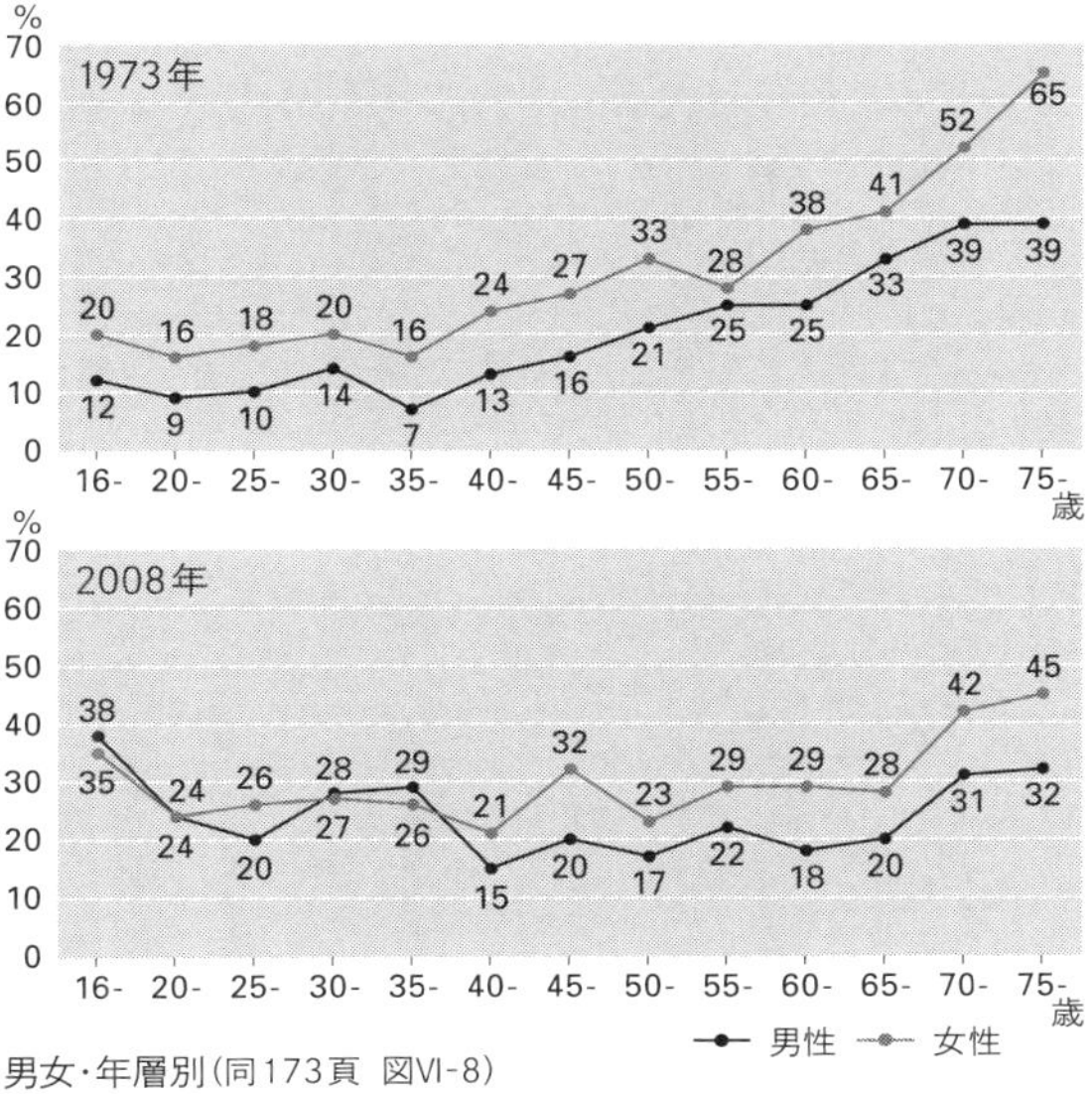

男女・年層別(同173頁　図VI-8)

これはまことに不可解なこ

とである。どうして特に若い層で、幸福だと自己判定する者の数が、近年に至って急速に増えているのだろうか。その若年層には、とりわけ不幸であると見なされてきた世代、自己自身によっても、他者によっても不幸であると認定されてきた（としばしば言われている）世代、すなわちいわゆる「ロストジェネレーション」も含まれている。ロストジェネレーションとは、説明するまでもないが、バブル崩壊後の不況のために、企業の求人数が非常に少なかった時期に大学や高校を卒業し、就職期を迎えた世代で、彼らは、現在、二〇代後半から三〇代後半を迎えている。しかし、調査データによれば、彼らは、「今の生活に満足している」と答えた比率が最も高い世代に属している。

NHK放送文化研究所の調査が異常なわけではない。他の調査によっても、同様な傾向を確認できるのだ。たとえば、内閣府（旧総理府）の「国民生活に関する世論調査」もまったく同じ結果を示している。この調査にも、「日本人の意識」調査と同様に、「現在の生活にどの程度満足していますか」という質問が入っている。この質問に「満足」（「満足している」＋「まあ満足している」）と答えた人の割合を示しているのが、図1－3である。

図１－３　生活満足度（男性）

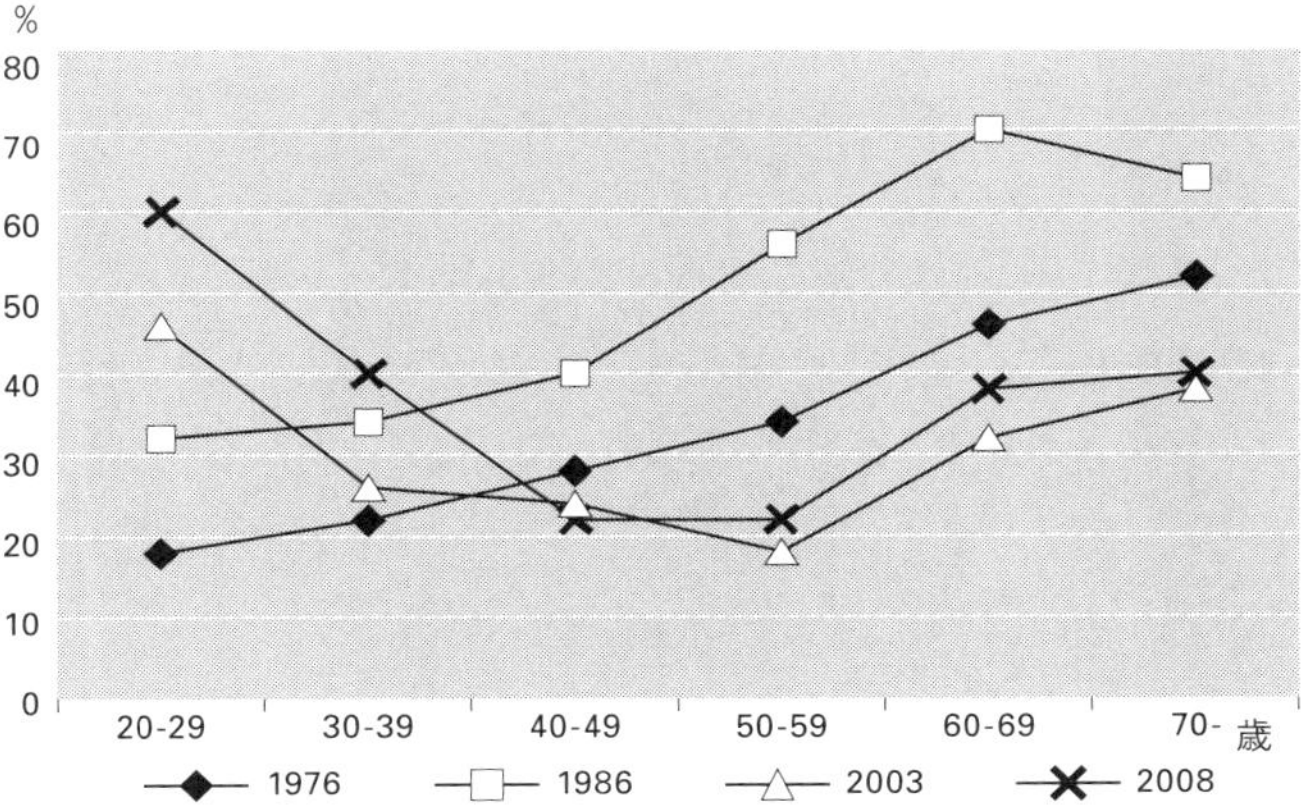

（豊泉周治『若者のための社会学』96頁）

内閣府の調査をもとに豊泉周治が作成したこのグラフが示しているように、二一世紀に入ってからの調査は、生活に関する満足度が、二〇代で顕著に高くなっている。四つの調査時点に対応した四本の折れ線は、一九七六・一九八六年と二〇〇三・二〇〇八年の間には明確な断絶があることを表現している。前二者は、ほぼ右肩上がりの線を描いている。つまり、高齢者ほど満足度が高い傾向があることを示している。それに対して、後二者の折れ線は、Ｖ字のラインを描いている。Ｖ字になるのは、若い層だけが突出して満足度が高いからである。ここに、さらに九〇年代のデータを加えると、両者の間のちょうど中間的な線を、つまりほぼ水平の線を示すという。[2]

2 社会への不満

どうして、このような困難な状況において、自分たちの現在を幸福だと判定する人が増加するのだろうか。しかも、その困難が最も重くのしかかっている若者においてとりわけ、幸福を自認する者が多いのは、なぜだろうか。まったく逆の結果が出るべきではないか。

この奇妙さは、豊泉周治を初めとする、何人かの論者によってすでに指摘されてきた。[3] 豊泉が言及している袖川芳之・田邊健の「幸福度に関する研究」(二〇〇七年)は、「主観的幸福度」という語を用いている。「幸福」は、主観的なものに決まっているのに、それにわざわざ「主観的」という形容を付すところに、論者たちの当惑が現われている。彼ら若者は、「客観的」には不幸であるべきなのに、主観的には幸福だ、というわけだ。

客観的な困難と主観的な幸福というねじれを説明してくれそうな、最も有力な原因は、当事者が困難を「困難」として認知していない、ということである。客観的には困難な課題が存在しているのに、それが認知されていない、ということであれば、このようなねじれもありうるだろう。[4]

だが、社会調査の結果は、このような説明を拒んでいる。たとえば、NHK放送文化研究所が行った「中学生・高校生の生活と意識調査」を見てみよう。この調査は、中高生を対象にして、一九八二年から二〇〇二年までの二〇年間で四回行われた（一九八二／一九八七／一九九二／二〇〇二年）。この調査でも、「あなたは今、幸せだと思っていますか」という質問に対して、強い幸福感を表明する（「とても幸せ」と回答する）中学生・高校生の比率が傾向的に増加し続けていることが示されており、ここまでわれわれが指摘した事実が追認される。この調査に注目したのは、加えて、「今の日本はよい社会だ」という言明に同意するかどうかを問う質問が入っているからである。この質問に「そう思わない」と否定的に回答する者の数が、調査期間の後半一〇年間（一九九二〜二〇〇二年）で激増している（中学生四七・三％→七四・六％、高校生五三・六％→七四・四％）[5]。したがって、日本の多くの中高生は、「日本社会はよい社会ではないが、自分は今幸せだ」と言っていることになる。ほぼ同じ含意《がんい》をもつ結果は、海野道郎・片瀬一男らの「仙台高校生調査」からも得られる。この調査は、一九八六年から二〇〇三年にかけて、仙台圏の高校生に対象を限って、五回、実施された。それによると、この間に「日本社会への満足感」は、大幅に減少している（五割近く→二割）[6]。

総体としての社会がよいかどうかということと現在の私的な生活が幸福かどうかということとは、同じことではないのだから、若者たちの判断が矛盾しているとまでは言えないだろう。しかし、通常は、「この社会に満足している」ということと「私の生活に満足している」ということとの間に強い相関関係があるから、それぞれを反映するデータがまったく反対方向の変化を示しているとすれば、それはきわめて奇妙である。少なくとも、「われわれ」にとってはさまざまな問題を抱えている社会が、若者の目には、問題がないよい社会に見えているので、彼らは強い幸福を感じているのだ、という説明は、これらの調査結果によって棄却《ききゃく》される。若者もまた「われわれ」と同様に、この社会が多くの困難を抱えていることを直感しているのである。

＊

　そもそも、現代の（現代日本の）若者たちは、ほんとうに現在の生活に満足し、幸福感を覚えているのだろうか。どうしてもこのように問わざるをえない。二〇世紀の最末期から現在までに至る約二〇年間の日本社会の変動、その間に若者たちの言動が示した彼らの感情は、幸福とはほど遠いものである。たとえば、この間、まさに「幸福」と回答している同じ年齢層に属する若者による衝撃的な犯罪が繰り返されてきた。オウム真理教事件がその中の最大のものだが、神戸の連続児童殺傷事件や西鉄バスジャック事件、そしてアキハバラ殺傷事件などが起きる度に、この世代の若者たちの精神の荒廃が語られてきた。無論、犯罪者は例外的な者だが、しかし、この世代以外の者からは、この種の悲惨で衝撃的な犯罪の加害者はほとんど出ていない、ということに注意しなくてはならない。つまりこれらの犯罪は、九〇年代から〇〇年代に二〇歳前後であった若い世代を特徴づけているのである。「引きこもり」や「ニート」が大量に含まれているのもこの同じ世代である。格差のボトムに沈み、貧困の問題が生じているのも、主としてこの世代の若者だ。この世代を指すのに用いられる「ロストジェネレーション（ロスジェネ）」という名は、彼らが直面している困難にまことに相応しいものに思える。社会学者の宮本みち子は、若者の多くが「フリーター」や「ニート」に追いやられたことには、日本の社会構造・経済構造に原因があり、彼らは今や「社会的弱者」である、と論じた。[7]

　繰り返せば、若者たちが「社会的弱者」としての自分たちの境遇を把握していないわけではない。このことをよく示しているのが、論壇誌『論座』の二〇〇七年一月号に掲載された「『丸山眞男』をひっぱたきたい」と題する、赤木智弘の論文である。[8]このとき赤木は、三一歳のフリーターであった。この論文で、赤木は次のように論じている。――われわれ〔ロスジェネ世代のフリーター〕が不本意な低賃金労働者に追いやられてから一〇年以上が経過したが、誰もわれわれを救おうとはしなかった。それどころか、われわれは、GDPを押し下げる、やる気がない等として、罵倒《ばとう》され続けてきた。平和が続く限り、このような不平等も続くだろう。このような閉塞《へいそく》状態を打開し、流動性を一挙にもたらしてくれるものがあるとしたら、それは何よりも戦争だ。――つまり、ロスジェネ世代の周辺的な労働者にとって希望があるとすれば、それは戦争が社会構造をリセットしてくれることだけだ、というのである。

赤木の論文は、論壇に相応の衝撃を与え、同世代の若者たちにかなりの共感を呼んだ。その端的《たんてき》な証拠は、左翼系の著名な知識人たちが、赤木の論考をわざわざ批判し、反論したことである（この論文発表から三ヶ月後の『論座』を見よ）。もし何の説得力も影響力もなければ、当時まったく無名だったこの青年を叱責《しっせき》したり、罵倒したりすることに、何の意味があるというのだろうか。

＊

それならば、あらためて問おう。どうして、一九九〇年代後半以降、自らの現在の生活を幸福だと言う若者が急速に増えているのか。

この問いに答える前に、次のことを指摘しておこう。功利主義者によれば、よい社会とは、可能な限り多くの人が、可能な限り大きな幸福を感じる社会である。この功利主義のアイデアを採用するとしたら、近年に至って、「今の生活が幸福である」と主張している者の比率が増えているということは、われわれの社会がよい方向に変化していることを示す、きわめて直接的な徴候だろう。とりわけ、幸福を訴える者が、これからの社会の主要な担い手になる若年層であるとすれば、この事実は、喜ばしいはずだ。近い将来、幸福感を覚える者の比率は、さらに増えると予想できるのだから。

しかし、現代社会が功利主義者が望むような方向に変化しているとはとうてい思えない。政権政党（二〇一〇年当時、民主党）が「最小不幸社会」をスローガンに掲げるような日本社会が、知らぬ間に、功利主義者が期待しているような変化を遂げているはずがない。「不幸を最小に」などと言われなくても「私たちはすでに幸福だ」と反論されるような好都合な状態が実現しつつあるとは思えない。何かからくりがあるはずだ。

すでに述べたように、ここに指摘したような不整合——客観的には大きな社会的困難が存在し、それが認知もされているのに、「幸福だ」と回答する若者が急増しているというねじれ——は、何人もの論者が気づいているので、これを説明するいくつかの仮説が提起されてきた。が、それらの仮説（「一九八〇年代のバブル期の多幸症から醒《さ》めていないから」「親の経済力に寄生する彼らは実際に幸せなのだ」等）のほとんどは、説得力もなく、事実とも合致しない。

そうした中にあって、唯一検討に値する仮説は、豊泉周治の説明、若者たちの意識がコンサマトリーな価値へと傾いているからではないかとする説である。[9]「コンサマトリー」の対語は「道具的」である。ある行動が与えられた目的の実現のために有効であるという理由によって価値があるとされるとき、その行動には道具的な合理性があるとされる。それに対して、ある行動が、それがもたらす結果とは独立に、それ自体で快楽をもたらすという理由によって「よい」と判断されるとき、その行動はコンサマトリーな価値がある。豊泉は、若者の価値観のコンサマトリー化が進んでいるとし、さらに、そうした意識の背景に関して、ハーバーマス風の社会学的説明（生活世界とシステムの葛藤）を与えてもいる。

私の考えでは、豊泉のこのような仮説は、誤りとは言えないが――つまり正しい方向を指してはいるが――、しかしなお、ミスリーディングな要素を残している。第一に、若者の意識が道具主義から離れ、コンサマトリーな価値へとシフトするという傾向は、確かに認められるが、それは、日本では（遅くとも）一九八〇年代初頭にはすでに顕著であった。たとえば、八〇年代初頭に大学を卒業した世代は「新人類」と呼ばれた。彼らが「新」だったのは、それ以前の社会人の道具主義からは、彼らのコンサマトリーな人生観が新奇なものに見えたからである。新人類の価値観の最も洗練された知的表現は、浅田彰が一九八三年に出した『構造と力』や翌年に出した『逃走論』であろう。これらの著作の中で称揚《しょうよう》された「スキゾ」と斥《しりぞ》けられた「パラノ」の対照は、コンサマトリーな価値と道具主義の対比と近似的に対応させることができる。八〇年代初頭にはコンサマトリー化が明確であるということは、豊泉自身が論拠にしているデータからも確認できる。[10] だが、「今の生活が幸せ」と回答する若者が急増したのは、それよりもだいぶ後、一九九〇年代中盤以降である。つまり、幸福であると自己申告する若者の比率の増大は、ほぼロスジェネ世代から始まっている傾向だ。図1－3によれば、八〇年代後半においても、グラフは未だ右肩上がりである。[11] とすれば、コンサマトリー化は、不可解な事実を十分に説明できないことになる。

第二に、価値観のコンサマトリー化と言うと、どうしても、「後先のことは考えずに今を享楽している」「少なくとも今はとても楽しい」ということを含意する。だが、現在の若者は「今」を楽しんでいるのか。過去の若者に比べて、現在の若者は「今」を楽しんでいるのか。バブル期に青春を送った層に比べて、ロスジェネ世代にとっては、「今」が楽しいのだろうか。われわれの驚きは、そもそも、若者たちのさまざまな言動——その中には赤木智弘の論文も含まれる——が、全力を挙げて、自分たちが苦しいこと、自分たちが不幸であることを表現しているように見えるのに、アンケートの調査をすると、彼らが、「今の生活に満足だ」と答えるという事実からくるものだった。若者たちは、苦しそうなのに幸福だと答える。「コンサマトリー化」という概念は、こうした不思議を捉えるには十分に強力ではない。

3　不幸の表現としての「幸福」

さて、それでは、この奇妙なねじれをどのように説明すればよいのか。これを説明するためには、「あなたは今の生活に満足していますか」とか「あなたは今幸せですか」と問われたときの心理を考慮に入れなくてはならない。

まず、「生活の全体が幸福だ」「人生に満足だ」ということは、「痛い」とか「赤い」のように直覚されるものではない。「痛い」ということの根拠は、現に私が痛いと感じているという事実以外にはない。痛みは端的に直覚される。どうして痛いのかと言われても、痛いから痛いのだとしか言いようがない。それに対して、「私は幸福だ」は、端的に直覚されるものではない。確かに、おいしいものを食べているときとか、好きな人と一緒にいるときに「幸せだな」と感じたり、試験に落第したり、失恋したときに「不幸だ」と感じることはある。しかし、このときの「幸せ」とか「不幸せ」は、その個々の出来事に関して言われているのであって、人生の全体に対して言われているわけではない。「私は幸せだ／不幸せだ」という結論は、私が体験し、関係している事実を全体として総合した上での判断である。調査において、「あなたは今の生活に満足していますか」という質問項目に対したとき、被調査者は、こうした総合的な判断に迫られている。まずはこの当然のことを考慮に入れる必要がある。

「あなたは幸せですか」「あなたの人生は全体としてよいですか」。この種の質問、つまり私自身（の人生）が全体として何であり、どうであるかを評価するような質問に、否定的に答えることは、原則的には非常に難しく、ある意味では勇気のいることである。「私は不幸である」と断ずることは、私（の人生）が全体としてよくない、と判定することを含意してしまうからである。つまり、それは、私と私の人生のトータルな自己否定を意味しているのだ。だから、人は、あえて「あなたの人生は幸せか」と問われれば、特別な理由がない限りは、これに肯定的に答える傾向がある、と考えなくてはならない。「あなたは今の生活に満足ですか」という質問に、圧倒的に多数の人が「満足」「ほぼ満足」といった肯定的な回答を出すのは、だから特別なことではない。それは、まったく「普通」のことである。

しかし、それでも、「私は不幸せです」と答える人もいる。どんなときに、そのように答えることが容易になるのか、を考えてみよう。「私は不幸せだ」「私の人生はよくない」と答えたとしても、私や私の人生をトータルには否定したことにならない場合である。それならば、どんなときにトータルな否定に至らないのか。「私は今は不幸せだ」と言えるとき、つまり、「不幸」や「よくない状態」が現在に限定できるときである。言い換えれば、「今は」不幸であるとしても、将来は、より幸福になるだろう、より肯定的なものになるだろうと想定できるとき、人は、比較的容易に、「私は不幸である」「私は人生に満足していない」と言うことができる。そう断じたからと言って、自分自身（の人生）を全否定したことにはならないからである。「この程度で満足するわけにはいかない。もっとよくなるはずだ。もっとよくできるはずだ」という前提をもっているとき、人はあえて「今は満足していない」と答える傾向がある。われわれは、「私の今の生活は不幸である」という顕在《けんざい》的《てき》な回答は、しばしば――すべてではないがしばしば――潜在的《せんざいてき》に、多くの場合には本人すら意識していない状態で、「私の将来の生活はより幸せである」という言明を伴っていると考えなくてはならない。

こう考えると、「あなたの今の生活に満足していますか」といった類の質問に、一般には、高齢な者ほど、「満足している」とか「幸せ」といった肯定的な回答を返す率が高まるのはどうしてなのか、ということが説明できる。図1－3（一九七六／一九八六年）や図1－2（一九七三年）を見ると明らかなように、この種の回答に肯定的に答えた者の率を年層別にグラフにすると、一九九〇年代中盤以前は、だいたい右肩上がりの線になるのだった。高齢者ほど、満足だと答えるからである。しかし、少し考えると、死が近づき、体力も他の能力も衰えてきてもいる高齢者の方が、まだ若い人より、「今の生活」に満足している、というのは奇妙なことである。彼らの多くが、今に満足し、今が幸せだと答えるのは、彼らには、多くの将来が残っていないからなのである。高齢者自身、そのことを理解している。「今よりずっと幸せになる長い将来」を想定できないときに、今が不幸であると判断することは、結局、自分自身の人生をトータルによくないものとして否定するに等しい。とすれば、よほどの理由がない限り、「幸福だ」「満足だ」と自己判定するほかないではないか。

こうした考察を経た上で、現在の若者たちが、「今の生活に満足している」「今が幸せだ」と回答する傾向が高まっているのはどうしてなのか、という本来の問いに回帰してみよう。これは、若者が老人のように回答しているという現象なのである。「幸せだ」と回答する若者が増加していることを、功利主義的に見てよい徴候だなどと考えてはならない。あるいは、逆に、これを、己が置かれた状況を理解していない愚かな楽天の表出と解してもならない。若者の反応は、このどちらの見方をも否定しているのだ。彼らの多くが、「今の生活が幸せだ」と回答するのは、彼らには未だ多くの人生の時間が残されているにも拘《かか》わらず、その残された将来の中で、今よりも幸せになるとは想定できないからである。彼らは、前世代の若者より特に楽しく生きているから、幸せだと答えているわけではない。どちらかと言えば逆である。彼らは、愚昧《ぐまい》な楽天家だから幸せなわけではない。むしろ、冷徹に将来を予想していために、今を幸せと認定せざるをえないのだ。将来、よりよくなると当たり前のように想定できないとき、人は、「今は幸せだ」と答える傾向がある。

こうした推論を裏づけるデータもある。日本青少年研究所が二〇〇〇年に実施した国際比較調査「新千年生活と意識に関する調査」によると、「二一世紀は人類にとって希望に満ちた社会になるだろう」という考えに同意しない日本の若者の比率は、六二・一％である。これは他国と比べて突出して悲観的な展望である（韓国二八・五％、アメリカ一一・九％、フランス三三・六％）[12]。二〇世紀の最後の年、日本の若者たちは、来るべき二一世紀に、何かよいこと、楽しいこと、心躍らせることが起きるとは予想できずにいる。

同じような含意をもつ調査の結果が、五年ほど前（二〇一一年一月）、日本労働組合総連合会（いわゆる連合）から公表された[13]。これは、若者だけではなく、一五歳から五九歳までの男女に対して、二〇一〇年一二月に実施された調査である。この中に、一年後、五年後、一〇年後、三〇年後に関して、「日本は今より良くなっていると思うか」という質問がある。

この質問に、「良くなっている」と答えた者（「非常に良くなっている」＋「ある程度良

図1－4　「日本の将来は今よりも良くなっていると思うか」

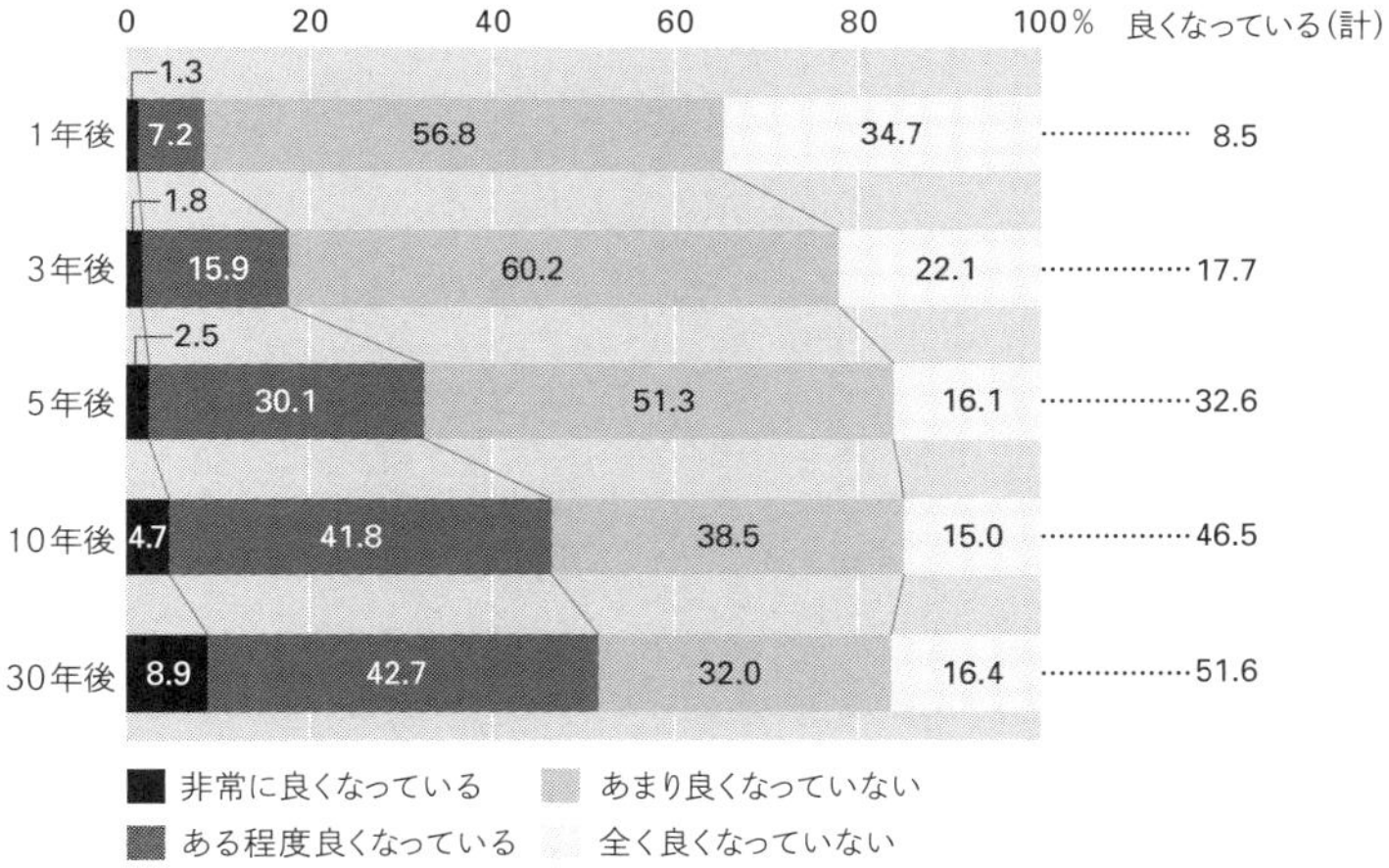

（連合「理想の日本像に関する意識調査」9頁）

くなっている」）の率は、一年後に関しては、たった八・五％である。「良くなっている」の回答率は、後にいくほど少しずつ増えてはいくが、しかし、それがほんのわずか五割を超えるのは（五一・六％）、最後の三〇年後だけである。その三〇年後の日本に関してさえも、確信をもってよくなるだろうと答える者、つまり「非常に良くなっている」と答えた者は、たった八・九％だ（図1－4）。おそらく、ほとんどの人にとって、具体的にイメージをもつことができる未来は、せいぜい一〇年後までであろう。つまり、三〇年後とは、「想像できないほど先のこと」という意味である。そのくらい先になれば、もしかすると今よりは改善されていると考える者が、なんとか半数ほどいる。逆に言えば、具体的な想像力が及ぶ範囲の将来に関しては、より改善される、より幸福になるとは想定できない、というわけだ。

こうしたデータは、若者たちが、現在の生活に関して「幸福」と回答するのは、むしろ、将来の人生に関して（より大きな）幸福を当然のように前提することができないからである、とするここでの仮説を支持している。この仮説の通りだとすれば、「幸福だ」という回答は、字義とはまったく逆のことを、ある種の不幸（想定された将来における不幸）をこそ表現していることになろう。別言すれば、「今は幸福だ」という言明は、希望がもてないことの裏返しの表現である。

4　不可能性の時代

ここまで、自分たちの現在に関して幸福・満足と断ずる若者たちの反応の不可解さを説明してきた。これにはひとつの目的がある。この説明を通じて、私が「不可能性の時代」と呼んだ社会の様態《ようたい》を浮かび上がらせること、それが目的である。

どのような現実も、意味の秩序として成り立っている。現実であるところの「意味の秩序」は、必ず、反現実を準拠としている。しかし、反現実の様相は、ひとつではない。私は――見田宗介《むねすけ》に倣《なら》って――、反現実のどの様相が現実の秩序の中心に置かれているかを規準にして、日本の戦後の精神史を三つの段階に区分してきた[14]。日本の戦後は、理想の時代→虚構の時代→不可能性の時代、と変遷《へんせん》してきたと見なすことができるのだ。それぞれの時代の内実については、ここでは詳しくは論じないが[15]、私は、この三段階は、日本の戦後史に限らず、一般に、近代社会の変容に適用可能であると考えている[16]。

ここで指摘しておきたいことは、自分自身の現在の生活について「幸福だ」と答える若者が急増する時期、それこそが不可能性の時代にちょうど対応している、ということである。理想の時代は、個人の人生に関しても、また社会総体に関しても、何が理想の状態であるかについての社会的な合意がある段階である。それは、人が「希望」をもちうる時代である。理想は、弱い反現実、反現実ではあるけれども現実と地続きの反現実だからである。ただ、それに関して将来において現実として定着しうると予期されることだけが、理想となりうるのである。理想の時代は、日本の戦後史においては、ほぼ一九七〇年頃まで続いた。

不可能性の時代は、理想の時代から遠く――間に虚構の時代を挟んで――隔たっている。前節に解釈したように、若者たちの「幸福」という返答の背後には、幸福な未来の想定不可能性がある。この事実こそ、まさに、われわれが不可能性の時代の渦中《かちゅう》にあることの証拠である。「理想」という様相であれ、「ユートピア」という様相であれ、より幸福な未来の社会状態を想定できないとき、人は、現在をあえて「幸福」として肯定する。

仮に「より幸福な将来」が想定できなかったとしても、現在の社会構造や社会状態が、それ自体で、十分によいものであるならば、無論、それでかまわない。しかし、ここまでの考察の中で、断片的・非体系的に示唆してきたように、われわれの現代社会は、あまりにも多くの、そしてあまりにも大きな問題を抱えている。それらの問題の克服《ちょうこく》は、制度や権力機構の部分的な改変によっては、とうてい不可能だ。おそらく、問題をトータルに超克するには、社会構造や権力機構の正当性の根拠となっているような前提そのものの否定と置き換えが、したがって当然、社会構造と権力機構の全面的な変革が、必要になる。そのような全面的な変革を、伝統的な語法に従って「革命」と呼んでよいのならば、現在必要なものは、まさに革命である。「革命」という語を用いたからといって、それが流血の暴力革命である必要はない。革命は、一般に、既存の合法性の枠組みに捉われない変革を意味しているが、現在、憲法を含むあらゆる法を、まさに合法的に改変することができる以上、革命が、法を無視した暴力でなければならない必然性はない。が、いずれにせよ、社会構造をその根拠に遡《さかのぼ》って変革することを、ここでは一般に革命と呼ぶ。

だが、同時に、ここまでの考察が含意していることのひとつは、現代社会における革命の不可能性でもある。若者たちは、社会がよいものへと変わることはないと思っている。したがって、また社会を全面的に変えることなど、とうていできないと前提にしている。そのとき、革命など起こりようがない。

それでも革命は可能なのか？　可能だとしたら、いかにしてか？　本書の主題はこれである。不可能性の時代は、革命を必要としている。と同時に、それは、革命をこそ不可能にする時代でもある。不可能なことがいかにして可能か？　この矛盾した問いが考察を導くことになる。

1 NHK放送文化研究所編『現代日本人の意識構造〔第七版〕』NHKブックス、二〇一〇年。現在では、二〇一三年の調査をもとにした「第八版」も入手できる。これによっても同じことは確認できるのだが、本章では、とりあえず、二〇一一年の「3・11」の影響を除外して考えることができる、二〇〇八年までの調査をもとに論ずる。

2 豊泉周治『若者のための社会学』はるか書房・星雲社、二〇一〇年、九六頁。

3 私に、ここで示してきた事実を教えてくれたのは、柴田悠氏（京都大学人間環境学研究科准教授）である。記して感謝したい。

4 いわゆる構築主義者であれば、そのような仮説を立てるだろう。社会問題は当事者によって認知（構築）されなければ、存在しないのだから。以下を参照。John Kitsuse and Malcolm Spector, *Constructing Social Problems*, Transaction Publishers, 2000.

5 NHK放送文化研究所『中学生・高校生の生活と意識調査』NHK出版、二〇〇三年。

6 海野道郎・片瀬一男編『〈失われた時代〉の高校生の意識』有斐閣、二〇〇八年。

7 宮本みち子『若者が《社会的弱者》に転落する』洋泉社、二〇〇二年。

8 赤木智弘『若者を見殺しにする国』双風舎、二〇〇七年。

9 豊泉、前掲書、九一－一三〇頁。

10 NHK放送文化研究所の「中学生・高校生の生活と意識調査」を参照。この調査は、一九八二年から二〇〇二年までの二〇年間のデータを取っている。この間、中学生においても高校生においても、望ましい生き方として「他人に負けないようにがんばる」（≒道具主義）を挙げる人が一貫して減少しおり、逆に「のんびりと自分の人生を楽しむ」（≒コンサマトリー）を挙げる人が一貫して増加している。

11　ここで、日本社会以外の諸国の事実を少しばかり見ておこう。柴田悠氏（注3参照）が私に教示してくれたデータ（内閣府による「世界青年意識調査」）によると、アメリカ合衆国でも、生活満足度・幸福度に関して、日本とまったく同じ形式の変化が見られる。すなわち、かつては幸福度は高齢者ほど高い傾向があったが、九〇年代中盤より、若者の幸福度が急速に高まっているのだ。したがって、年層別の幸福度のグラフを作ると、「右肩上がり」から「V字」への転換が見られる。この事実を考慮に入れれば、本論で主として日本社会を念頭に論じていることは、世界的な現象、少なくとも多くの先進資本主義国で共通して妥当することがらであると推測できるだろう。ただし、興味深いことに、スウェーデンではまったく逆方向の変化が見られる。つまり、九〇年代中盤までは、「V字」または「ほぼ水平（どの年齢層も同じ程度に幸福）」だったグラフが、二一世紀に入る頃より、「右肩上がり」になる（若年層だけ幸福度が低下する）。どうしてこうなるのか。スウェーデンが高福祉社会であるということと関係しているかもしれない。

12　豊泉、前掲書、九三頁。

13　日本労働組合総連合会「理想の日本像に関する意識調査」二〇一一年一月。

14　見田宗介『社会学入門』岩波新書、二〇〇六年、第三章。

15　大澤真幸『不可能性の時代』岩波新書、二〇〇八年。

16　この三段階を、アメリカの大衆文化の変化に応用した実例として、次の著書がある。木原善彦『UFOとポストモダン』平凡社新書、二〇〇六年。

第2章　若者の態度の二種類のねじれ

1　若者は幸福か――復習

一般に、人が言おうと意図していること（what one wants to say）と実際に言っていること（what one effectively says）とは一致しない。これは、二〇世紀の言語哲学の教訓のひとつである。意図的な嘘によってこうした不一致が生ずる、という意味ではない。当人が、まったく正直に語っていたとしても――いや正直であればこそ――こうした不一致は避けがたい。たとえば、ある人Aが誰か別の人Bについて、われわれの目からはたいした根拠もないように見えるのに、非常な熱心さで非難したり、悪口を言っていたとする。そのとき、その非難や悪口を聞かされたわれわれとしては、AがどうしてBのことをそんなに気にするのか、と訝《いぶか》るだろう。そして、実はAがBをほんとうはとても好きなのではないか、愛しているのではないか（しかし、Bからは気にもかけられていないのではないか）、ということに気が付く。Aは字義通りに受け取れば「私はBを憎んでいる」という趣旨のことを主張しているが――しかもA自身としても嘘をついているという意識はまったくないが――、しかし、その主張の全体を通じて、実際にAが言っていることは、「私はBを（屈折した仕方で）愛している」ということであったりする。

ほんとうは言語哲学者に教えられなくても、われわれは、現実のコミュニケーションにおいて、不断にこのような区別を行っている。「あの人はああ言っているけれど、ほんとうは何を語っているのだろう」といった具合に。

しかし、質問票を用いた社会調査の困難のひとつは、実践的にはあたりまえのように行っているこの区別、語りの字義的な意味と実際に言っていることとの間の区別がたいへん難しい、という点にある。社会調査では普通、「あなたは自分に自信がありますか」という質問に、「はい」と答えれば、その人は自信をもっていると解釈される。だが、実践的なコミュニケーションにおいては、「自信がある」とことあらためて言ったり、誇示したりすることが逆に、本人すら自覚していない不安を表現していることもめずらしくない。われわれは、社会調査の結果を解釈するときにも、こうした区別に、つまり人が意識的に言わんとしていることと無意識のうちに実際に言ってしまっていることとの間の区別に、繊細でなくてはならない。

＊

社会調査についてのこうした一般的な注意を記したのは、これが、前章で私が指摘した事実を再確認するにあたっての留意点だからである。私は、たいていの人が——とりわけ社会（科）学者が——驚く、次のような社会調査結果を紹介した。半世紀弱の期間をとったとき——つまり一九七〇年代から現在までの期間で見たとき——、日本の若者の中で、「幸福である」「今の生活に満足している」と答える者の比率が、顕著に高まっているのだ。「あなたは、現在の生活に満足していますか」といった類の質問に対して、「満足している」「まあ満足している」といったかたちで肯定的に回答する者の率が、二〇歳代前後の若者の間で、とりわけこの二〇年間に急激に増加している。日本人の全体を見ても、「幸福」「満足」と答える者の率は微増しているが、その増加には、主として、若者世代における増加が貢献している。六〇歳以上の高齢層では、むしろ、「幸福」と答える者はやや減っている。多くの社会調査から導かれるデータが、いずれも、まったく同じことを示している。
一九七〇年代の前半の調査では、一〇代後半から三〇代前半の若者は、「満足」とする者の率が低く、高齢層になるほど「満足」の程度が高まる傾向があった。それゆえ、横軸に「年齢」、縦軸に「満足度」をとると、グラフは明確な右肩上がりになる。それに対して、一九九〇年代中頃あたりから今日に至るまで、若者の「満足」の比率は大きく上がっているので、同じ座標軸を用いたグラフは、四〇代・五〇代の中年層が最小になる、ゆるやかなV字を描く。中高年以上の年齢においては、従来の傾向——年齢が高いほど「満足」とする者が増える——が残っている（だからグラフの右半分は右肩上がり）。それに対して、まさに「失われた二〇年」などと呼ばれる時期、つまりバブルがはじけてから現在までの時期に入って、若者だけが「幸福」と答える傾向が高まっている（だからグラフの左半分は右肩下がり）のである。[1]
これは、まことに奇妙な結果だ。現在の日本の重要な社会問題（のひとつ）は、「年金」の問題に端的に表現されているような、世代間の格差である。すでに高齢に達している世代は、日本の経済成長の恩恵を被《こうむ》り、比較的高い年金を受け取ることができる（すでに受け取っている）。しかし、現在の若者には、このままでいくと、十分に豊かな年金が受給されることはないだろう。こうした世代間の不公平を、若者たちが自覚していないとは思えない。[2] それなのに、若い人ほど「幸福」だと語るのは、どうしてなのだろうか。

*

私がすでに提起した解釈の結論だけを、ここで繰り返しておきたいのだが、その前に、明白な誤りを斥《しりぞ》けておこう。明白な誤りとは、若者たちが「幸福だ」と返答するのは、彼らが幸福だからだ、という解釈、反応を字義通りに受け取る解釈である。こうした解釈をとる者は、次のようなことを言う。三〇－四〇年前と比べると、現在では、快楽や幸福をもたらすもの、便利なものが実にたくさんある。一九八〇年代の初頭には、Ｗｉｉもプレイステーションもなかった、ファミコンさえもなかった。携帯電話もスマホもなかった。そもそも、インターネットなどなかった。一九八〇年には、ごく普通の個人が小型のコンピュータをもち、それによって世界中のデータにアクセスしたり、文章や絵を作成したり、自らの意見を発信することができるようになるなどということは、ほとんど誰も予想していなかった。……こうした数々のよきことを考えると、現在の若者のほうが、過去の若者よりも幸福なのはあたりまえではないか……。こんなふうに議論が進む。

こうした説明が間違っていることは、少し考えてみればすぐにわかることなのだが、念のために述べておこう。確かに、現在の若者は、携帯電話もＷｉｉもなかった一九七〇年・八〇年に戻りたいかと問われれば、嫌だと答えるだろう。しかし、一九七〇年代、八〇年代の若者が、「現在の生活に不満である」と答えたとき、その理由は、「携帯電話やインターネットやゲームがないこと」ではありえない。説明の必要もなかろうが、彼らは、そんなものが現実的に可能だという想像力をもってはいないので、それらが欠けているという事実に何の苦痛も不満も覚えはしなかったのだ。

さらに、ほぼ最初から携帯電話もインターネットもある環境に置かれている現在の若者たちは、それらがあることにそれほどのありがたみを覚えないのではなかろうか。それらのおかげで自分は幸福だ、などとあまり感じないのではないか。携帯やインターネットやパソコンがいかに便利であるかを実感するのは、最初はそれらがない生活や仕事をしていて、現在はそれらのツールを活用している、現在の中高年であるはずだ。たとえば、私が初めて論文を雑誌に掲載したのは、一九八二年だったが、その原稿は手書きだった。当時は、論文を書くときに必要な文献やデータを集めるために、いくつもの図書館や研究室を渡り歩かなくてはならなかった。パソコンで文書を作成し、インターネットを通じて必要な文書やデータの大半にアクセスできることが、いかに便利であるかを私は実感している。しかし、実際には、私と同じようなことを経験している四〇代・五〇代が、「幸福」「満足」と答える比率が最も低い年齢層にあたるのである。インターネット等の出現や普及による利便性の向上は、人が「幸福」だと返答する率を高めるのにあまり貢献していないと考えるべきである。

さらにダメを押しておけば、七〇 - 八〇年代の若者も、自分たちが、先行世代よりもずいぶんと「恵まれている」ということを知っていたはずだ。彼らが若かった時期には、電話やテレビが、すべての家庭にあるし、誰もが（安く）海外旅行に行くことができるようになった。そもそも、彼らの両親や祖父母は戦争を経験しているが、彼らは、平和で自由な民主主義社会を生きている。それでも、彼らは、――現代の若者ほどには――「幸福だ」とは答えなかったのである。もし先行世代よりもいろいろな意味で豊かなことについての自覚や知識が、「幸福」「満足」と回答することの根拠であるとすれば、七〇－八〇年代でも、現在と同じ調査結果が得られたはずだ。

さて、そうだとすると、どうして、この三〇年から四〇年ほどの間に――とりわけ一九九〇年代以降に――、若者の間で、「幸福だ」「今の生活に満足だ」と答える者の比率が増加してきたのだろうか。私は、次のように解釈した（第1章）。幸福や満足の度合いを尋ねる質問への回答において鍵になっているのは、過去（の世代）との比較ではなく、未来との比較である。「現在の生活に満足していない」と答える者は、未来において、自分がより幸福になるだろうという期待や希望をもっているのだ。今よりも幸福になることができるだろうし、また幸福にならなければならないとするならば、現状に「満足だ」などと答えるわけにはいかない。「現在の生活に不満である」という回答は、未来への期待の反面である。しかし、未来に対して肯定的な期待や希望をもつことができないとすれば、どうであろうか。その人は、現在について「幸福である」「満足している」と答えるほかないだろう。さもなければ、自分の人生を全体として否定してしまう――つまらない人生だと見なしてしまう――ことになるからである。現在への「満足」を表明する、一九九〇年代以降の日本の若者は、まさに、そのような状況に置かれているのではないか。
これが私の仮説であった。このように考える根拠については、第1章を参照してほしい。

2 功利主義の盲点

さて、もしこの仮説が妥当であるとすれば、この社会状態は――自分の現在について「満足」と語る若者が増えているという現状は――よいことなのだろうか。むろん、よいこととは言えまい。若者たちの「幸福だ」という返答は、逆に、彼らのある種の不幸の、未来に対する失望の表現なのだから。

しかし、この点について考察する前に、片づけておきたい問題がある。ここで百歩譲って、若者たちの「幸福である」という返答は、文字通りに、彼らが幸福であることを示しているとしよう。私は、このようなストレートな解釈を拒否したのだが、ここでは、いったん退《しりぞ》いて、あえてこの素朴な解釈を肯定してみよう。しかし仮にそうだとしても、その「事実」、つまり幸福だと感じている若者が増加しているという事実だけから、現状を望ましい社会状態であると結論するわけにはいかない、ということを述べておきたい。皆、幸福だと言っているし、現に幸福なのだとしたら、何が問題なのかと、と思うかもしれない。だが、問題があるのだ。

より多くの人がより大きな幸福を享受している社会がよい、というアイデアを功利主義と呼ぶ。功利主義については、すでにわずかばかり論じているが、ここであらためて、その難点を指摘しておきたい。功利主義などというテクニカルな語を用いなくても、「できるだけ多くの人が幸せになる社会がいいね」というのは、ごく一般的な発想である。そして実際、かつてより多くの人が、とりわけ多くの若い人が幸せになっている、としよう。とすれば、これはとてもけっこうなことではないか。

だが、そうとは言い切れない。あなたが幸せだとしても、別の人はそれほどでもない、ということを指摘したいわけではない。今は幸せでも、それは持続可能性がない、と言いたいわけでもない。そういう問題もあるだろうが、この種の批判は、功利主義の範囲内での批判である。

功利主義にとって盲点になっていることは、人は欲求の水準を下げたり、欲求そのものを放棄したりしても、主観的な満足度を上げることができる、という事実である。あるいは、初めから欲求をもっていなければ、欠落からくる不満はありえない、という事実は功利主義には計算外である。

たとえば、今、ジェンダーの差別を例にとって、次のような三つの社会を考えてみる。①女が、男とはちがって、まともな一人前の人間と見なされず、男も女もこれをあたりまえのように思っている社会があるとする。こういう社会では、女に参政権がなかったり、女が威信の高い職業に就けなかったとしても、男のみならず、女自身も苦痛を覚えることはないだろう。しかし、やがて、②女が、参政権をもたなかったり、社会進出において差別されていることに不満を覚える段階がくる。女は不満だが、未だ男女の差別がある。そして最後に、③男女が平等で、女にも男と同じ参政権や雇用機会が与えられる社会がくる。

三つの社会の中で最も望ましいのは③であるということに、異論は少ないだろう。功利主義の立場に立ったとしても、③は、明らかに②よりもよい。しかし、問題は、①と②の間の比較である。功利主義を機械的に適用すると、②よりも①がよい、ということになる。①の社会の女は、政治に参加したい、職業の上で成功したいという欲求自体をもっていないので、それらの自由がないことを特に不幸なことと感じない。したがって、①の社会の女は、②の女よりも幸せである。

しかし、私は、たとえ②の社会の女が不幸や不満を覚えていたとしても、②は①よりもよい社会であると考える。少なくとも、次のことは確実である。最も望ましい状態である③に至るためには、②の段階が不可欠である。②を経由せずに、①から③に一足飛びに移行することはできない。①と②では、差別の程度は明らかに①のほうが深い。②では、意識の水準では差別はなくなりつつあるのに、あるいは少なくとも女はすでに差別を受け入れていないのに、制度がそれに付いていけない状態である。しかし、功利主義を基準にしたときには、極端に徹底した差別（①）は、完全な平等（③）と同じくらい望ましいということになるだろう。

環境が非常に厳しいとき、人は、欲求の持ち方を環境に適応させることで、困難を乗り越えようとする。貧しくて大学に進学できそうもないとき、やがて人は、大学で勉強したいという欲求自体を放棄する（場合もある）。イチローのようにメジャーリーグで活躍したいという夢をもっていたとしても、才能がとうてい及ばないことを悟《さと》れば、人はそのような野心自体を捨てるだろう。同様に、不況が長く続き、なかなか就職活動に成功しなければ、正社員の職を得たいという欲求そのものが小さくなり、やがてなくなるかもしれない。あるいは、国家の財政状態に改善の見込みがほとんどなく、年金も、その他の社会保障も十分に得られないと達観《たっかん》してしまえば、当然、年金がもらえないこと（もらえそうもないこと）に、不満を覚えなくなるだろう。仮に、現在の若者が「幸福」なのだとしても、それは、この種の、欲求の縮減や放棄から生ずる幸福ではないだろうか。

客観的な環境や社会を変えなくても、主観的な欲求そのものを放棄してしまえば——つまり諦めてしまえば——、幸福の水準を上げることができる。個人に対するアドバイスとしては、ときに、こうした方法も推奨されるかもしれない。無理なことを望まないほうがいいよ、そんな大それた希望は放棄したほうがいいよ、と言ってもよいときがあるだろう。しかし、社会的にはどうであろうか。多くの人びとが欲求の水準を下げたり、欲求を放棄したことによって、一般的な幸福の水準が上昇したとき、それをもって、社会が改善されたと見なしてよいだろうか。先のジェンダー差別の例に戻れば、②の社会の女たちに、政治参加や職業的成功への希望を放棄したほうがよいと説得すべきだろうか。

私は、そうは思わない。ということは、社会の望ましさを評価する原理として、功利主義以外の何かが必要だということでもある。それは何か。これこそ、倫理学や政治哲学の根本問題であって、すぐに解答できることではない。

とりあえず、次のことだけは述べておこう。特別な理由がない限りにおいて、実質的な自由の範囲が拡大することは——実際になしうる選択肢の数が拡大することは——よいことである、と私は考える。「実質的な自由」とは、単に形式的に与えられているだけの自由ではなく、その気になれば現実になしうる自由、アマルティア・センが“capabilities”と呼んだ自由という意味である[3]。私の考えでは、実質的な自由は、功利主義の原理よりも優越的な条件である。②は、女の自由の拡大に向かっているという意味で、①よりも望ましい社会である。年金問題の解決は、年金への要求を断念させることではなく、実際に年金をもらうことができるような制度や社会構造の構築でなくてはならない——年金を受け取る自由を保証するような変革でなくてはならない。

二〇世紀のほぼ一世紀全体を使った「冷戦」という壮大な社会実験を通じて、「社会主義」の陣営が「自由主義」を標榜《ひょうぼう》する陣営に敗北した。後者のほうが前者よりも実質的な自由の範囲が大きかったからである。「冷戦」は、一種の「戦争」だったとはいえ、軍事力の差異は勝敗には関係がなかった。「自由」の魅力だけで、自由主義の陣営は勝ったのである。冷戦は最後まで「冷」戦だった。冷戦（の結果）は、「自由」を第一義とすることの——論理的ではなく——経験的な根拠である。

3　コンサマトリーであること——非・自己充足的に

いずれにせよ、第1章で提起した仮説の通りであるとすれば、現在の生活に関して「満足」や「幸福」を表明する若者の比率が高くなっているという現状は、功利主義の観点からしても望ましいことではない。若者たちの回答は、文字通りのことを意味しているわけではなく、むしろ、彼らの失望や不幸の表現だからだ。

ここで、こうした反応を示す若者たちの心理の構造を解析するために、彼らの態度や行動の「コンサマトリー」な性質に注目しておきたい。前章で、私は、若者たちの多くが意外にも「幸福である」と答えるのはどうしてかを説明するにあたって、若者たちの意識が「コンサマトリーな価値」に向かう傾向が高まったことに原因を求める説（豊泉周治による）を斥けた。因果関係の説明としては、これは正しくないというのが私の考えだが、しかし、若者たちの態度や行動が、コンサマトリーな価値へと指向しているように見えるということは事実である。そこで、前とは異なった視点から、若者たちの価値指向のコンサマトリー性に注目してみよう。

コンサマトリーとはどういう意味か、復習しておこう。「コンサマトリー」の対語は「道具的」であった。「コンサマトリー／インストルメンタル」は、もともと、社会学者タルコット・パーソンズが、「伝統社会／近代社会」を特徴づけるために導入した五つの「型の変数」——五組の二項対立——のひとつである。この五つの中から、とりわけ「コンサマトリー／インストルメンタル」という対を取り出し、概念として彫琢《ちょうたく》したのは、真木悠介《まきゆうすけ》である。

行動が、未来に設定された目的の実現にとって有効であるという理由によって価値があると評価されるとき、その行動には道具的な合理性がある、とされる。それに対して、行動が、どのような結果をもたらすかということとは独立に、それ自体で快楽をともなうことによってよいとされているとき、その行動にはコンサマトリーな価値がある。パーソンズや真木悠介の考えでは、コンサマトリーの価値指向からインストルメンタルな価値指向への変容は、近代化にともなってしばしば現れる社会意識の変化のひとつである。たとえば、何かの商品を生産する労働のことを考えてみればよい。労働の価値は、インストルメンタルな観点から評価される。すなわち、実際に売れる商品を生産できたかどうかによって、労働の価値は判断されるのだ。労働過程がいかに楽しかったとしても、最終的に、生産物が市場に売れなければ、何の価値もない労働であったとされるだろう。

さて、「幸福」と答える、現代日本の若者たちに立ち戻ってみよう。彼らは、未来にさして楽しい結果が待っていないことを知っているのに、「今が幸せだからよい」と言っているように見える。つまり、「今ここ」での快楽に集中していて、その結果には強い関心を向けていないように見える。その意味で、彼らの態度は、コンサマトリーな価値に指向しているのではないか。多くの論者がそのように論じてきた。

このような記述は、間違っているとは言わないが、しかし、微妙な細部を見落としている。「コンサマトリー」と形容される行動の原型がどんなものなのかを、まずは考えておく必要がある。今しがた、インストルメンタルな価値に規定されている行動の典型として、労働をあげた。コンサマトリーな行動の典型は、遊びである。遊びは、何か望ましい結果をもたらすから楽しいわけではない。それ自体が楽しいのだ。

たとえば、「サッカー」という遊びを考えてみよう。サッカーをプレイする人は、もちろん、勝つことを目的としている。しかし、負けたとしても、サッカーをプレイすることの楽しさはある。勝てばよけいにうれしいかもしれないが、負けたからといって、サッカーの楽しさ、サッカーをすることの価値が否定されるわけではない。そもそも、全員が勝つことはできない。勝つ人と同じ数だけ負ける人ができる。サッカーの期待勝率は、正確に五〇％である。負けた人が、サッカーをやめてしまうのであれば、サッカーは成り立たない。サッカーという遊びが続くのは、どんな結果に至ろうと、サッカーをプレイすること自体に快楽があり、価値があると感じられているからである。これがコンサマトリーということの意味である。

こうした行動を原点において、現代の若者たちのことを見てみよう。彼らの態度はコンサマトリーな指向性をもっていると言えなくはないが、――もし私が提起した仮説が正しければ——そのコンサマトリー性は屈折を孕《はら》んでいる。それは、「サッカー」の例のような即自的《そくじてき》・直接的な充実をもったものではない。若者たちは、確かに、「今ここが楽しければよい」と思っているのかもしれないが、努力したところで未来に現状よりもよい結果をもたらすことはできそうもない、という冷めた認識を背景にもっている。つまり、若者たちは、インストルメンタルな観点からは価値あることを成し遂げることは不可能であるということを前提にしており、そうである以上は、現在をコンサマトリーな観点で肯定するしかないのだ。ここでは、コンサマトリーな価値指向が、直接的にではなく、インストルメンタルな価値指向の否定（断念）を媒介にして間接的に肯定されている。

したがって、次のように言うべきであろう。若者たちの態度には、コンサマトリーな価値指向が認められるが、それは、遊びの例のような、直接的な充足性をもったものではない。それは、インストルメンタルな指向と同様に、未来の結果への参照を前提にしているからである。ただし、それは、否定的な参照——よい結果をもたらすことはないという認定——である。つまり、現在の快楽が直接に無媒介に肯定されているわけではなく、未来にもたらす結果が無価値であるとの判断に媒介されて間接的に肯定されているのだ。だから、若者たちのコンサマトリー性は、直接的で原初的なものではなく、インスメンタル性の否定としてもたらされたものである。その意味で、彼らのコンサマトリー性は、「現在」に直接に充足したものではない。「現在」は、「無（価値）」とされている未来への想像を経由して肯定されているのだから。

4　社会志向なのか個人志向なのか？

次の考察のための布石として、現代社会の若者の意識に関して、もうひとつ、意外な事実を指摘しておこう。

ここに述べてきた推定では、若者たちは、未来に対してあまり積極的な見通しをもってはいない。こういうとき――今しがた述べたように――人は、全体社会や政治の変化のために積極的に行動しようとはしないだろう。社会や政治に貢献しようという意欲も低くなるに違いない。この推測は、若者についての一般に流布している通念、つまり親密な仲間との関係の中に閉じこもり、全体社会や政治への関心を

図1　衆議院議員選挙年齢別投票率の推移

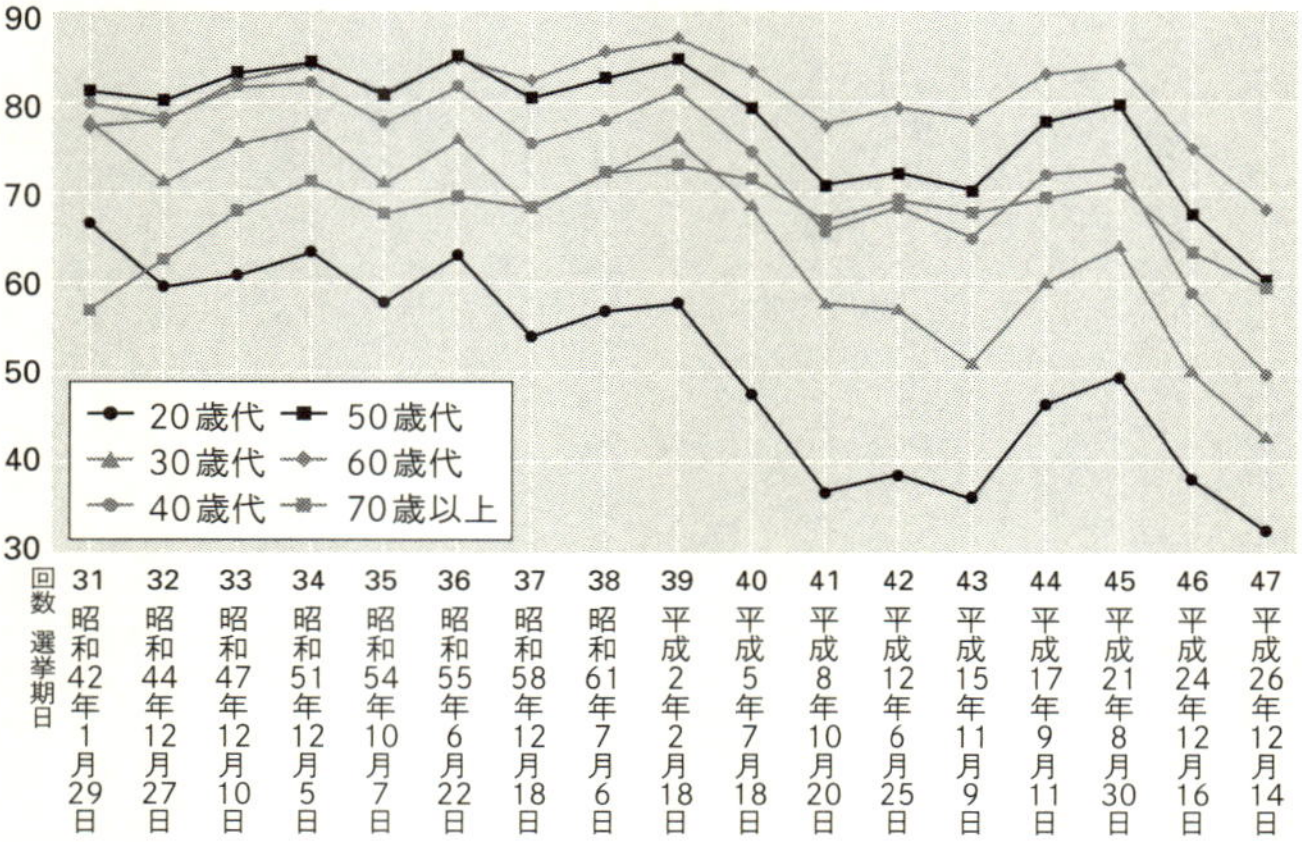

出典：明るい選挙推進協会　http://www.akaruisenkyo.or.jp/070various/071syugi/693/

ほとんどもたないというイメージとも整合する。そして、いくつものデータが、こうした推測やイメージを裏付けている。

　最もわかりやすいデータは、選挙の投票率である。たとえば、衆議院選挙の年齢別の投票率の推移を、一九六七年の第三一回選挙から最新の二〇一四年の第四七回選挙まで見ると、二〇代の投票率には明確な減少の傾向が見られる（図1参照）。一九六〇年代から八〇年（昭和四二〜五五年）にかけては、二〇代の投票率は、六〇％前後を上下しているが、二〇〇〇年（平成一二年）を挟む三回の選挙では、三〇％台にまで激減している。二〇〇五年と二〇〇九年の二度の選挙では、それでも、投票率は四〇％台後半にまで盛り返しているが、それは、「郵政」「政権交代」という特別に盛り上がる要素があったからであると思われる。[4] このような極端な減少は、ほかの年齢層では見られない。たとえば、五〇代は、ほぼ一貫して、八〇％程度の投票率を維持しており、最も下がったときでも七〇％を越えている。国政選挙に対する、近年の若年層のこのような消極性は、若者たちは気が合う仲間たちとの親密圏の中に埋没していて、外部の社会や政治には興味がない、という一般のイメージとよく整合する。

だが、こうした一般のイメージを否定するデータもあるのだ。古市憲寿の指摘に従ってみよう。[5] 古市が注目しているのは、内閣府の「社会意識に関する世論調査」である。この調査は、三〇年以上にもわたって毎年繰り返されてきた。この調査の中に、「社会志向／個人志向」を検出する質問が入っている。「国や社会のことにもっと目を向けるべき」か「個人生活の充実を重視すべき」のどちらが「あなたの考え」に近いかを問うものである。若者が、仲のよい者たちとの小さな関係に埋没しているという通念に従うと、個人志向が高いはずだ。ところが、意外にもデータは、そうした予想を裏切っている。二〇一二年の調査の結果によると、二〇代の社会志向はほぼ五〇％、個人志向は四〇％である。これは、ほかの年齢層に比べると、いくぶんか個人志向が強いが、圧倒的というほどではない（日本人全体では、社会志向五五％、個人志向三三％）。少なくとも、投票率に現れるような極端な世代間の差異は、ここには見られない。[6]古市が紹介している、二〇一一年のデータでは、二〇代の社会志向は五五％、個人志向は三六％で、もうほとんどほかの年齢層と変わらない、と言ってよいほどである。

したがって、通念に反して、若者は意外なほどに社会志向だということになる。古市は、さらに、同じ調査の「社会貢献意識」についての項目を参照するように促している。「日頃、社会の一員として、何か社会のために役立ちたいと思っていますか」という質問に対する答えである。二〇一一年の調査によると、ほぼ六〇％の二〇代の若者が社会に役立ちたいと答えている。これは、日本人全体の平均六六％よりも少し低いが、大差はない。

もっと驚くべきは、二〇一二年の調査の結果である。二〇代の七〇・一％が社会に役立ちたいと答えている。これは、日本人全体の平均六七・四％よりも高いのだ。

図2　社会志向か個人志向か（20代）

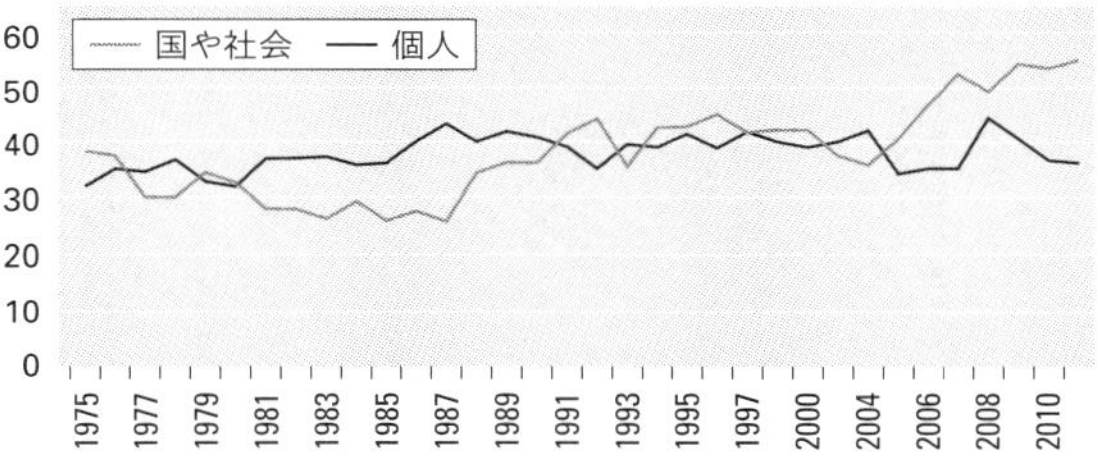

「社会意識に関する世論調査」[8]

図3　社会の役に立ちたいと思っているか（20代）

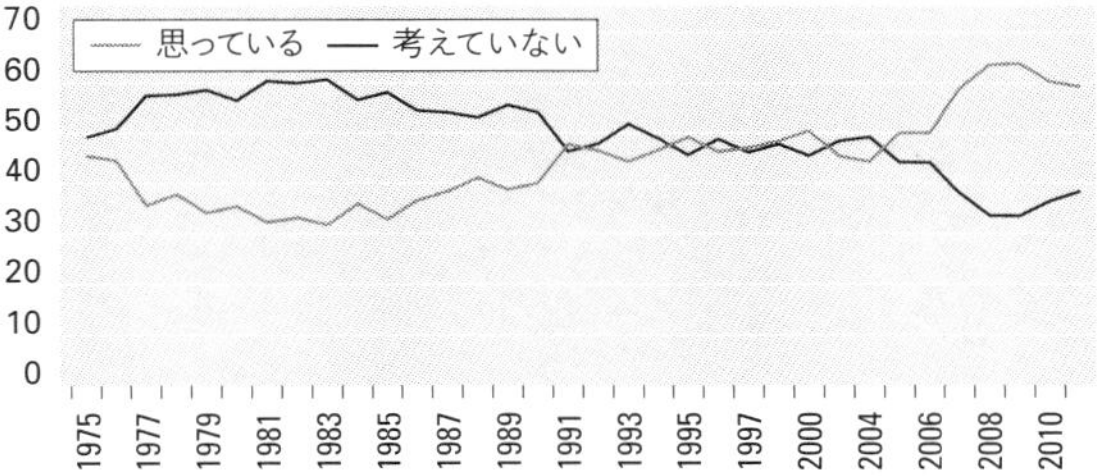

「社会意識に関する世論調査」[9]

二〇一一年から二〇一二年にかけて、社会に貢献したいとする日本人の比率が増えているのは、おそらく3・11の出来事のせいである。[7]二〇代の若者が、この出来事に、平均的な日本人よりはるかに敏感に反応したことになる。全体社会や政治に無関心であると言われている若者のほうが、より強く、3・11に感応したのはどうしてなのだろうか。

さらに、古市は、同調査をもとに、二〇代の意識の時系列的な変化を取り出している。二〇代の「社会志向／個人志向」の比率の変化を見ると、社会志向のほうが、近年に向かって明らかに増える傾向があるのだ（図2）。一九八〇年代には三割弱、一九九〇年代になると四割強、そして最近の五年間では五割を超える者が、社会志向を示している。社会貢献意識の変化は、この傾向をもっと強調して見せてくれる（図3）。一九八三年に「社会のために役立ちたい」と答えた二〇代は三二％しかいない。しかし、一九九〇年代には、ほぼ五割の二〇代が、社会貢献に対して意欲を示し、最近の五年間では、六割以上の二〇代が、社会のために役立ちたいと答えているのだ。つまり、一九八〇年代の初頭と比べると、社会貢献意識はおよそ二倍に増加したことになる。

以上の全体は、たいへん奇妙なことを示していないだろうか。民主主義社会において、政治に参加し、社会を変化させる上で、最も基本的な方法は、投票することである。近年の若者たちは、社会志向をもち、社会貢献に対する意欲を高めてきたのに、国政選挙での投票には、ますます参加しなくなっている、ということになる。若者が、「選挙だけでは足りない」と考えているというのであれば、わかりやすい。投票しているだけでは不十分だと感じ、たとえばデモを行ったり、ボランティアに参加したり、等々の方法で、社会の改良に貢献している、というのならば、若者たちの行動は整合的なものに見える。しかし、社会貢献への思いは高まってきているのに、最小で最も容易な政治参加である投票には行かないのは、矛盾してはいないか。

さらに疑問を深めておこう。二〇一六年に、日本では、一八歳以上を法的な成人と見なし、選挙権の最低年齢を一八歳まで引き下げた。当然のことながら、決定までの過程では、賛否が分かれていた。[10] しかし、世代間格差の縮小のためには、選挙権年齢の引き下げは、明らかに有効である。ところが、まことに意外なことに、一八歳にまで選挙権を与えるということに最も強く反対しているのは、当の一〇代の若者だったのである。高齢者では、選挙権年齢の引き下げに賛成の者が過半数だが、若い層ほど反対の率が増えてきて、肝心の一〇代では、過半数が反対であった。[11] 社会志向が高まり、社会貢献への意欲を高いのに、どうして、政治参加のための最も便利なルートであるはずの選挙権を拒否するのか。しかも、わざわざ「あげる」と言われているのに。

とすると、全体社会や政治に対する若者の態度・意識には、不可解なねじれが孕《はら》まれていることになる。一方では、社会や政治に対して、何らかの関心をもつ、その改善に貢献したいという意欲をもっている。しかし、他方では、選挙に参加する意志はない。この内的なねじれをどう理解したらよいのだろうか。

ところで、このねじれは、つまり「社会や政治への志向をもっているのに、選挙へは参加しない」というねじれは、若者たちのもうひとつのねじれ、「不幸や不満を覚えてもよいような社会的困難を自覚しているのに、幸福であると答えてしまう」というねじれと、似た形式をもっていないだろうか。どちらも前半は、社会的なものへの志向を表現しており、後半は、私的な親密圏《しんみつけん》への内閉を肯定している。

実際、「今の生活に満足している」と答える若者の率が増加し始めた時期と、若者の「社会志向」「社会貢献意識」が急速に高まった時期とは、きれいに重なっている（ともに一九九〇年代以降）。二種類の同型的なねじれの間の関係に、謎を解く鍵があるのではないか。

1　詳しいデータについては、第1章を参照されたい。
2　団塊の世代の内田樹《たつる》は、二〇一二年の正月に、二〇代・三〇代の若手の論客だけを集めて行われたNHKの討論番組を観て、非常に驚いた、と自身のブログに記している（「内田樹の研究室」二〇一二年一月九日）。何に驚いたかというと、論客たちが、番組の時間の多くを年金問題に費やしたことに、である。この討論は、最初から年金問題を主題として計画されたものではない。正月の特番であって、日本や世界の問題を一般的に論ずることが目指されていた。集められた論客も、社会保障や財政の専門家に偏《かたよ》っていたわけでもない。サブカルチャーから哲学まで、多様な分野の学者や批評家等が集められていた。にもかかわらず、彼らは、最大の懸念事項（のひとつ）として「年金」を選んだのだ。内田は、思ったという。自分が若かった頃、同世代の仲間と年金について熱く語り合ったことがあっただろうか、と。この事実からも示唆されているように、若者たちは、世代間の不公平に敏感で、自覚的である。

3　詳しくは以下を参照。大澤真幸『〈自由〉の条件』講談社、二〇〇八年。

4　このときでさえ、より上の年齢層に比べると、二〇代の投票率は顕著に低い。

5　古市憲寿『絶望の国の幸福な若者たち』講談社、二〇一一年、七二‐七四頁。

6　古市の議論との比較のために、二〇一二年の調査結果を使った。二〇一六年の結果は、ここで述べたことをより強く裏付けている。

7　二〇一一年の調査は、震災よりも前に行われている。

8　古市、前掲書、七四頁。

9　古市、同。

10　二〇歳以上という設定は、他の主要先進国に比べて高い。

11　ＮＨＫクローズアップ現代「18歳は大人か!?　～ゆれる成人年齢引き下げ論議～」二〇一二年四月一一日放送。

第3章　オタクは革命の主体になりうるか

1　投票はせずにデモに行く

現代日本の若者の態度と意識において、社会志向性がまさっているのか、個人志向性がまさっているのか。社会調査の結果からは、どちらを支持するデータも得ることができる。われわれは、前章の最後に、このように論じた。通念では、若者たちは、社会や政治への関心をあまりもたず、過去の世代に比べて個人志向を強めている。実際、投票率の推移など、この解釈を支持するデータはかんたんに見つかる。しかし、逆に、若者の社会志向性が高いということを示すデータも、いくつもある。若者についての、このふたつの像は、どうしたら、整合的な構図の中におさめられるだろうか。両者は、どう関係しているのか。若者は、いかなる意味で、個人志向的でありかつ社会志向的なのか。

現代日本の若者に関して、「近頃の若者は意外と社会のことを考えているようだ」と述べる古市憲寿は、量的データを指摘するだけではなく、いくつもの「思い当たる事例」を挙げている。[1]たとえば、二〇〇五年に、ふたりの医学生が、一五〇〇万円もあれば、カンボジアに学校が立てられることを知り、仲間を集め、チャリティーイベントを開催し、ついに実際に小学校を開校した。あるいは、二〇〇九年に設立された「SWITCH」という学生団体は、イベントを開催して得た収益金を、バングラデシュのストリート・チルドレンを支援するために寄付したり、旅行会社HISとタイアップして、「バングラデシュ国際交流の旅」というスタディツアーを企画したりしている。あるいは、二〇〇三年に原宿（表参道）から始まった清掃活動のボランティア団体「グリーンバード」は、全国に広がり、同団体の二〇一〇年の年次報告によれば、その一年間に、三つの海外のチームを含む三二チームにおいて、延べ二万八〇〇〇人が掃除に参加したという。

こういう例は、他にもいくつも見つけられる。私自身が関心をもっているケースとしては、アフガニスタンで、医療活動、井戸掘り、用水路建設等を行っている、医師中村哲《てつ》氏をリーダーとするペシャワール会を挙げることができる。中村氏は団塊の世代に属しているが、その下で活動しているメンバーの多くは、「若者」である。ほかにも、大学在学中に司法試験に合格した後、すぐに新興国エリトリアの法の制定・整備を援助したり、その後も人権保護の活動に従事している、弁護士の土井香苗のケース、バングラデシュで、麻を使った高品質バッグを生産し、これを（日本で）輸入販売し、現地の経済に貢献している起業家の山口絵理子のケースなど、挙げていたらきりがないほどだ。

もちろん、二〇一一年三月一一日以降の被災地の支援活動に、多くの若者が参加したことについては、すでに多くの指摘がある。原発事故後、何度も、数万人規模の「脱原発」を訴えるデモが行われてきた。正確に数えることは不可能だが、まちがいなくその参加者の多くが、初めてデモに参加した二〇代・三〇代の若者である。

ここで、もう一度、前章最終節でも指摘しておいたデータを想起しておくのがよいだろう。内閣府の調査によると、二〇一二年に突然、それまでずっと日本人の平均値を下回っていた二〇代の「社会貢献意識」（社会のために役立ちたいという思い）が、日本人の平均値を越えるのだが、その原因は、3・11の出来事であったと考えるほかない。3・11は、日本人の社会貢献意識を一般的に押し上げる効果をもったのだが、その押し上げの効果が、年配の世代に対してよりも、若い世代に対してより劇的だったのである。まるで、若者たちは、「社会貢献」のよいチャンスを待っていて、3・11に鋭敏に反応したかのようだ。

＊

だから、「この頃の若者は社会や政治に関心がない」などと簡単に断定するわけにはいかない。彼らのどこかに、全体社会の変革や政治の刷新に敏感に反応するレセプターのようなものがある。だが、そうだとすると、疑問は深まるばかりだ。それならば、どうして、彼らは、他方では、政治にも社会にもおよそ関心がないかのような行動をとることもあるのだろうか。

古市憲寿は、二〇一一年四月一〇日に、つまり福島第一原発の事故が勃発《ぼっぱつ》してから一ヶ月も過ぎていないときに、東京の高円寺で行われた「原発やめろデモ」についいて、印象的なエピソードを報告している。[2]「参加者は若年層から高齢者まで幅広いが、「反原発運動四〇年」みたいなおじさんはあまりいな」かった。若者たちは、デモをお祭りとして楽しんでいるように見えたそうだ。ところで、その同じ日は、東京都知事選の投票日だった。当然、原発存続の是非は、争点のひとつだった。現職の石原慎太郎だけは、明確に原発推進の方針を表明していた。他の候補者たちは、ニュアンスには違いがあったが、脱原発を掲げていた。休日に、わざわざ「原発やめろデモ」に参加するくらい意識の高い人たちなのだから、当然、投票を済ませてからデモに来ているはずだ。このように古市は、そして誰もが予想するだろう。ところが、「そんなことはなかった」。古市は、「議会制民主主義の国では、デモよりも投票行動を通じた意思表示のほうが「脱原発」に近づくと思うのだけど」とコメントを付けている。確かに、事故の恐怖が生々しかった時期に、圧倒的に優勢を伝えられていた現職知事が、原発推進を表明したがゆえに落選でもしたら、あるいは少なくとも苦戦していたら、脱原発への大きなはずみがついていただろう。

脱原発を謳《うた》っている候補者に投票せずに、脱原発のデモにだけは参加するという行動は、矛盾しているように見える。しかし、そうしている当人には、もちろん矛盾とは感じられていない。

この不整合は、本稿初出執筆時、二〇一二年現在、脱原発運動の周辺に起きている奇妙な現象とも無縁ではない。ここで「奇妙な現象」と呼んでいるのは、次の事実である。六月上旬に野田佳彦首相（当時）が大飯《おおい》原発の再稼働を正式に許可する会見を行って以降、脱原発や（原発）再稼働反対を訴えるデモが、首相官邸前、代々木公園、その他日本全国各地で、繰り返し行われてきた。その規模は、回を追うごとに拡大し、その年の七月末では、一〇万人を遥かに超す人々が、一回のデモに参加している。この規模は、日本では、六〇年安保以降、最大であろう。奇妙だというのは、脱原発問題がこれほど大きな国民的関心の的になっているのに、国会議員たちがその間、主として熱心に取り組んだのは、消費税率の問題であり、それと連動した与党民主党分裂をめぐる駆け引きだったことである。原発の問題は、中心的な議題になってはいない。確かに、消費税も重要な問題だが、それに賛否を表明するデモはどこにも起きてはいない。したがって、デモに直接表現されている国民的な関心と、国民の代表者である国会議員の行動との間に、まったく整合性がないのだ。この不整合は、「デモには行くが投票にはいかない」というねじれの、国政レベルでの表現ではないだろうか。少なくとも国会議員は、デモによって示されている国民的な意志を無視したかのように行動しても——つまり原発の再稼働を容認したり、再稼働を許可した首相を支持したりしても——、次回の選挙で自分が落選するかもしれないという切迫した恐れをもってはいないのだ。[3]
もう一度、われわれの本来の主題を確認しよう。「デモには行くが投票しない」という行動は、象徴的な表現に過ぎない。極端な場合にはこのようなねじれに帰着するような、二種類の、一見矛盾している、社会志向性があるのだ。その二種類の社会志向性の間の葛藤は、若者の行動や意識において、特に顕著に現れる。どのような視角からとらえたときに、これを、矛盾のない、一貫した論理で説明することができるだろうか。

このように問うことは、非常に重要なことである。今、何らかの革命的な社会変動や制度の変更を必要としているとして、変革の主体はどこにいるのだろうか？　変革の有無、変革の成否の影響は、若い者にとってより大きい。このとき、変革の主体はどこにいるのか？　一方では、若者たちは、変革をもたらす社会運動・政治運動に積極的に関わり、そうした運動を自ら創出しているように見える。しかし、他方では、彼らは、社会や政治には無関心で、変革にとって最も重要な鍵さえも逸《いっ》しているように見える。若者の態度や心性のどの部分、どのアスペクトに、「革命」を担いうる可能性があるのか？

2　私的で公的

こうした事実を前にして、われわれは、次のように推測すべきである。伝統的な理解の中では、政治とは無関係であったり、最も縁遠いと見なされていた精神のアスペクト、そうしたアスペクトにおいてこそ、若者たちの政治や社会へと関心が活性化されているのではないか、と。政治との関係が希薄であると見なされてきた精神のアスペクトとは何か？　言うまでもない。「私的」とされているアスペクトである。要するに、この問題は、公的なことと私的なこととの間の境界線の曖昧化という現象と関係があるように見えるのだ。

近代の古典的な段階においては、公的public／私的privateの厳格な区別を前提に、さまざまな制度や規範が機能していた。政治が関連するのは、公（共）的な水準である。だが、後期近代に入ってからは、両者の区別が不鮮明になった。このことは、多くの論者によって指摘されてきた。[4]

この事実、つまり「公的／私的」の区別が曖昧になっているという事実は、ごく身近な現象を観察するだけでも直ちに見てとることができる。たとえば、（第二次安倍内閣より前の）二一世紀に入ってからの日本の首相の中で、小泉純一郎だけが例外的に人気があって、長期の政権を維持しえたのはなぜなのか、を考えてみるとよい。いくつもの原因があったと思われるが、その中のひとつは――しかもかなり有力なひとつは――、首相としての小泉純一郎が、発言の中に、個人的な心情や感想を組み込み、それらを自身の政治的な行為や決断と結びつけるのが巧みだったという点にあったのではないか。彼は、政策的争点に関して常に、「悲しいね」「残念ですね」といった個人的感想を付け加えたし、彼にとって最も重要な主題である郵政改革が、事実上、個人的な執念の対象であることを隠さなかった。伝統的な政治の観念に基づけば、私的な心情は政治的判断に混入すべきではない、ということになる。自身の政治的決定を私的な信念や心情と結びつける政治家は、支持を失っただろう。だが、小泉純一郎に関しては、逆に、そのことが人気の源泉となった。公的・政治的なレベルの支持が、私的な心情への共感から導かれていたのである。

　二一世紀に入ってからの他の首相に関しても、実は、同じことは、多かれ少なかれ妥当する。たとえば、（二〇〇六年の第一次内閣以来現在まで続く）安倍晋三首相の憲法問題への執着。本来は、「憲法」ほど公的な問題はないのだが、彼は、それを（家族的な背景をもった）私的な理由と直結させた。[6] あるいは、麻生太郎首相は、マンガについての私的な趣味のゆえに、若者たちから支持された。野田佳彦首相は、自らを「どじょう」に喩《たと》えて、自伝的背景を激白したとたんに、――それまでこれといって注目されたことがなかったにもかかわらず――突然、人気が出た。ただ、どの首相も、個人的な心情と政治的な判断との結びつきを、小泉純一郎ほどには巧みに継続的に提示し続けることはできなかったため、支持率が高かったのは、首相就任直後のごく短い期間に限られていたのではないか。[7] さらに付け加えておけば、詳しく論ずるつもりはないが、橋下徹（二〇〇八年二月から二〇一一年一〇月まで大阪府知事、二〇一一年一二月から二〇一五年一二月まで二期にわたって大阪市長）の人気にも、小泉人気を支えていたのと同じメカニズムが見られる。[8]

公的なことと私的なこととの間の境界線が不明瞭になっているのは、現代の日本社会だけではない。たとえば、ジグムント・バウマンは、『政治の発見』の中で、現代の政治の公的な問題と私的な問題との間に適切な橋が架けられていないことに、現代の政治の困難がある、と論じている。[9] 一見、この見解は、われわれのここでの議論に反対するものだという印象を与える。バウマンの主張は、公的な問題と私的な問題との間の乖離《かいり》を強調しているからである。だが、この乖離が、政治の困難として現れるのは、私的な問題が私的な水準にとどまらず、すでに公的な問題でもあるからだ。にもかかわらず、政治の伝統的な観念の内には、公的なものへと転じた私的な問題を取り出す方法が含まれてはいない。それゆえ、ここに困難が生ずる。

たとえば、先の脱原発デモには行くが、投票には行かなかった若者のことを考えてみるとよい。デモは、彼の私的な思いと結びついた公的問題の表出の手段となっていた。しかし、代表者を選ぶための投票という古典的な政治の手法を通じては、彼の思いは表現できないのだろう。こうした状況を、バウマンは、公的な問題(この場合、投票)と私的な問題との乖離と記述したのである。

私自身の個人的な記憶に言及させてもらえば、公的な水準と私的な水準との融合を強く印象づけられたのは、一九九九年四月に、当時滞在していたアメリカのテレビニュースで、ドイツのルドルフ・シャーピング国防相(当時)が、NATOのコソボ紛争への介入を、つまりユーゴスラビアへの空爆を正当化しようとして語ったことを聞いたときである。ドイツ軍の航空機が、この空爆に参加したのだが、これは、ドイツにとって、第二次世界大戦後初めての戦争参加であった。私は、シャーピングが、戦争を遂行せざるをえない合理的で冷厳な根拠を提示するのかと思っていた。しかし、実際に語られたことは、まったく逆のことであった。シャーピングは、セルビア人によるアルバニア人の組織的な虐殺を参戦の根拠にしたのだが、彼は主に、決断するまでに彼がいかに迷い、道徳的なジレンマに苦しんだかということを、つまり彼の私的な懊悩《おうのう》や懐疑を告白したのである。それは、要するに、私的な苦悩の「誠実な」表出以外のなにものでもなかった。ここでは、戦争についての政治的な判断が私的な心情に裏打ちされているのであり、小泉純一郎に即して検出した、公的なものと私的なものとの直結の極端なケースである。[10]

軍隊や戦争という主題は、コソボ紛争の前年（一九九八年）に公開されたスピルバーグ監督の戦争映画『プライベート・ライアン（ライアン二等兵救出）』へと、われわれの連想を導く。この映画の興行上の成功は、ここに述べてきたことの延長上で理解することができるのではないか。映画の舞台は、第二次世界大戦におけるヨーロッパ（ノルマンディ）の戦場である。米英連合軍の一員としてドイツ軍と戦っていた、トム・ハンクスが演じるミラー大尉は、軍の最高首脳から「四人兄弟のうち三人が戦死し、最後の息子となったジェームズ・ライアン二等兵を探し出し、ふるさとの母親の元へと帰国させよ」という命令を受ける。彼は、七人の仲間を選び、彼らとともに落下傘の誤降下で行方不明になっているライアンを探しに行く。この反戦映画は、ナチスとの戦争を背景としているのに、戦争の大義にはほとんどふれず、ただひたすら、個人的な友情や家族への愛を描いている。そもそも、最初の命令が、軍のトップからの指示であるにもかかわらず、その内容に関しては、まことに私的である。この映画は、異なるイデオロギーを有する国家間の戦いという極限の公的水準を、私的な友情や家族愛と短絡させているのだ。この公的なものと私的なものとの融合が、人々の共感を呼んだのではないか。

＊

さて、以上のかんたんな観察を起点として、次のような仮説を立ててみよう。若者たちの政治や社会への関心は、一般には「私的」とされるような精神的なアスペクトから、その衝動をくみとっているのではないか、と。伝統的には、全体社会（国家、国民、地球社会、人類等）や政治に関わる公的な関心と、私的な心情とは別のことであり、前者に至るためには、後者をカッコに入れなくてはならないと考えられてきた。たとえば、若者たちが政治的な問題意識に乏《とぼ》しいと批判されるときも、批判者によって思い描かれているイメージは、私的な趣味や、あるいは私的な心情と直結している親密圏の人間関係に没頭している若者たちの姿であろう。だが、もし私的な情熱を生み出している心的なメカニズムが、そのまま無媒介に、社会や政治への関心をもたらしているのだとしたらどうであろうか。両者が逆接せずに、そのまま順接しているのだとしたらどうであろうか。

つまり、第一次近似としてラフなスケッチを提示すれば、次のようになる。一方に、私的と呼ばれている心情や信念や趣味の領域と、それらに結びついた親密圏の社会関係がある。他方には、公的な政治や全体社会に関連する主題の領域がある。これらふたつの領域を――逆接や否定を経由せずに――順接的につなぐ回路がどこかにあるのだ。その回路が見出され、開通しているとき、若者たちは政治的な行動を起こす。しかし、こうした回路が見つからないとき、彼らは、政治からは撤退している。たとえば、脱原発のデモは、このような回路として働いていたのだが、知事選の投票は、そうではなかった。

すると、次のわれわれの課題はこうである。この順接の回路とは何か？　それは、どのようなときに、どのような条件で、あるいはいかなる意味で現れ、開通するのか？　たとえば、二〇一一年の春に、脱原発のデモはそうした回路になりえ、投票はなりえなかったのは、どうしてなのか？

ここで探究を深めるために、ひとつの戦略的な拠点を設定しておこう。若者の「政治的な無関心」という指摘において照準されている典型的な若者像は、いわゆる「オタク」であろう。オタクは、きわめて個人的で特異な趣味にのみ情熱を傾注しているように見える。[11]もし、ここに述べたように、公的な主題の領域へと順接する回路があるのだとして、オタクの心的な世界にそれを見出すことができるのか。一般に流通しているイメージに従えば、オタクこそ、そうしたことに最も縁遠いように思える。

建築学の森川嘉一郎《かいちろう》によれば、オタクを象徴する空間的な実体は、窓がなく、ほとんど閉じられている個室である。[12]森川は、最初、建築家として、オウム真理教団が自力で建てた彼らの聖堂「サティアン」を見て、びっくりしたという。宗教教団は、しばしば、崇高性《すうこうせい》を演出するために、さまざまな意匠《いしょう》を凝《こ》らした建物を求める。ところが、サティアンには、ほとんど意匠らしきものはない。サティアンは、穴（窓）

がほとんどない直方体（あるいは立方体）であった。形状の点でこれと似た建築物を今日の観点から探してみるなら、原発の建屋《たてや》だろう。森川はもちろん、そんなことは書いていないが、外から見た姿に限れば、原子炉を納めた建屋とオウム真理教のサティアンはそっくりである。ともあれ、森川は、オウムの建造物の特徴への着眼から類推して、さらに、この建物とよく似た空間、つまり窓をもたない個室こそが、オタク的な心情の外化された姿であったことに思い至る。窓のない個室が、言ってみれば、オタク的な精神の形だとすると、ここに、政治や全体社会に関連する諸問題へとつながる回路を見出すのは、ほとんど不可能であるように思える。

　だが、しかし、オタクが、一般的に他者に関心をもたないわけではない。それどころか、オタクは、他者との関係、他者との共同性を渇望《かつぼう》しているとさえ見ることができる。実際、多くの論者が指摘してきたように、あるいはオタク自身が述べているように、オタクの個室には、現実の窓はないが、現代的なテクノロジーに支えられた別の意味での窓が必ず備わっている。言うまでもなく、それは、コンピュータやスマートフォンといった、インターネットのサイバースペースにつながっている端末である。オタクは、一方で、現実の窓を閉じ、他方で、ヴァーチャルな窓を開けているのだ。

オタクの共同性への渇望は、インターネットの普及によって生み出されたものではない。現在ほどネットが一般的ではなかった頃の原初のオタクにすでに同じ欲望を認めることができる。たとえば、評論家の紀田順一郎は、かつて、原初の「オタク」――今から振り返ってみればミステリー・オタクと見なすことができるような人々――を初めてみたとき、「徒党を組んで読書する」ということがありうることを知って、驚いたと語っている。紀田にとって、読書は孤独で内面的な営みである。しかし、ミステリーの細部について語り合うオタクは、読書を共同的に行う。[13] このように、オタクは、その共通の趣味を媒介にした、一種の「共同態」を作り上げる。

したがって問いは、こうである。オタクの共同態に、あるいはオタクの精神の内的な構造に、政治や全体社会への関心につながっていく、順接の回路を見出すことができるだろうか。

「社会運動」に関する既存の社会学理論は、探究のためのヒントを提供してくれるだろうか。社会運動論の古典的な代表とも見なすべき「集合行動論」は、階級闘争の理論を機能主義的に一般化したもので、目下の考察にすぐに役立つものではない。集合行動論から出てきた「資源動員論」は、社会運動を引き起こす要因として、主体が利用しうる「資源」を重視する。資源の中で最も重要なものは、言うまでもなくカネである。資源動員論は、間違っているわけではないが、ここでの問いにとっては無関係である。われわれが問わなくてはならないことは、外的な資源ではなく、主体の内的な精神の構造である。

有効な示唆をもたらしそうに思えるのは、以上の理論とはいささか異なった系列に属する「社会関係資本 social capital」についての理論である。社会関係資本とは、主体に何らかの利益をもたらすことになる社会関係のことである。たとえば、大学時代の友人のおかげで、よい就職先が見つかったとしたら、その友人関係は、社会関係資本だということになる。いわゆるコネは社会関係資本の典型である。

政治学者ロバート・パットナムは、社会関係資本の重要性を示すために、イタリアにおける次のような事実に注意を促す[14]。イタリアの諸州で、同じ時期に同じような改革を経て、ほとんど同じ制度的な仕組みを導入したにもかかわらず、その仕組みがうまく運用されたところと、うまくいかないところが出てきた。この違いは、どこから来るのか。徹底した調査と考察を経てパットナムが導き出した答えは、社会関係資本の量の相違に原因がある、というものである。社会関係資本の量を、パットナムは、その地域に存在している二次的結社の数で測っている。二次的結社とは、メンバーが平等な資格で参加できる、自発的に形成された集団であり、その目的は何であってもかまわない。要するに、二次的結社がたくさんある地域では、制度が実効的に機能したが、少ない地域では、制度を整えても、機能しなかったのだ。どうしてだろうか。

鍵は、フリーライダー（ただ乗り者）の問題を、あるいは「どこかにフリーライダーがいるかもしれない」という懐疑をどう克服するかにある。パットナムは、おおよそ次のような因果関係を想定することで、イタリアで起きた現象を説明した。まず二次的結社に参加すること、ときには複数の二次的結社に参加することは、さまざまな背景をもつ多様な他者との出会いの経験をもたらすことになる。このことは、自然と、他者への「一般的信頼」を高めることになるだろう。一般的信頼とは、次のようなことである。よく知っている他者、気心知れている特定の他者を信頼するのは当たり前のことである。これとは違って、一般的信頼とは、よく知らない他者に対する信頼のことだ。「よく知らない他者」の中には、背景を知らない他者、初対面の他者、会ったこともない他者、自分とはずいぶん異なっているように見える他者、好きになれない他者などが含まれる。よく知らない他者に対しても、自分が期待するように行動するだろうという予期をもつことができるとき、一般的信頼があるという。二次的結社での経験は、一般的信頼を高めるように作用するだろう。

一般的信頼が高いと、フリーライダーがいるかもしれないという懐疑から、社会運動や社会貢献が退縮《たいしゅく》してしまう可能性が小さくなる。たとえば、今、誰かが街を掃除する活動に従事したとする。街がきれいになったことでいい思いをするのは、清掃活動に従事した人だけではない。これを「雨乞《あまご》い効果」と呼ぶ。誰かが雨乞いをして、雨が降ったときには、地域のすべての人が恩恵を受けるからである。ここで、特に貢献しなかったのに（掃除をしなかったり、雨乞いの儀式に参加しなかったり）、利益だけを得る人が、フリーライダーである。自分が骨を折って苦労しても、自分の行動の成果に多くの人がただ乗りしていると思うと、人は、社会貢献への意欲を失ってしまう。ボランティアで街を清掃してもよいと思っていた人も、フリーライダーがたくさんいるかもしれないと不安をもつと、やる気がなくなってしまう、というわけだ。だが、一般的信頼の感覚が強い人は、「自分のまわりにたくさんフリーライダーがいるに違いない」という、他者を疑う気持ちが小さくなる。

一般的信頼の高さからくる行動が、さらに、規範として意識されるまでになれば、それは互酬性《ごしゅうせい》規範となる。互酬性規範とは、他者が社会貢献をするだろうという予期＝期待から、自分自身もまた社会貢献をしなくてはならないとする規範である。注意すべきことは、客観的な事実としてフリーライダーが少ないときに、「フリーライダーはいないだろう」という安心感が出てくるわけではなく、因果関係は逆だということだ。つまり、一般的信頼のレベルが高い人が集まったとき、予言の自己成就《じょうじゅ》に似たメカニズムを通じて、結果的に、フリーライダーが少なくなるのだ。そして、一般的信頼のレベルを規定しているのが、地域における社会関係資本の量だというのが、パットナムの説である。

さて、ここからがわれわれの問いである。ここにパットナムが提示したような因果関係が、オタクの共同態を起点として作用するだろうか？　オタクたちは——先に述べたように——共同性を求めている。オタクの共同態は、（社会運動のための）社会関係資本として機能するだろうか？　オタクたちのサークルや交流は、二次的結社と見なしてよいように思える。それならば、イタリアの地域社会にあったさまざまな二次的結社と同じように、オタクたちの交流は、個々のオタクの一般的信頼を高める効果をもつだろうか？

　この点に関して、確定的なデータをわれわれはもってはいない。しかし、推測することはできる。[15]オタクの共同性は、パットナムが記述したような因果の連鎖を起爆させることはないだろう。つまり、オタクの共同性は、イタリアの二次的結社のようには機能しないだろう。パットナムが描いた因果関係の鍵は、二次的結社を通じて、メンバーが多様な他者と出会い、異質な他者への耐性が鍛えられる、という点にある。だが、オタクの共同態にとって重要なのは、多様性ではなく、同一の趣味に対して並々ならぬ情熱をもっているという同質性である。つまり、オタクの共同態は、異質な他者へと開かれた寛容な結社というより、同質性に志向した排他的な集団である。このことを考えると、オタクたちが、趣味を共有する他者たちと交流したとしても、そのことによって一般的信頼の水準を高めるとは思えない。

4　オタクは何を欲望しているのか

したがって、もしオタクに、外部に開かれた社会性があるとすれば、その場所は、別のところに、オタクの別の特徴の中にあるはずだ。単にオタクが同好の士と群れたがるという事実から、彼らの政治的行動が出てくると期待することはできない。

それならば、オタクたちの欲望を引き出している対象の性質や内容に、政治や社会への関心を生み出す要素があるだろうか。まったくないとは言えないだろう。たとえば、『新世紀エヴァンゲリオン』に夢中になっているうちに、国防問題の重要性に気づくような人がいないわけではあるまい。だが、オタクたちを引きつけてきたマンガやアニメやゲーム等の内容に関しては、現実からの乖離や極端な空想性の方が特徴的であるとされてきた。そうした内容が、現実の社会問題への関心を触発する性質を、特に強くもっているとも思えない。[16]

オタクたち同士の関係にも、また個々のオタクが欲望している対象の性質にも、われわれの主題にとって特に注目すべきことがないとすると、どこに眼を着ければよいのか。対象の「内容」ではなく、対象に対する関係の「形式」に興味深い点があるのだ。また、それこそ、オタクというライフスタイルを定義する条件でもある。オタクをオタクたらしめた欲望の形式を抽出するには、原初のオタクを見るのがよい。つまり、オタクがいかにしてオタクになったのかを見るのがよい。

その点で、マンガ原作者で評論家・編集者の竹熊健太郎が著した『私とハルマゲドン――おたく宗教としてのオウム真理教』は興味深い資料的価値をもつ。[17]タイトルから想像がつくように、この本は、オタクの集合と見なされたオウム真理教団による無差別テロの刺激を受けて、一九九五年に書かれ発表された竹熊自身の半生記である。竹熊は一九六〇年生まれで、オウム真理教の古参のメンバー、指導的な地位にあった信者とほぼ同じ年齢である。そして、彼は、オタクの「第一世代」に属している。最も初期のオタクは、一九六〇年前後に生まれている。つまり映画『ALWAYS 三丁目の夕日』が（理想化して）描いている昭和三〇年代前半に生まれた者たちの中から、最初のオタクが出てきた。[18]この世代から最初のオタクが出たことには、おそらく、社会学的な理由がある。日本の家庭にテレビが急速に普及し始めたのは、この時期である。[19]一般家庭へのテレビ普及の大きなきっかけとなったとされる、「皇太子ご成婚」は、一九五九（昭和三四）年の出来事だった。つまり、日本で一九六〇年頃に生まれたということは、生まれたときからテレビがあった——少なくとも物心ついたときからテレビがあった——最初の世代だった、ということになる。それより前に生まれていると、たとえば団塊の世代であれば、テレビのない家庭についての具体的な記憶をもっている。

さて、この竹熊の半生記によると、彼は、思春期の頃、とりたてて深い意味のないささいな趣味に没頭し、それを楽しむ自分(たち)の生き方を、——まだオタクという語はなかったので——「変の道」と、自ら名付けていた。彼を「変の道」へと導いた先達《せんだつ》の話を、彼は書いている。「国鉄鉄民」さんと呼ばれた、その人物のエピソードは爆笑物である。

国鉄さんというくらいだから、鉄道に興味があったのだろう。だが、国鉄鉄民さんは、とりあえず、総武線にしか興味がない。彼は、総武線を複線電化することに、異常な情熱をもっていた。そこで、彼は、複線電化を、鉄道管理局や千葉県知事に繰り返し訴えたのだが、同一の人物が何回も陳情しても効果は薄いので、多くの人の一般的な欲望であるかのごとく偽装すべく、千葉県の各地から、異なる文体、異なる消印、異なる日付の手紙を何通も出したり、声色《こわいろ》を変えて頻繁に電話をかけたりしたのだという。

あるいは、こんなエピソードもある。鉄民さんは、電話帳オタクでもあった。ある日、竹熊が、鉄民さんの家に遊びに行くと、鉄民さんは、電話帳を一ページずつ、ていねいにくりながら、何かをノートに書いている。世の中には、「大隈重信」とか「徳川家康」といった、歴史上の人物と同一の氏名をもつ人がいる。鉄民さんは、電話帳で、そういう氏名を見つけては、これをノートに書き写していたのだ。竹熊は、こんな趣味もあるのか、と大いに驚いた、という。

こうした、少しばかり滑稽なエピソードは、オタクとは本来何であったかを、それゆえオタクがほんとうは何を欲望しているのかを、われわれに教えてくれる。国鉄鉄民さんが暗示しているように、オタク以前に、オタク的な関心のあり方、オタク的な生き方の原点を、つまりやがてオタクに発展することになる種子を見出すとすれば、それは、鉄道マニアではないだろうか。鉄道マニアは、昔から、つまり「オタク」という風俗の成立の前からいた。鉄道が多くの人を引きつけた理由はどこにあるのか？　近代の前半にあっては、鉄道は、人々を、彼らが生まれ育ったローカルな共同性から解放する、ほとんど唯一の媒体だったからではないか。近代とは、一般の人々が――政治や経済の中枢にいない一般の人々が――、直接の面識関係からは独立した広域の社会空間のメンバーであることを、つまり市民社会や国民の一員であることを自覚し始めた社会である。だが、そうした社会空間を実感するためには、触知可能な物質的手がかりが必要であった。鉄道こそが、それである。鉄道の延びた先に、首都が、国民国家の領土が、さらには世界が、開けているのを想像することができ、それゆえにこそ、鉄道はロマンチックな幻想をかき立てたのである。中でも、首都へと収束する全国的な鉄道のネットワークを統括する「国鉄」は特別だった。

ここから次のような仮説を立ててみよう。鉄道マニアは、鉄道に、鉄道のネットワークに、広域的な社会空間の、普遍的な世界の全体を、言ってみれば、写像《しゃぞう》しているのではないか、と。鉄道それ自体は、無論、世界の中の部分的な要素にしか過ぎない。が、その部分的な要素を楽しむことにおいて、普遍的な世界の全体を享受することができるのだ。

同じことは、後年のオタクたちにも妥当するのではないだろうか。オタクたちは、常に、ごく些細な、極端にローカルで部分的な何かに、情熱を差し向ける。だが、その一小部分に、その断片に、普遍的な世界が圧縮され、写像されているのである。無論、オタクたちの顕在的な――自覚されている――欲望は、特定のジャンルのアニメであれ、ゲームであれ、アイドルであれ、その特殊で局域的な領域にしか向かわない。が、その領域がそれだけの欲望を引き出すことができるのは、そこに、すでに普遍的な世界が内部化されているからである。たとえば、国鉄鉄民さんにとっては、世界は、鉄道に、さらには総武線という一本の路線に圧縮されているのである（総武線は、短い地方的な路線だが、千葉県民が首都東京へと向かうときのラインである）。だからこそ、彼は、偽装によって、ある領域の（千葉県の）人々の欲望――総武線の複線電化への欲望――を一般的に代表しようともするのだ。

鉄民さんの電話帳への情熱も、この仮説を傍証している。電話のような通信メディアのネットワークもまた、鉄道と同じように、直接には知覚できない抽象的で普遍的な社会空間への想像力のよすがとなるだろう。電話帳というデータベースは、まさにそのネットワークの到達する「世界」を表示する。さらに、鉄民さんは、このデータベースに記された歴史上の人物を拾い上げることで、ここに――空間だけではなく――時間を、歴史を、要するに時間的な意味での普遍性を読み取ろうともしているのだ。鉄民さんのこうしたオタク的情熱の前史を探るとすれば、切手マニアではないか。切手蒐集《しゅうしゅう》は、鉄道マニアと並んで、古典的な趣味である。郵便のネットワークは、電気・電子メディア以前には、鉄道と並んで、あるいは鉄道以上に、人々にとって、広域の普遍的な世界へのつながりを実感させてくれる手がかりだったのだ。外国の切手が好まれたのは、単に意匠《いしょう》がめずらしかったから、だけではない。その切手が、遠隔地へと広がる社会空間への想像力を刺激したからである。

だから、繰り返し確認すれば、ここで提起したい仮説は、通念とはまったく反対のことである。しばしば、オタクは、狭く、特殊な事柄にしか関心を向けていない、と批判される。しかし、その特殊な領域を通じて、包括的な普遍性が分節されているのである。真に欲望されているのは、普遍性である。普遍性が、そのまったき反対物として現象することで、直接の欲望の対象となること、このことこそが、オタクの神秘の核心ではないか。

さて、そうだとすると、われわれとしては、さしあたって次のような仮説を導くことができる。まず、普遍的なUへの愛着や欲望がある。しかし、U自体は、積極的な同一性をもった対象としては、直接には現れない。このとき、Uが、その反対物Ｐによって——つまり普遍性とはほど遠い極端に特殊な事物や行為Ｐによって——代理されることがある。オタクにおいては、それは、彼らの非常に特異的な趣味である。

　われわれの問いは、こうであった。オタクのそれに代表される私的な趣味や情熱に関わる領域を、公的な関心、政治や全体社会に関する関心へと順接的につなぐ回路は、どこかにあるのか。ここに提起した仮説は、解の手がかりを与えている。今述べたように、オタクたちの欲望を直接に引きつけている特殊な対象Ｐは、普遍性Ｕの代理物だったとしよう。Ｕが指示しているのは、さしあたっては、「意味的な普遍性」であって、「社会的な普遍性」ではない。すなわち、内容の面で、包括的な宇宙を表現しているという趣旨の普遍性であって、社会的に一般的な意志を代表しているという趣旨の普遍性ではない。しかし、意味的な普遍性は、原理的には、すべての人にとって価値があるということを含意しているので、理念上は、社会的な普遍性へとつながりうる。[20]とするならば、オタクたちのきわめて特殊な対象Ｐへの執着は、全体社会への関心を潜在的な可能性として孕んでいると解釈してもよいのではないか。[21]

今、ここで原初のオタクの行動を手がかりにして提起した仮説は、オタクの前衛、より現代的なオタクをも視野に入れて、あらためて論証されなくてはならない。このことが、結果として、若者たちの心性や行動のどの側面に、「革命」の主体としての可能性を認めることができるのかを、示すことになるだろう。この課題は、次章以降にまわされる。

1　古市憲寿『絶望の国の幸福な若者たち』七五－七六頁。
2　古市、同、二〇三－二〇六頁。
3　私の考えでは、脱原発派の苦戦の一因は、二〇一一年の夏に、菅直人首相をかんたんに辞めさせてしまったことにある。脱原発派は、野田佳彦首相が大飯原発の再稼働を許可したことに怒っている。もっともな怒りだと思う。だが、野田佳彦が与党民主党の代表になり、首相の座に就いたときから、こうなる可能性は非常に高かったと考えざるをえない。民主党代表選の段階で、野田は、前首相の菅のようには脱原発を明言していなかったからだ。首相に就く可能性があるほどの有力政治家で、はっきりと全面的な脱原発を主張しているのは、菅直人のみである。二〇一一年の夏に、支持率がどんどん低下しつつあった、不人気の首相の支持率が、脱原発を謳った直後にV字回復していたら、国会議員たちは、戦慄《せんりつ》していただろう。脱原発に賛成しなければ、次の選挙での当選は覚束《おぼつか》ない、と。実際には、菅直人首相の支持率は、脱原発の旗幟《きし》をはっきりさせた後も、ひたすら下がり続けた。ここに述べたように、脱原発のための大規模なデモが起きているのに、国会議員が原発の再稼働を容認するのは、そのことが自分の当落に影響を与えないと思っているからである。ともあれ、ここで確認しておきたいのは、脱原発のための社会運動にはコミットするのに、政治家――代表制民主主義における自分たちの代表――を媒介にして脱原発を推進しようとすることには無関心であるという、奇妙なねじれである。

4　英語の“public (/private)”と日本語の「公(オホヤケ)」とはまったく異なった意味をもっているということ、また日本語の「オホヤケ」と中国語の「公」もまた異なった概念であること、さらに“public”と、江戸時代の儒者《じゅしゃ》たちが「公共する」という語で意味していたこととも大きく異なっており、したがって、江戸時代の用法における「公共」と現在の社会科学や哲学のコンテクストで用いられる「公共性」も異なるということ、これらのことは、歴史学者たちが指摘してきた(溝口雄三『公私』三省堂、一九九六年。東島《ひがしじま》誠『〈つながり〉の精神史』、講談社現代新書、二〇一二年、第V章)。この指摘はまったく妥当である。そのことを理解した上で、この文脈では、「公的/私的」は、英語の“public/private”の訳語として使う。ここは、日本と西洋の語法の違いを論ずる場所ではない。なお、この点についての私の見解は、以下を参照。「〈公共性〉の条件」『思想』九四四号、二〇〇二年一二月。

5　小泉首相のこうした特徴を指摘したのは、宇野重規《しげき》である。『〈私〉時代のデモクラシー』岩波新書、二〇一〇年、一〇四頁。

6　宇野、前掲書、一〇五頁。

7 念のために記しておけば、小泉純一郎が意図的にこうした操作を行ったということではない。彼は、「本能的」、無意識的にそうしていただけである。

8 ここでわれわれは、二度目の安倍政権をあえて考察から除外した。第二次から第三次と続く安倍政権も、長期政権である。しかし、ここでは詳述しないが、安倍政権が長く続き、比較的支持率も高い原因は、小泉内閣が長期だったこととは別のところにある。このことを直感したければ、二度目の安倍政権は小泉政権に匹敵するほど長く続いているのに、安倍晋三は小泉純一郎ほどには国民に愛されてはいない、という事実を思えばよい（安倍晋三個人に人気があったならば、第一次安倍内閣は短命に終わらなかっただろう）。

9 ジグムント・バウマン『政治の発見』中道寿一訳、日本経済評論社、二〇〇二年。

10 Rudolf Scharping, *Wir dürfen nicht wegsehen: der Kosovo-Krieg und Europa*, Taschenbuch, Econ. Tb. 2001. スラヴォイ・ジジェクも、シャーピングの説明に関して、同じ印象を記している。以下を参照。*The Art of the Ridiculous Sublime*, Walter Chapin Simpson Center for Humanities, 2000, p.32.

11 「オタク」のほかに、「おたく」とか「ヲタク」など、表記に関しても、一部の論者は、それこそオタク的なこだわりをもっているようだが、ここでは、そうした区別には興味がない。語源からすれば「おたく」とひらがなで表記するのがもっともよいのかもしれない。

12 森川嘉一郎『趣都の誕生――萌える都市アキハバラ』幻冬舎、二〇〇三年。

13 もっとも、読書についての社会史が明らかにしたように、前近代社会においては、読書は、共同的な営みである。日本でも、「連歌」のようなものを思い起こせば明らかなように、読書も創作も共同＝協働の作業であった。かつて、前田愛を初めとする多くの論者が指摘したように、読者の個人化・内面化――それに伴う黙読――は近代の現象である。前田愛『都市空間の中の文学』筑摩書房、一九八二年。

14　ロバート・パットナム『哲学する民主主義』河田潤一訳、NTT出版、二〇〇一年。

15　ここで提起した問いは、浅野智彦が次の著作の中ですでに提起している。『趣味縁からはじまる社会参加』岩波書店、二〇一一年。浅野は、意図的に結論をあいまいにしている。つまり、どちらの可能性もありうる、と。

16　オタクの社会運動として、二〇〇七年頃から盛り上がっている、マンガやアニメに対する表現規制に対する反対運動が注目されてきた。たとえば、二〇一〇年三月一五日には、東京都議会の大会議室に、定員の三倍にもなる三〇〇名ほどが集まり、都が提出した「青少年健全育成条例」が、「非実在少年」なる奇妙な語を用いて、行政の裁量によって、アニメやマンガの表現を恣意的に規制することを許している、として厳しく抗議した。また、その三年ほど前の二〇〇七年六月三〇日には、秋葉原に、コスプレした若者たちが集まり、表現規制や秋葉原の再開発に反対の意志を表示し、主催者は、「日本初の、オタクのオタクによるオタクのためのデモ」として自画自賛した。私は、表現規制に対するオタクたちの反対運動の意義を否定するものではない。私は、彼らの運動に積極的に賛成したい。しかし、この論考で私が主題にしようとしている、社会運動や革命的な活動と、これらのオタクたちの社会運動とは関係がない。マンガ、アニメの表現規制への抗議活動は、さしあたっては、彼らの直接的な利益が侵されたことへの抵抗であり、利益を奪われたことを怒るのは当たり前のことだからである。これらの抗議活動が普遍化したときに、初めて、ここでの考察の主題となるような社会運動になる。

17 竹熊健太郎『私とハルマゲドン――おたく宗教としてのオウム真理教』太田出版、一九九五年。のち、ちくま文庫、二〇〇〇年。

18 大塚英志『「おたく」の精神史』講談社現代新書、二〇〇四年。

19 日本における映画館入場者数がピークになるのが、一九五八（昭和三三）年で、以降、少しずつ減ってくる（日本映画製作者連盟が公開しているデータを参照 http://www.eiren.org/toukei/data.html）。その原因はテレビの一般家庭への普及であったと考えるのがもっとも自然であろう。

20 「意味的な普遍性」と「社会的な普遍性」の区別については、次のような例を考えるとわかりやすい。たとえば、ポアンカレ予想のような難解な数学の定理を考えてみよう。ポアンカレ予想は、すでに証明された普遍的に妥当する真理である。とはいえ、この普遍性は、さしあたって、意味的な（内容的な）普遍性である。実際に、この予想やその証明を理解できる人は、ごく少数の専門家に限られるので、直接的には社会的な普遍性をもたない。しかし、同時に、普遍的な真理であるということは、原理的には、合理的な理性の持ち主ならば、誰もが理解し、納得するほかない、ということでもある。つまり、意味的な普遍性は、事実の上では、社会的な普遍性をもたないが、理念の上では、社会的な普遍性を伴う。

21 考えてみれば国鉄鉄民さんの総武線複線電化のための活動は、アイロニーの意識を伴った、社会変革の運動だったと見なすこともできる。

第4章　倫理的／政治的行為の二つのチャンネル

1　反ユダヤ主義者の倫理的行為

平野啓一郎の小説『空白を満たしなさい』[1]は、ラデックさんという名のポーランド人のある崇高《すうこう》な行為についてのエピソードを含んでいる。この小説は、すでに何年か前に死亡した一部の人間たちが、突如として、本人にも理解できない仕方で蘇《そ》生《せい》して、人々を驚愕《きょうがく》させている、というSF的な設定になっている。小説では、そのような人々を「復生者」と呼んでいる。主人公の土屋徹生も、三年の死亡期間の後に復活した復生者である。彼は、復生者たちの集会で、ラデックに出会う。つまりラデックも復生者だ。

ラデックは、日本文学を研究するために京都に滞在していた。あるとき、下宿していた家が火事になった。彼は、下宿のお婆さんを救出しようとして、自分がいったんは脱出してきた火の中に再び飛び込んだのだが、結局、救出には失敗し、自分自身も焼死してしまったのだ。数年後、彼は復活した。ある日、彼は、火事があったその場所で——今や空地となっているかつて下宿があったその同じ場所で——、自分が立ちすくんでいるのに気づいたのだ。その後、彼は、自分が（あの焼死の後に）英雄化されていたことを知る。己の命の危険を顧みず、他者を救おうとした人物として。

だが、そのように英雄視されることに、ラデックは苦痛を感じる。彼は、自分が死の直前、お婆さんを救おうとして火の中に飛び込んだことは覚えているが、同時に、その死に方が自分には分不相応《ぶんふそうおう》なものであることもよくわかっているからである。彼は、自分が平凡な利己的人間で、他者のために自己を犠牲にして死ぬようなタイプの人間ではない、と心底から思っているのだ。究極の英雄としての像と自分自身の実際との間のギャップに、彼は居心地の悪いものを感じたのである。ラデックは、下宿のお婆さんとそれほど親密だったわけでもなく、「自分の命とお婆さんの命、二つをテーブルの上に並べられて、どちらか選びなさいと言われれば、私は迷わず、自分の命を選びます」というようなごく普通の道徳的レベルの人物であった。

主人公の徹生は、もともとラデックの英雄的な救出劇のことを聞いていたので、ラデックに憧れていた。ラデックから以上のような話を打ち明けられ、つまり自分は決して英雄になるようなタイプの人間ではなく、英雄視されることは辛いというラデックの告白に接して、徹生はかえってますますラデックへの敬意を深める。

さて、以上は、『空白を満たしなさい』の中のひとつのエピソードだが、ここからが問いである。こういうことは、ほんとうにありうるのか？　蘇生（復生）のことではない。蘇生は、現実にはありえない虚構の中の設定（お約束事）だが、ラデックのような、首尾一貫しない行動をとることが、人間にはありうることなのか？ごく平凡な人間が、つまり特別に道徳的でもなければ、とりたてて非道徳的でもない人間が、ときに、英雄的と言ってよいような倫理的で崇高な行動をとる、などということがありうることなのか？　お婆さんを救出したところで、ラデックには何の利益もない。ラデックがとった救出行動は、厳密にカント的なものだと言ってよい。カントはさまざまな表現で、人が絶対的に遵守すべき倫理的な命令を定式化しているが、その中のひとつは、他者を何かの手段として（だけ）ではなく、それ自体として存在するに値するもの、つまり「目的」として扱えというものである。ラデックにとって、このお婆さんは、自分にとって都合のよい手段や道具ではなく、このような意味で「目的」としてたち現れていたことになる。ここで、問いたいのは、ごく普通の功利的な人間が、カントのテストに合格するような倫理的な行動をとってしまう、ということがありうるのか、である。

小説の中で、ラデック当人が、そんなことはありえない、と当惑している。だが、主人公の徹生は、それがどこかありうることだと感じている。そして、当然、著者の平野啓一郎は、こうしたことがありうると考えていることになる。もし、こんなことはまったく不自然でありそうもないことだということになれば、平野の人物造形は失敗しており、リアリティに欠く、と批判されるところだ。どうなのだろうか？

＊

十分にありうることだ。ラデックのようなケースは。どうして、そこまではっきりと断言できるのか？　ラデックは虚構の人物だが、同じようなケースが、いやそれよりもっと極端なケースが、現実に存在するからである。事例をひとつ挙げてみよう。

ラデックは、本名が「ラドスワフ・タタルチェック」というポーランド人だということになっている。この「ポーランド人」というところから、私が連想したのは、マキシミリアノ・コルベ（一八九四－一九四一）のケースである。[2] コルベは、ポーランド人で、フランシスコ会の修道士であった。信仰篤《あつ》く、フランシスコ会の熱心な支持者だった両親に育てられたコルベは、一〇代で、フランシスコ会の修道院に入った。

この論脈に関係があるポイントだけ記しておこう。彼は、一九二〇年代から三〇年代にかけて、フランシスコ会の修道士として、当時のカトリック教会の反ユダヤ主義や反フリーメーソンの運動に巻き込まれた。彼は、反ユダヤ主義等の含意《がんい》をもつパンフレットを書いたり、大衆への宣伝活動を組織したりしたのだ（ちなみに、一九三〇年代初頭の二年間、彼は日本に滞在していたことがある）。

やがて、第二次世界大戦が勃発し、ナチスの軍隊がポーランドに侵攻してきた。するとコルベは、ナチスに追われたり、脅迫されたりしている人々を援助する活動に従事した。言うまでもなく、そのような人々の中には、多くのユダヤ人が含まれていた。こうしたこともあって、彼は、一九四一年二月に、ゲシュタポに逮捕され、アウシュヴィッツの強制収容所に送られた。

同年七月、収容所から一人の囚人が脱走した。このことに対する懲罰《ちょうばつ》として、収容所のナチスの兵士は、一〇人の囚人を餓死《がし》の刑に処す、と言う。そして、囚人番号によって一〇人が無作為に選ばれた。その中の一人が泣き崩れ、自分には妻子がいて、自分がいなくなれば妻子は生きていけなくなる、と強く訴えた。これを見て、コルベは、彼の代わりに自分自身を餓死の刑に処すように、と申し出る。カトリックの修道士として、妻子をもたない自分を。収容所の責任者ルドルフ・ヘスが、この申し出を受け入れたため、コルベは、他の九人とともに餓死室に送られ、二週間後に死亡した。ナチスの通訳の証言によると、普通、受刑者は半狂乱になるのに、このときは、コルベの励ましによって、餓死室はまるで聖堂のようだった。後に、コルベは、この犠牲的行為によって、列福《れっぷく》され（パウロ六世によって）、さらに列聖《れっせい》された（ヨハネ・パウロ二世によって）。

さて、ここでコルベの「美談」を記しておきたいわけではない。ここで注目したいことは、コルベのこの極端な二重性、コルベの「人格」の連続性の内に孕《はら》まれた極度の分裂である。ナチスによるユダヤ人への弾圧の中で、ユダヤ人を救おうとした英雄的な行為は、いくつか知られている。ポーランドから逃げてきた難民ユダヤ人にビザを発給した、日本の外交官杉原千畝《ちうね》や、あるいは、自分の工場で働いていたユダヤ人工員を虐殺から救い、のちにスピルバーグの映画の題材にもなった、実業家のオスカー・シンドラーなどが、そうした例である。だが、これらの例では、当該の人物は、もともとからユダヤ人に対して敵意や憎悪をもっていたわけではなく、むしろユダヤ人に同情的だった。しかし、コルベは違う。彼は、信念をもった反ユダヤ主義者でもあったのだ。

コルベについて評伝を書いたり、伝記を書いたりしてきた論者は、皆、コルベのこの極端な二重性に当惑している。その二つの分裂した側面をどのようにして、統一的に捉えるかに苦慮しているのだ。最も安易で、広く用いられているやり方は、反ユダヤ主義者としての側面を、単純に無視して、彼の伝記的な記述から排除してしまうことである。彼の反ユダヤ主義的な活動はうわさ話に過ぎないとか、後にKGBが流通させた作り話であるといった説明で済ます場合もある。あるいは、単なる偏見としての反ユダヤ主義と虐殺を伴う本格的な反ユダヤ主義の間に、瑣末《さまつ》で学問的な区別を打ち立てて、何とか切り抜けようとする論者もいる（殺意を抱くのと、ほんとうに殺戮《さつりく》するのとでは違う、というわけだ）。逆に、彼の反ユダヤ主義的な活動を重く見る論者もいるが、その場合には、コルベの英雄的な行為の倫理的な意味がかなりディスカウントされる。たとえば、彼が犠牲になったのは、過去の反ユダヤ主義的な活動への懺悔《ざんげ》や悔恨《かいこん》のためである、といった説明がそれである。もっと極端な例として、彼が身代わりとなって救った囚人が、ユダヤ人ではなく、カトリックの信者だったからだ、とまで主張する人がいる（命乞いをした囚人は、ポーランド人の軍曹だった。この人がユダヤ人だったらコルベは身代わりを申し出なかっただろうか、と想像してみよ）[3]。

だが、われわれは、コルベのこの二つの側面に、ハイデガーの正しい読み手がハイデガーに対するときの態度をもってあたるべきではないか。ハイデガーは二〇世紀で最も偉大な哲学者だが、同時に、積極的にナチスに加担したこともあった。ナチスに協力したことに関して、彼は死ぬまで、一度も後悔を口にしなかったし、また謝罪もしなかった。とすれば、われわれは、ハイデガーの二つの側面を断固としてともに認定し、引き受けなくてはならない。ハイデガーの哲学を肯定する者は、彼がナチスの加担者であったことを割り引いてはならない。他方のために一方を否認してはならないのだ。同じことはコルベに関しても言える。われわれは、コルベの二つの側面をともに認め、彼の人格の中に孕まれている断絶をトータルに正面から見すえなくてはなるまい。

つまり、こういうことである。まったく実直な反ユダヤ主義者でもある修道士が、人生のある局面、ある瞬間に、それまでの人生の経路からまったく逸脱して、己をすべて犠牲にして、ユダヤ人を救い出すことがある。おそらく、真に倫理的な行為、カントの規準をも満たすような倫理的な行為は、一人の人物の人格の一貫性を破綻《はたん》させる違和的な要素として、言ってみれば、突然外部からやってくる恩寵《おんちょう》や奇蹟のようなものとして、生起するのではないか。一人の人物の人格の中に、統合を許さないような二重性（多重性）が宿ることがある。平凡な功利主義者が、自己犠牲的な救済を決断することもあり、反ユダヤ主義者が、ユダヤ人の身代わりになって、死んでいく場合でさえもある。

ただし、通常の人格の一貫性からははみ出している倫理的な行為は、ただ待っていれば自然に出てくるというものでもないだろう。それが出現するのは、特異なコンテクスト、特異な条件の下であるに違いない。言い換えれば、特定の条件のもとでは、つまりふさわしいチャンネルが用意されているときには、そのような奇蹟のような倫理的行為が生起することもあるのだ。

2　最も起こりそうもないこと

こうした考察が、本書の趣旨とどのように関係してくるのか。倫理的行為に関して述べたことは、政治的行為や社会運動に関しても妥当するのではないか。これが、ここで示唆しておきたいことである。

繰り返せば、普段は功利的にふるまい平凡な人物が、奇蹟とも言うべき倫理的行為を選択する瞬間がある。反ユダヤ主義のクリスチャンでさえも、自身の命と引き換えに、ユダヤ人を救出することがある。倫理的行為は、最も「ありそうもないこと」として生起する。

今、われわれの社会には、何か根本的な変革が必要だ、ということに関しては、多くの人が一致した感覚をもっている。「われわれの社会」ということを、日本社会に限定しても、あるいは地球社会の全体に拡張しても、このことは言える。制度や慣習の小さな変更では済まされない、社会構造の抜本的な変容がなければ、解決できない、多くの困難があることを、われわれは自覚している。経済成長のようなきわめて実利的な目的に関してさえも、資本主義社会には、もはや大きなポテンシャルはないのかもしれない。何から「何への」変更が必要なのかを言える人は、ほとんど——いや誰も——いない。ただ、変更は必要だ。その抜本的な変更のことを、ここでは、あえて古色蒼然《こしょくそうぜん》とした言葉を使って、「革命」と呼んでみた。

では、現代社会が、革命がいかにも起こりそうな状況にあるのか、と問えば、それどころではない。少なくとも、現代の日本社会に関して言えば、「革命」は、最も「ありそうもないこと」のひとつである。この社会の多くの人々が、小さな変更のもとで、現状を保守するほかない、と考えている。とりわけ、若者において、そうである。「現状がほぼ順調だ」と思っているわけでもない、にもかかわらず、である。

家族社会学者の山田昌弘は、端的に、『なぜ若者は保守化するのか』[4]という問いの形式になっている著書の冒頭で、日本の若者の近年の保守性を示す二つのデータを提示している。ひとつは、終身雇用を望む新入社員が増加していることを示すデ

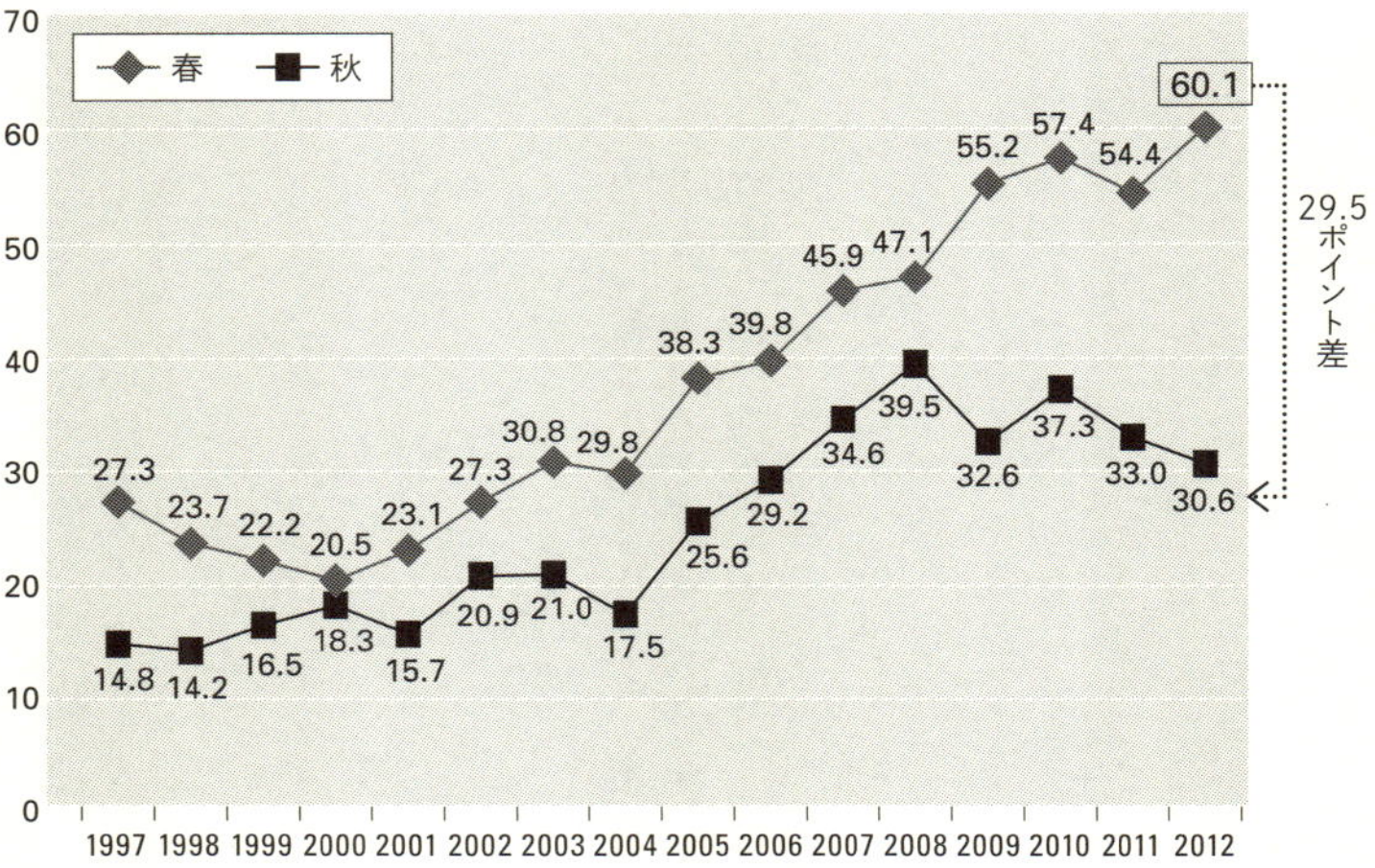

新入社員のうち、「今の会社に一生勤めようと思っている」とする回答の割合（出典：日本生産性本部）

ータである。日本生産性本部の調査によると、「今の会社で一生働き続けたい」と答える若者の率が、急速に伸びている。この調査は、一九九七年から始まっており、終身雇用願望は、最初は漸減していた。もっと前から調査していれば、たとえば、一九七〇年とか八〇年から調査していれば、長期的な減少傾向が確認されたに違いない。ともあれ、減少傾向は二〇〇〇年まで続き、そこが「底」になる。このとき、終身雇用を望む新入社員は、約二〇%だった。その後、急速に、終身雇用を望む新入社員は増加し初めて、二〇〇九年には、半数を超える約五五%が、一生この会社で働きたい、と言うようになる。山田の著書は、二〇〇九年の刊行なので、この段階までのデータしか載せていないが、二〇一二年には、さらに終身雇用願望は増加し、六〇%を超えた（その後は、微減したが、二〇一三年から二〇一五年まで、五五%前後の水準に落ち着いた）。底だった二〇〇〇年のおよそ三倍である。

山田が挙げているもうひとつのデータは、固定的性別役割分担に関する意識である（内閣府による調査）。「夫は外で働き、妻は家庭を守るべきである」という言明への賛成率の推移を、二〇〇〇年と二〇〇七年の比較によって確認してみる。全体としてみれば、賛成率は減少している。しかし、二〇代、三〇代の若い女性に限ると、むしろ、伝統的な「夫は仕事、妻は家事」という分業に賛成する者の率は、増えているのだ（二〇代で三三・二%→四〇・二%、三〇代で三二・九%→三五・〇%）。より新しい二〇一四年の調査を見ると、固定的性別役割分担に賛成する若い女性の比率の増加傾向が続いていたことがわかる（たとえば三〇代の女性の四〇%以上が賛成）。ほかに、専業主婦を女性の職業の理想とする者の率も、二〇代の女性（のみ）で増えている。

終身雇用を望むことは、別に、それ自体は、悪いことではない。性別役割分担もまた、ライフスタイルについての個人的な趣味の問題と言えば、それまでであろう。

また、原理的なことを言えば、終身雇用や性別役割分担を望む者が増えているということが、社会構造や制度の変革や革命を、一般的に困難にしたり、不可能にしたりするものでもない。だが、しかし、問題は、どうしてこれらのことを望む若者が増えているのか、という社会心理的なメカニズムである。

*

「一生この会社で働き続けたい」と言う新入社員が増えているのは、学校を卒業した後の最初の就職でいきなり「これぞ私の天職」と使命感や生き甲斐を覚える仕事が得られた者が増えているからではない。その証拠に、「終身雇用を望む新入社員の増大」という傾向にまったく反するように、若者の離職率も急激に増加しつつあるのだ。厚生労働省が、二〇一二年に発表したデータによると、中卒者の約七割、高卒者の約五割、大卒者の約三割が、三年以内に離職している（二〇一五年に公開されたデータでも、中卒者の三分の二、高卒者の四割強、大卒者の三分の一が三年以内に離職していることが確認され、傾向は変わらない）。

いや、三年も待たなくても、この傾向は確認できる。日本生産性本部は、「一生この会社で働き続けたいか」ということを、入社後、およそ半年を経た秋にも、毎年、調べている。「実際に入ってみたら幻滅する」ということは、普通のことなので、どの時点でも、秋の終身雇用願望者の比率は春のそれより一〇ポイント前後、低くなる。しかし、今述べたように、終身雇用を希望する新入社員は増えているので、半年後の希望者も、それと並行して増える傾向があった。ところが、二〇〇八年の秋をピークに、入社半年後になお終身雇用を望み続ける社員は、減り始めたのだ。ということは、春（入社直後）と秋（入社半年後）の終身雇用への希望者数の乖離《かいり》が、だんだん大きくなり、二〇一二年には、ついに、秋の比率は春のおよそ半分になってしまった。入社したときに、「一生この会社で働きたい」と言っていた社員の半分が、半年も働かないうちに、「やはりいずれ辞めたい」と思うようになるのだ！[5]

どうしてこうなるのか。若者が、学校を卒業後に得られた仕事に、これといった使命感も覚えることができなかったし、仕事自体に歓びを感じてもいないからである。それならば、どうして、若者は、入社直後に、終身雇用を望むのか。

かつては、たとえば一九八〇年代から九〇年代初頭にかけては、終身雇用や年功序列賃金といった、「日本的」な雇用の慣行は、マスメディアや評論家の批判の対象であった。それらは、決まったルートに一律にサラリーマンを走らせるものであって、若者の自由や創造性を刺激するものではない、と。実際、若者たちもまた、こうした雇用慣行を忌避《きひ》する傾向があった。先ほど述べたように、実際、二〇〇〇年までは、「一生この会社で働き続けたい」と言う新入社員の比率は減る傾向があった。

とするならば、どうして、二一世紀になってから、終身雇用を望む若者が増えているのか。この点については、山田昌弘が、適格に説明している。リスクをとらずに安定した生活をしたいという願望があるからだ、と。若者たちは、いったん、会社を辞めてしまえば、それよりも魅力的な仕事が得られる可能性が低いことを知っている（あるいは予感している）。とすれば、今、この会社にずっと留まるほうが安全である……と若者は考える。が、しかし――付け加えておけば――仕事はあまりにつまらなかったり、辛かったりして、結局、辞めることになる。

「できればこの会社に留まり続けたい」という願望は、現在のジョブマーケットの状況を前提にすると、合理的なものだと言ってよい。だから、こうした願望をもつ者を批判することはできない。また、若者たちのこうした状況に対応した制度改革は、まずは、たとえば新卒一括採用の慣行を廃止して、転職をしやすくする等のことかもしれない。

だが、ここで議論したいことは、そういうことではない。どこかの会社に就職できたということは、とりあえず、「就活」というゲームで勝った、ということである。実力があったのか、運がよかっただけなのか、何らかの既得権のおかげなのか、彼または彼女は、とにかく勝ったのである。しかし、ゲームの参加者の多くは、このゲームそのものに、どこか重大な欠陥があると直感しているのではないか。その何よりの証拠は、勝った者が、その「ポイント」を短期間で放棄してしまう（離職してしまう）、という事実である。必死の競争が強いられているのに、それによって得られたものが「よいもの」「魅力的なもの」でないのだとすれば、それは、ゲームそのものに欠陥があるのだ。ここで問題にしたいことは、にもかかわらず、若者の多くが入社直後には「終身雇用」を望む、ということである。結局は、堪《た》え難《がた》くなって辞めてしまうにせよ、勝利の瞬間には、とにもかくにもこの勝ち点をずっと保持していたい、と強く願うのだ。

一方では、若者は、ゲームに何か欠陥があることを、明晰に言語化してはいないにせよ、直感はしている（何しろ勝ってもちっとも歓びがないのだから）。しかし、他方で、そのようなゲームではあっても、自分に転がり込んできた「勝ち」にしがみついていたい、という欲望がまずは先に立つ。こういう状況において、ゲームそのもののルールを根本から変えようとする革命的な運動など、出てくるはずがない。変なゲームでも、それに適応したい、ということなのだから。

＊

山田が挙げている、もうひとつのデータ、若い女性が伝統的な性別役割分担を望んでいる、ということを示すデータに関しては、よりいっそう明確に、こうした点が確認できる。言うまでもなく、固定的性別役割分担は、フェミニズムの運動の最も重要な打倒目標であった。そして、これから就職しようとする若い女性こそが、そうした運動の支持者だ、ということが前提であった。実際、この前提は正しかったろう。フェミニストは、女性のため、とりわけ仕事に意欲的な若い女性のために、性別役割分担を批判したのである。その成果のひとつは、一九八五年の成立した、男女雇用機会均等法である（施行は翌八六年）。

ところが、山田が提示している内閣府の調査によれば、〇〇年代の中頃より、肝心の若い女性の中に、むしろ、性別役割分担の方がよい、と言っている人が増えつつあるのだ。フェミニズムの運動家は、「あなた」のために（雇用機会均等等を）勝ちとったつもりなのに、その「あなた」に、そんなものは要らない、と言われているような状況である。どうして、こんなことになったのだろうか。

この二〇年間に、家事労働が、若い女性がそれを求めるほどに魅力的なものへと変化したのだろうか。もちろん、そんなことはない。家事労働の価値は、あまり変わらない。そうではなく、外で行う仕事の価値や魅力が低下したのだ。こうなると——山田がシニカルにそして正しく分析しているように——、女性としては、仕事をもち、十分な収入がある夫、つまり正社員の職をもつ夫と結婚し、自分は、「好きなこと」をやっていたほうがよい、ということになるだろう。

これも、状況に対する個人的な適応の方式としては合理的で、とりたてて非難すべきことではないだろう。[6] しかし、夫に外で仕事をしてもらい、自分は家事をしたいと言っている若い女性たちは、このような性別役割分担がすばらしい、と思っているわけではない。個人的なライフスタイルとして選択するのはよいが、これが社会的な規範となること、たとえば「女は良妻賢母として家事に専念すべきだ」と学校で教えることは、正しくないと考えているに違いない。つまり、性別役割分担を肯定しているとき、その女性はシニカルに、戦略的に、一種の「必要悪」のようなものとしてこれを利用しているだけだ。したがって、彼女たちはゲームに何らかの欠陥があるのを知りつつ、ゲームを是正することよりも、そんなゲームの中で適応し、勝ち組に入ることを優先させていることになる。

したがって、「革命」と呼べるような、根本的な社会変革こそ、現代の日本社会において、最も起こりそうもないこと、とうていありそうもないことである。それは、はっきりと、「まったく不可能なこと」と言ってもよいほどではないか。だが、ここで、前節に考察した事例を振り返ってみよう。真に倫理的な行為は、およそありそうもないこと、として生起する。ひとつの人格を成り立たせる意識や行為の全コンテクストにはうまくはまらない、突出した奇蹟として、それは現れるのだ。同じことは、革命に比せられるような、真の政治的な選択についても言えるのではないか。それは、社会的行為やコミュニケーションの集合の中に、一貫して収めることができない、偶発的な恩寵のようなものとして生起するのではないか。仮に、それが可能だとすれば……。

3　政治的行為のチャンネル

しかし、こんなロマンチックなことを主張する根拠は、どこかにあるのか。もちろん、ある。どこに？

二〇一二年一二月の総選挙のことを振り返ってみよう。自由民主党が圧勝して、民主党から政権を奪い返した選挙である。投票行動の社会科学の観点から捉えたとき、この総選挙に関して注目に値する興味深い事実は、投票率の異常な低さである。投票率は、五九・三二％で、その段階で戦後最低だった（なお、二〇一四年一二月の総選挙の投票率はもっと低く、五二・六六％で、もう少しで半分を下回る）。この低さは、奇妙なことだと言わざるを得ない。どういうことか。

戦後、長い間、衆議院議員選挙の投票率は、低いときで七〇％をやや下回る水準、高いときで七五％を上回る水準だった。つまり、投票率は、六〇％台後半から七五％強の間を推移していた。ところが、九〇年代の後半に、投票率は、突然、ガクンと低下する。具体的には、一九九六年の総選挙で、投票率が、突然、六〇％を下回り（五九・六五％）、それまでの常識よりも一〇ポイントも低くなったのだ。それ以降、今度は、投票率は、六〇％近辺になる。私としては、「不可能性の時代」（一九九五年以降の時代）に入ってから、投票率が激減した、と言いたいところだ。[7]

だが、二〇一二年総選挙に先立つ二回の選挙、つまり二〇〇五年と二〇〇九年の選挙では、投票率はリバウンドして、かつての「常識」に近い水準にまで達した。つまり、これらの選挙は、七〇％近い投票率を記録したのだ。どうして、この二回の投票率が高かったのか。郵政民営化と政権交代で盛り上がったからである。そして、二〇一二年一二月の総選挙では、投票率が、再び、六〇％未満にまで、一挙におよそ一〇ポイント、低下した。この数字は、「不可能性の時代」の投票率としては、本来のものだ、と言えなくはない。だが、先立つ、二回の選挙の投票率が高かったことを思うと、二〇一二年の投票率の低さは異常である。

今述べたように、二〇〇五年と二〇〇九年の総選挙には、郵政民営化や政権交代といった、投票率を押し上げる主題があった。では、二〇一二年一二月には、そのような主題がなかったのか？　とんでもない！　この選挙は、３・11の惨事を経験した後の初めての総選挙であった。日本人が、原発の将来を含む、重大な政治的選択を実現する機会だったはずだ。ところが、投票率は、きわめて低かった。

　考えてみると、郵政民営化は、本来、大半の国民にとって相対的に小さな問題、どちらでもよい問題だった。また政権交代は、国民全体の関心事だったかもしれないが、交代が何を意味しているのか、どのような政策や制度の変更を求めての政権交代なのか、明確な自覚をもっていた人は少ない。何かを変えたつもりだが、何を変えたのかはわからなかったのだ（しかも何も変わらなかった……と多くの国民は思った）。つまるところ、二〇〇五年と二〇〇九年の総選挙は小さな選択か空虚な選択だったのである。私は、かつて、郵政選挙をエレベーターの「閉ボタン」に喩《たと》えたことがある。[8]「階数ボタン」を推せばドアは閉まるようにできているので、「閉」は不要なボタン、実用性の乏《とぼ》しいボタンである。実際、都市伝説によると、エレベーターによっては、「閉ボタン」は電気回路に繋《つな》がっておらず、薬で言えばプラシーボ（偽《ぎ》薬《やく》）のようなものであって、ほんとうは推しても何の効果もないという。日本人は力いっぱい、その「閉」を推して、自分の力でドアを閉めたという錯覚をもっただけなのだ。

だが、二〇一二年の総選挙は違った。ほんとうに「開ボタン」を推す機会がやってきたのだ。たとえば、投票によって、原発の将来を、つまりそれを今後も建設したり、維持したりするのか、それとも廃炉にするのかという、自分たちの生活に一般的に影響する実質的なことを選択する機会が、ほんとうに訪れたのだ。ところが、投票率は激減してしまった。日本人は、「閉ボタン」でさえも、あれほど楽しそうに推していたのに、どうして、「開ボタン」を推すときには、引いてしまったのか。

それならば、日本人は、大惨事を経験したにもかかわらず、原発に関して、あまり関心をもっていなかったのか。原発に対して、郵便局ほどには関心をもつことができなかったのか。とうてい、そうとは思えない。なぜならば、二〇一二年の夏以降、脱原発・反原発を訴えるデモが、毎週のように続けられていたからである。デモの規模、その継続性からして、これは、(その段階までの)戦後最大のデモであると言ってよいだろう。もちろん、デモは、いくら大きくても、有権者のごく一部が参加しているだけである。しかし、これこそ、「氷山の一角」の喩えがふさわしい。数千人の参加者の背後には、それを一桁も二桁も三桁も超える人々がいて、デモを注視していると考えなくてはならない。たいしたデモさえ起こらなかった郵政民営化にさえも、多くの国民が関心を示したのだ。まして、毎週のように、議事堂や首相官邸の周囲でデモが行われているとすれば、日本の市民の間には、広範な潜在的関心があったと考えるべきである。

とするならば、どうして、総選挙の投票率が史上最低のレベルだったのか。革命は可能か、という問いとの関係では、この投票率の低さは、表面的には明らかに悲観的な材料である。議会制民主主義にとって最低限の政治行動とも見なすべき、議員の選挙にすら、人は消極的なのである。まして、それ以上の変革へと向かって、政治的な行動が起きることなど、とうていありそうもない。だが、ひとつのひねりを加えて、次のようにこの事態を解釈してみたらどうであろうか。

コルベは、日常的には、フランシスコ会の修道士として、職務をまじめに果たし、せっせとユダヤ人を批判するためのパンフレットを書いたり、集会を準備したりしていた。だが、戦争とか収容所とかといった特異な状況の中で、彼のまったく別の側面が触発され、特別に倫理的な行為がとられたのだ。前者の行為と後者の行為は矛盾する。二つの行為は、言わば異なるチャンネル（経路）を通って出てくるのだ。日常の彼の行動とはまったく背反する倫理的行為を引き出すためには、その行為が導き出されるチャンネルが用意されなくてはならない。この場合、収容所の極限状況が、意図することなく、そうしたチャンネルを切り開いたのではあるまいか。

これと類比的に、二〇一二年末の日本の政治状況を捉えてみよう。つまり、投票行動と街でのデモとは、異なるチャンネルを媒介として、政治的な意志を表出しているのだ、と。投票行動や、あるいは日常の就職活動のレベルでは、絶対に出現しない、政治的行為の水準が存在しているのではないか。その政治的行為は、適切なチャンネルが何らかの仕方で用意されたときにのみ、明確なかたちで現実に姿を現すのである。デモは、そのようにして表出した政治的行為の断片である。そこにならば、「革命」という名前の大きな変革の可能性への希望を見てもよいのではないか。

*

ソクラテスは、アテネにおいて、公人として生きることを拒否した。ソクラテス自身の説明によると、彼の守護神とも見なすべきダイモンが、彼に「国事をなすこと」を禁止したからである。つまり、ソクラテスは、民会のような公的な場で、言論を操って政治に参加することを拒否したのだ。当時のアテネにとって、公的な場で政治的に活躍し、ほかの市民から認められることは、最も名誉あることであり、市民にとっての生きる意味でさえあった。しかし、ソクラテスは、そのような公的な活動の価値を否定した。

それならば、ソクラテスは政治に関心がなかったのか。とんでもない。まったく逆である。彼は、私人として、政治にかかわり、正義のために戦ったのだ。具体的には、それは、民会にではなく、人々が集まるアゴラ（広場＝市場）に行って、出会った人に次々と問答をふっかけることであった。ソクラテスにとっては、これが政治的行為である。民会で発言しているわけではないから、これは私人としての行動だ。ソクラテスにとっては、私的であることが、政治的なことであった。公的なことと私的なこととの間の価値が、ソクラテスにおいては、完全に転倒している。このことの重要な意味を見出したのは、柄谷行人《からたにこうじん》である。[9] 公人としての側面と私人としての側面は、異なるチャンネルを通じて表出される。前者にとってのチャンネルが民会であるとすれば、後者にとってはアゴラである。

ここで、公人としての側面を、たとえば現代日本の投票行動に、そしてソクラテスの私人としての側面を、デモに、それぞれ対応させてみたらどうだろうか。ソクラテスは、民会に積極的に貢献しないので、この点だけを見れば、政治的に無関心で、引きこもっているように見えてしまう。しかし、それは、別の側面における、政治への絶大な意志の、裏返しの表現である。同じことを、現代の日本人に見ることはできないのか。政治に対するいかにも消極的な行動や意識（低い投票率、若者の保守的な意識）が、チャンネルを見出せずに潜伏している政治的な意志を隠蔽《いんぺい》している、と。ソクラテスの問答は、柄谷行人によれば、アテネのデモクラシーにおいてはすでに忘れられていた、イオニアのイソノミア（自由＝平等）を復活させる、革命的な実践であった。ソクラテスが、民会によって、死刑を宣告されたのは、そのためである。

1　平野啓一郎『空白を満たしなさい』講談社、二〇一二年。
2　川下勝『コルベ』清水書院、一九九四年。
3　以上の点については、Slavoj Žižek, *Less than Nothing*, Verso, 2012, pp.121-122 参照。
4　山田昌弘『なぜ若者は保守化するのか』東洋経済新報社、二〇〇九、一〇頁以下。
5　さらに細かいことを付け加えておけば、ほんとうに半年以内に退職してしまった人は、この調査に含まれていない、ということを考慮に入れなくてはならない。

6 もっとも、この方式が合理的かどうかは、山田が提供しているデータから判断すると、微妙である。自分は家事に専念したいと女性が言うとき、夫には十分な収入があることが前提である。ところが、山田の調査によると、未婚女性が将来の結婚相手に求めている収入と、実際の未婚男性の収入の間には、著しいギャップがある。女性に、結婚相手に期待している年収を、二〇〇万円を最低限にして、二〇〇万円刻みで尋ねていくと、最も希望者が多いのは、六〇〇万円以上である。そして、全体のおよそ三分の二の未婚女性が、夫の年収として四〇〇万円以上を望んでいる。要するに、女性たちは、「できれば六〇〇万以上、最悪でも四〇〇万はないとね」と言っているのだ。ところが、未婚男性の四分の三が、年収四〇〇万円未満であり、六〇〇万以上はたった三・五％しかいない（さらに、年収二〇〇万円でもよいという寛大な女性は、たった四・三％だが、その二〇〇万円にも届かない男性が、三分の一近くいる）。だから、性別役割分担を望んでも、そうしたことが可能な相手と結婚できる確率は、著しく低い。かくして未婚率が上昇する（そして少子化も進む）。山田、前掲書、一一〇頁。

7 「不可能性の時代」という時代区分の詳細については、以下を参照。大澤真幸『不可能性の時代』岩波新書、二〇〇八年。

8 見田宗介・大澤真幸『二千年紀の社会と思想』太田出版、二〇一二年。

9 柄谷行人『哲学の起源』岩波書店、二〇一二年。

第5章　高まりゆく楽観主義の背後に

1　アスベスト反対運動への反対

西暦二〇〇〇年の境を越える頃より、日本の若者たちの中で、自分はいま幸せである、現在の生活に満足している、と主張する者の比率が増えてきた。一九八〇年代（まで）の社会調査の結果を見ると、年齢と幸福度・生活満足度との間には、ある一定の関係がある。一〇代・二〇代の若者の生活満足度は低く、年齢が高くなくにつれて、満足度が上がってくるのだ。ところが、九〇年代の後半あたりから、この長年の——おそらく戦後一貫して続いていたと考えられる——傾向に、変化が生ずる。社会調査によると、一〇代後半から三〇代前半の若い世代の間に、「現在の生活に満足している」とか「現在、幸福である」という含意をもった回答が増加してくるのだ。その傾向は、年々高まっており、したがって、現在では、横軸に年齢を、縦軸に幸福度や生活満足度を示す指数をとってグラフを描くと、真ん中がへこんだU字型になる。中高年以降は従来の傾向が残っており（年齢が高いほど幸福）、若年層の幸福度が高まっているからである。

われわれは、本書を、いくつかの社会調査をもとに、右の事実を確認することから始めた。一見、こうした調査結果は、たいへんけっこうなことを含意しているように思える。調査結果をすなおに判断する限りでは、若者たちは幸せそうだし、楽天的だ。この幸福な若者たちが、その幸福度を維持したまま、あるいは幸福度を上昇させつつ、年齢を重ねていくと、いずれは、ブータンのように、国民全体が幸せな社会が実現するだろう。すばらしい！

だが、この調査結果を、このようにシンプルに解釈するわけにはいかない。こう私は論じた。加えて、その「シンプルではない解釈」を前提にした場合には、この調査結果は、けっこうどころか、たいへん悲観的な含意をもつ。「悲観的」とは、この次のような意味である。一方で、この社会には、基本的な構造や制度の抜本的な変更を含む、大きな変革が必要であるように思える。そう、革命が、である。これは私の考えだが、「革命」などという死語に近い語彙《ごい》を使うかどうかは別として、根本的な変革の必要性という趣旨には同意してくれる人は多いだろう。しかし、他方で、若者たちはおおむね満足だと言っている。たくさんの若者が不満を訴えていた一九六〇年代・七〇年代でさえも、たいした変化は起きなかったのである。まして、若者たちの満足度が高ければ、制度や法律の微調整的な変化のほかに、大きな変革など起きるはずがない。このように考えたくなるだろう。

それにしても、次のような疑問が出てくるだろう。どうして、この一見たいへんけっこうなデータ、若者たちが幸せで明るい見通しをもっているように思えるデータを、わざわざ、屈折させて解釈する必要があるのだろうか。今回は、搦《から》め手から、この疑問に応えておこう。疑問に応えることが、今しがた述べた、「悲観」が必ずしもあたらない、ということをも示すことができるからだ。悲観の向こう側にある種の希望がある。私は、ある映画の解釈を媒介にして、そのことを示すつもりである。

＊

さて、ゲイラ・ベネフィールドという、アメリカのモンタナ州リビーに住む女性が経験した、いささか奇妙な出来事が、考察の手がかりを与えてくれる。[1]

ゲイラの父親パーリーは、バーミキュライトの鉱山で、長年働いていた。かつてリビーには、季節労働の林業くらいしか産業がなく、一九五四年の九月に鉱山の仕事を得たとき、パーリーはたいへん喜び、娘のゲイラにこう言ったという。「お前に誕生日プレゼントがある。就職したんだ！」と（その日は、ちょうどゲイラの誕生日だった）。パーリーは、そのときまで失業中だった。ゲイラの証言によれば、父親はこの仕事を愛し、楽しそうだった。だが、パーリーの仕事の喜びは長続きしなかった。心臓の状態が悪くなり、胸に痛みを感じるようになったのだ。就職して一〇年目には、負担の少ない業務に異動した。それでも、パーリーは「心臓が悪いのに働かせてもらえるなんて、ほんとうに幸運だよ」と会社に感謝していたという。が、やがて、胸の痛みがひどくなって、パーリーは仕事にいくことも難しくなる。そして、一九七一年、あと五日で年金を受け取ることができるという日に、パーリーは五九歳の若さで亡くなった。

それから、ゲイラは何かがおかしいと思うようになった。やがて、彼女は、リビーのバーミキュライトにはアスベストが含まれていること、アスベストはきわめて毒性が高いことを知るようになり、さらに、会社は、アスベストの危険性を、そして従業員に深刻な健康被害が出ていること等を把握していたが、それらの事実を従業員に対しても、そしてもちろん会社の外部に対しても秘密にしていたらしい、ということを確信するに至った。彼女の父親の死は、アスベストが原因だったのである。やがて、母親も石綿症《せきめんしょう》の症状を呈しはじめ、ついで亡くなってしまう。毎日、アスベストを衣服や身体につけた夫を迎えていたので、彼女の身体もまたアスベストに侵されていたのだ。

最初、ゲイラは、この問題に責任があるグレース社と個人的に闘っていた。しかし、一九九九年以降、彼女は、ジャーナリストたちの力も借りて、問題を明らかにし、公然と、グレース社はもちろんのこと、町や郡、州政府、そして連邦当局（連邦鉱山局、健康環境局）を批判し、人々の健康を守るという責任を果たすべきだ、と訴えるようになった。もちろん、彼女は、グレース社等から反撃され、批判されたりもしただろう。

奇妙なのは、このあとの展開である。リビーの町の人々の反応が、ゲイラの予想にまったく反するものだったのだ。町の人々の多くが、鉱山の仕事にかかわっていた。彼らは、アスベストによって健康を害している人、すでに健康を害しているのだが自覚していない人、近い将来、死に至るほどの深刻な被害を受ける可能性のある人たちである。ゲイラの運動は、彼らに大きな利益をもたらすはずである。だから、彼女は、町の人々がゲイラを積極的に応援し、協力してくれるものと期待していた。

　ところが、リビーの人々は、ゲイラの運動にまったく非協力的だったのだ。彼らは、陰でゲイラの悪口を言ったり、彼女に嫌がらせをしたり、彼女の活動に反対して、足を引っ張ったりした。たとえば、ゲイラの訴えがきっかけとなって、有害産業廃棄物除去基金が現状調査をしようとすると、町の人々はこれに反対した。石綿症のクリニックの創設にも、人々は反対した。一緒になって立ち上がる、などということはおよそ考えられない状況であった。

　さて、ここからが、われわれの考察である。どうして、リビーの人々はゲイラに協力しなかったのだろうか。明らかに、彼らの利益につながる、というのに。一般に、次のような心理的なメカニズムが働くからである。

　人は、非常に恐ろしい破壊的な結果に至ることがら、あるいは自分のアイデンティティを著しく毀損《きそん》することがらについては、これを知ろうとしない傾向がある。あるいは、そうしたことを知っても、信じようとしないのだ。さらには、こうしたことを意図的に無視し、忘却しようとする。

ゲイラのケースに関しては、次のようなことを考慮しなくてはならない。アスベストとともに長年仕事をしたり、暮らしたりしてきて、自分の肺にすでに致命的なダメージを負っていること、これは、まさに知りたくない破壊的なことのひとつである。知ったところでもうどうしようもないことだからだ。ビリーの町民の中には、「ちなみに私は石綿症ではない！」という車用のステッカーを作った人たちまでいるそうだ。このような人たちは、健康診断を受けたあとに、ステッカーを貼っているわけではない。この文言は、「それ」を断じて知るまい、という意志表示である。さらに、このケースでは、所属企業、つまりグレース社に、町の人々が、深く「感謝」し、またこの企業の一員であるということが、彼らの自尊心の源泉になっていた、ということが重要である。ゲイラの父親のパーリーが、会社を、失業から彼を救出してくれた救済者と感じ、最期まで会社に感謝しつつ亡くなったことを再確認しよう。そのような企業がほんとうは、自分自身を含む社員やその家族を騙《だま》し、悪事に加担していたということ、こうした事実を知ることは、自分自身の人生やアイデンティティを否定することになる。

ゲイラの運動に、本来であればそこから最も大きな利益を得ることになるはずの町の住民が反発し、この運動を憎みさえしたのは、このような理由による。事実が否認できないほどの明白さで明らかになり、自分自身がまさに被害者であるということがはっきりしてもなお、これを認めようとしなかった人がたくさんいたのだ。ゲイラについて報告しているジャーナリストのヘファーナンも「この話をさらに悲劇的にしているのは、事実が明るみに出てからも、あまりに多くの被害者が自分の身に起きていることを認めようとしなかった点である」と書いている。[2]

2　楽観主義を支える黙示録的予感

これと類する心理的なメカニズムは、至るところに見出すことができる。興味深くかつ重要なことは、極端に危険な可能性を無視し、排除したことによって、楽観的なシナリオを過度に信ずるほかなくなる、という事実である。たとえば、いま紹介したビリーの町民の例では、検査もせずに「石綿症ではない！」と公言する人は、まことに強気で楽天的な人に見える。しかし、この行動は、その人が強気なことを示しているのではなく、危険な可能性を直視し、これに対応する勇気がないことを示しているのだ。臆病《おくびょう》であるがために、勇敢そうにふるまっているのである。

金融市場でバブルが膨らむ原因のひとつは、実はこの心理的なメカニズムにある。バブルというものがいずれ破裂することは確実なのに、そんなことは素人にもわかることなのに、どうして、プロの投資家たちはもっと慎重に行動しなかったのか。多くの人がこのような疑問をもつだろう。

たとえば、いま、一〇億円を動かすことができる投資家がいたとする。彼は、自分たちが切り立った尾根の上を歩いていると感じている。両側の深い谷に落ちてしまう確率、つまり市場そのものが破綻《はたん》してしまう確率が九〇パーセントくらいはあると、彼は直感的に理解している。この投資家が楽天的なシナリオに与える暗黙の確率は一〇パーセントである。となれば、彼は、一〇億円のうち一億円を投資するだろう…と推測したくなるが、さにあらず。彼は、一〇億円すべてを投資してしまうのである！　破滅的な九〇パーセントの確率に完全に目をつむるからである。それは、あまりに受け入れがたいことなので、あっては困るし、あってはならないこと、つまり端的に「ないこと」として、彼はふるまうのだ。「それ」を「ありうること」として前提することが、彼にはできないのだ。彼は、客観的に見れば、その破滅的なことが起きる確率が九〇パーセントくらいはあることを知っているのに、いやまさに知っているがゆえに、それが「ないこと」であるかのごとくふるまう。あの「石綿症ではない」のステッカーと同じものを、この投資家は貼っているのである。「ちなみに、バブルの崩壊は絶対にない！」と。

アメリカのニュープアが、サブプライムローンに頼ったのも同じ理由による。彼らも愚かではないから、自分が返済不能に陥る確率が高いことを知っていた。しかし、住む家もないような悲惨な老後を回避する道は、サブプライムローンしかないように、彼らには思えたのである。

そして、原発の安全神話の形成にも、おそらく同じメカニズムが効いている。多くの日本人が安全神話を信じてしまったのは、知的能力が欠けていて、原発の危険性についての警告を理解できなかったからではない。日本人は、批判能力をもたないために、電力会社にころっと騙された、というわけでは必ずしもない。多くの日本人には、原発を導入しないことの——経済的・外交的等のさまざまな意味での——不利益はあまりに大きく、破滅的だと感じられていたからだ。このとき、人は、原発の一〇〇パーセントの安全性を信じている者のように行動することになる。たまに、原発の危険性を声高に言い立てる人がいると、アスベストの健康被害を公然と訴え出たゲイラのように、攻撃にさらされた。

こうしたメカニズムには、二重の逆説が孕《はら》まれている。原発の安全性を微塵《みじん》も疑っていないように見えるとか、値上がりしていく金融派生商品を強気でどんどん購入していくとか、といった次第に高まりゆく楽観主義が、人々の行動のレベルには観察される。しかし、楽観主義は、単純に能天気な楽天性の結果ではない。逆に、人は、破局的な終末への黙示録《もくしろく》的な予感を、無意識のうちに、あるいは漠然と抱いているがゆえに、かえって、楽観主義を強化してしまうのである。これが、第一の逆説である。

この第一の逆説が第二の逆説を、つまり皮肉な結果を導き出す。破局的な終末へのシナリオを計算から排除して楽観主義的にふるまったがゆえに、逆に、まさにそのシナリオが確実に実現してしまうのである。たとえばバブルが弾《はじ》ける可能性をあえて無視して、投機的な投資をしたがゆえに、バブルはますます大きくなり、投資家たちが当初予感していたよりも早く、かつ派手にバブルは破裂してしまった。

こうした議論を通じて、私が何を言いたいのか理解してもらえるだろう。意識調査に対する若者たちの回答は、一見、まことに楽天的・楽観的である。とても幸せです、と。これを見て、若者たちはなんて能天気なんだ、彼らには現状を理解する知的能力がないのか、などと嘆いてはならない。もちろん、就職が困難になればなるほど、彼らの幸福度は高まっている、などと解してはならない。

ここに、いま述べた逆説が、とりわけ「第一の逆説」が作用しているのではないか。先ほど例に挙げた投資家は、自分たちが危うい尾根の上を歩いていることを知っているがゆえに、そして谷底に落ちてしまうかもしれないという不安があるがゆえに、かえって、圧倒的に強気に投資した。同じように、若者たちが、自分たちの現状は切り立った尾根のようなものであると直感しているのだとしたら、どうであろうか。彼らは、その投資家と同じように、まるで明るい見通しをもっている人のように行動するに違いない。だが、この行動を額面どおりに受け取ってはならない。

と同時に、革命的な社会変動の必要性ということとの関係で言えば、もし若者たちの反応の背後に、述べてきたような（第一の）逆説が作用しているのだとすると、ここに一抹《いちまつ》の希望があると見ることもできる。その点を説明するために、もう一度、あの投資家の比喩《ひゆ》を使ってみよう。われわれは、この投資家に、「バブルは近いうちに弾ける」等のことを教育する必要はない。なぜなら、彼は、それを知っているからである（知った上で否認しているからである）。その上、彼は、ほんとうは、現状に満足しているわけではない。むしろ、彼は、その尾根から脱出したいと切実に願っている（なぜなら、彼はそこがいかに危険かを知っているのだから）。が、脱出しようとすると、もっと悪いことになると、つまり谷底に落ちてしまうとも思っているのだ（たとえば、弱気になって投資を控えると、多額の負債だけが残って、破産するほかないと信じている）。とするならば、尾根から脱出しても安全であることを納得させれば、彼は喜んで、別の道への一歩を踏み出すだろう。

同じことは、現代日本の若者たちにも言える。「現在の生活に満足している」と回答しつつ、彼らは、潜在的には、現状からの脱出を強く望んでいるのではないか。そうだとすれば、われわれは、脱出が可能であることを、脱出が破滅ではないことを示してやればよいことになる（それは、困難なことだが）。だが、彼らは、ほんとうに、無意識のうちに現状からの脱出を望んでいるのだろうか。彼らは、破滅的ではない道さえ示してやれば、そこへと勇《いさ》んで走ってくるのだろうか。「そうである」と私としては答えたい。このように答える根拠として、ひとつの映画を分析してみよう。

3　桐島を待つ

ここで分析の俎上《そじょう》に載せるのは、吉田大八監督の『桐島、部活やめるってよ』（以下、『桐島』）である。この映画は、二〇一二年に、発表された。最初はごく少数の劇場で公開されただけだったが、評判を呼び、異例のロングランとなった。映画人や批評家の評価も高く、日本アカデミー賞を初めとする、多くの賞を受賞した。映画は、日本のどこにでもありそうなごく普通の高校で起きた、ある出来事を描いている。

田舎の高校のバレーボール部の優れたリベロで、キャプテンでもあった桐島が、突然、理由も告げず、部活をやめると言い出した。そのことが、桐島本人にではなく、他の生徒たちの心境や生活に、直接・間接のインパクトを与えていく。桐島が部活をやめたという出来事の衝撃と、それに端を発する現実の変容を、さまざまな生徒の視点から描いたのがこの映画である。したがって、映画は、同じ時間を多数の視点から、繰り返し映すことになる。桐島の退部が告知された金曜日から翌週の火曜日までの時間である。とりわけ、金曜日と火曜日が、少しずつ時間をずらしながら、何度も反復される（金曜日が七回、火曜日が六回）。

登場人物の中には、桐島と深く直接の関係をもっている生徒もいる。桐島の「彼女」梨紗や、桐島の親友の菊池宏樹や、あるいは桐島の補欠だったバレーボール部員・風助等、である。関係が間接的な生徒もいる。桐島の親友である宏樹の恋人の沙奈、宏樹とツルんでいる帰宅部の友人たちふたり、宏樹に片思いしているブラスバンド部の部長・沢島亜矢とか、である。同じ学年の生徒だということを別にすると、ほとんど無関係な者もいる。たとえば別のサークル、つまり映画部のオタクっぽい男子生徒・前田涼也とか、彼が中学のとき以来想いを寄せているきれいな女子生徒・東原かすみ——もっとも彼女は桐島の恋人を含む女子グループのひとりだ——、かすみと同じバトミントン部でかすみに劣等感を抱いている宮部実果が、このカテゴリーに入る。

この映画からわれわれがまず思い知ること、それは、生徒にとって学校が「世界」だということだ。駆け引きや戦いがあり、勝敗があり、乗り越えがたい格差がある。そして何より、それはひとつの包括的な「世界」なのだから、その外がない。いま、「格差」と述べた。この映画が、非常に繊細に表現している生徒たちの世界は、まず何よりも、いわゆる「スクールカースト」の世界である。スクールカーストとは、生徒たちの間に自然発生している階層的な序列、主として人気、とりわけ異性に「モテ」るかどうかを基準とした階層化を指す俗語である。この階層は、学業成績や教師からの評価とはほとんど関係がない。「スクールカースト」という語は、映画には登場しないが、ここに描かれているのは、まぎれもなく、スクールカーストの現状だ。観客の多くは、まずは、描写されているスクールカーストのリアリティに強い印象を受けたに違いない。

たとえば、女子高校生にとって、外見は決定的だ。どんなに中身があっても、太り気味で髪の毛が脂っぽかったりすれば、まったく相手にされない。桐島の恋人を含む女子グループは、スクールカーストの上位に属しているが、宏樹（桐島の親友）に片思いしているブラバンの部長は、平凡な容姿で、せいぜい「中」の階層の一員で、宏樹の恋人から嫌がらせを受けたりしている。男子にとっては、女子の外見と同じように決定的なのは運動神経だ。運動が苦手な、映画オタクの涼也は体育の時間に思う。「体育でチームメートに迷惑をかけたとき、自分は世界で一番悪いことをしたと感じる。体育でチームメートに落胆されたとき、自分は世界で一番みっともない存在だと感じる」[3]と。

しかも、生徒たちは、自分が「上」「中」「下」のどのランクに属するか、はっきりとわきまえていて、誰ひとりとして間違えることはない。どんなに勉強ができない生徒でも、スクールカーストの中での自分の位置を勘違いすることはないのだ。このランクが、交際の範囲、友達のグループを強く規定している。「クラスは違っても、「上」は「上」で固まるのだが、「下」はクラスを越えてまで「下」と固まることはない」[4]。上位の階級は連帯の環を広げることができるのに、プロレタリアートや失業者・無職者は、客観的には互いに同じような境遇や困難に対しているのに、なかなか広く連帯せず小さなグループに分断されがちだというのは、現実の社会でも同じだ。

困難な事実は、繰り返せば、生徒たちにとってこれは世界の全体なのだから、脱出しようがないということだ。だから、観ていると、生徒たちに同情して胸が苦しくなる。学校でいじめにあった生徒が、自殺するまでに思い詰める理由も、この映画からよくわかる。彼らは、世界の中の一部分領域から排除されているのではなく、「世界」そのものから放逐《ほうちく》されているのだ。

しかし、スクールカースト、つまり生徒たちの間での人気と威信《いしん》の階層差が問題だというのであれば、少なくとも、「上」のランクに属する生徒には、学校＝世界は快適なのではあるまいか。あるいは、高校時代という数年間を過ぎてしまえば、誰もが解放されるのではないか。どちらの疑問に対しても、答えは「否」である。少なくとも、映画の中の生徒たちは、そのような答えを用意している。

たとえば、桐島の親友、宏樹。桐島自身が、間違いなく、スクールカーストの最上位にいるので、彼の直接の友人たちは全員、「上」に属している。当然、宏樹もそうである。彼は野球部員だが、毎日部活をさぼっていて、放課後は「帰宅部」のふたりの友人とバスケットをやって遊んでいる。しかし、彼は運動神経抜群で、練習などしなくても、ほんとうはどの野球部員よりも野球が上手い（野球部のキャプテンに、せめて試合だけでも出てほしいなどと懇願《こんがん》されている）。遊びでやっているバスケットも半端でなく上手なので、こんなに毎日バスケを放課後しているのなら、バスケ部に入ればよいのでは、などと思ったりもするが、入る気はしない。カッコもいいから女子にはもてて、なかなかかわいい「彼女」もいる。紛《まぎ》れもない「勝ち組」だ。だが、そんな宏樹さえも虚しいのだ。虚しいのである。虚しいから野球部の練習にも参加せず、試合にも出ようとしないのだ。野球をやったところで、どうせそれで「食ってくわけでもない」というのが宏樹の言い分だ。大学でやりたいこともないので、適当に遊べる、そこそこ上位の私立大学に入れればよい、などと思っている。

つまり、学校＝世界の閉塞感《へいそくかん》を「上」に属している者も感じているのだ。しかも同じ閉塞感は、学校という時空間を超えて人生全体、社会全体に及んでいることが、ほとんど確定的なこととして予感されている。ここでのスクールカーストの学校世界は、格差をもった社会全体の隠喩《いんゆ》になっているのである。それにしても、なんと救われないことか！

＊

ところで、桐島はどうして部活をやめたのか。その理由は、最後までわからない。

ほんのわずかな手がかりさえも与えられない。桐島が部活をやめた理由は、最後まで、完全に謎のままである。

タイトルが、「桐島、部活やめるってよ」と伝聞の形式になっていることからもわかるように、桐島が退部するということは桐島自身が語るのではなく、すべての登場人物に、間接的な情報として伝えられる。しかも、その情報は、いかなる予兆もなく、まったく唐突にもたらされる。常識的には、親友の宏樹とか恋人の梨紗だったら、事前に打ち明けられたり、相談を受けたりしていそうな気がするが、この映画では、彼らでさえも、まったく突然、桐島が部活をやめたという事実を知らされる。宏樹と梨紗は、毎日、放課後、桐島が部活を終えるのを待っている（右に書いたように宏樹はその間、バスケットなどをして遊んでいる）。一緒に帰宅するためだ。金曜日の放課後、宏樹や梨紗はそれぞれ、友人たちとともにいつものように桐島を待っていると、突然、第三者から桐島が部活をやめたと教えられた。彼らは、心底びっくりする。もちろん、ふたりとも桐島が部活をやめた理由はわからない。

桐島は、部活をやめただけではない。その日以降、学校にも現れない。誰もが強烈に、桐島の帰還を望んでいる。全員が桐島の復帰を、強い願望をもって待っている。桐島が学校に戻り、そして再び部活を始めることを、である。もちろん宏樹や梨紗は、電話をかけたりメールを送ったりして、桐島と必死に連絡をとろうとする。しかし、桐島からはまったく応答がない。

どうして桐島はあれほど強烈に待たれているのか？　この点を正しく捉えることが、この映画を解釈する上での鍵である。桐島の復帰が他の生徒たちに待望されているのは、桐島の存在が、彼らが「救済されうること」を保証しているからである。どこからの救済か。もちろん、学校に象徴される、あるいは学校がその隠喩になっている「世界」の閉塞からの救済（解放）である。どうして、桐島が他の生徒たちの救済の保証になるのか？

桐島はバレーボールがとても上手い。県の選抜メンバーに選ばれるほどに上手い。彼は、楽しく情熱的にバレーボールに打ち込んでいる。誰もがキャプテンと認めざるをえないほど、仲間からも信頼されている。カッコよくて、当然、女の子にもモテる。学校で一番かわいい子が、桐島の「彼女」である。桐島は、間違いなくヒーローである。桐島のポジションはスクールカーストの「上」どころではないのだ。「上の上」、「上」を突き抜けたような位置に、桐島はいた。

つまり、桐島だけは、すでに救済されていて、幸福の頂点にいるのだ。「少なくともひとりが救済されている」という事実が、全員に安心感を与え、自分たちにも救済の可能性が開かれているということを確証させるのである。たとえば梨紗は、救済されている男＝ヒーローの「彼女」であるということで、すでに自分も救われているに等しい。梨紗にとっては、何よりも「桐島の彼女」であると感じるだけで、幸福である。桐島の「感染力」は、直接の彼女や友人に及ぶだけではない。沙奈（宏樹の彼女）は、梨紗とつるんでいるということで、何か自分もそれなりのステータスをもっているように感じ、やはり「救われている」という感覚をもっている。

自分自身は虚《むな》しくて、野球の練習に参加できない宏樹は、親友の桐島が代わりに部活に情熱を傾けてくれているおかげで、救われた気分を味わっている。宏樹は、桐島が部活に打ち込んでくれているおかげで、寂寞《せきばく》とした感覚を和《やわ》らげることができるのである。桐島は、（部活をやらない）宏樹の代わりに部活をする者である。興味深いのは、バレーボール部のメンバーにとっての桐島だ。彼ら（の一部）は、桐島がいなくなることで得をする面がある。たとえば、リベロの控えだった風助は、桐島がいなければ試合に出ることができるし、桐島に代わって新キャプテンになる孝介は桐島の前でずっと萎縮《いしゅく》していた。しかし、彼らにとってさえも、桐島がいるほうが、いないよりずっといいのだ。たとえば風助はずっとベンチから、桐島が彼の代わりにコートでプレーしてくれていると感じていた。風助が桐島の補欠だったのではなく、桐島こそが風助の代理だったのだ。

要するに、桐島は、救われていない全員の代わりに、救われている唯一者《ゆいいつしゃ》である。桐島が、代わりに救われてくれているおかげで、自分たちも救われたことになる。そういう論理になっているのである。だから、どうしても桐島にいてもらわなくては困るのだ。生徒たちが桐島の復帰を待望するのはこのためである。

この論理は、「泣き女」とか、テレビにおける「スタジオのお客様」とかの機能に似ている。いくつかの民族の葬儀には、泣き女という役割の女が雇われる。たとえば、何らかのしがらみで葬儀に参加するが、故人との関係が希薄であるために、もうひとつほんとうの哀しみの感情は湧いて来ず、涙も出て来ないということがあるだろう。このまま哀悼《あいとう》の情を感じずに葬儀の場にいると、だんだんと悪いことをしているような気分になる（私は冷たいのだろうか、と）。こういう人たちのために、彼らの代わりに、泣き女が泣いてくれる。私の代理人が泣いたということは、私が泣いたことに等しい。こうして、涙が出なかったことの罪の意識から私は解放される。

桐島の論理は、これに等しい。桐島は、解放されていないすべての生徒の代わりに解放されているのである。だから――繰り返せば――桐島が存在するならば、他の生徒も、解放されたに等しくなる。泣き女のおかげで、涙を出さなかった私も泣いたことになるのだから。

ネットでは、「キリシマ」は「キリスト」ではないか、という解釈が出ているようだ。この解釈は、半分は適切であり、半分は不適切だ。確かに、キリストとは救済者（メシア）のことであり、桐島も生徒たちにとって救済者である。キリストは、自分自身に何の罪もないのに、十字架の上で刑罰を受けて、殺された。このことが、次のように解釈される。キリストが、人類の代わりに罪を贖《あがな》ったのだ、と。キリストが罪を代わりに贖ってくれた以上は、自分自身は何の罰も受けてはいないすべての人類が、罪を贖ったことになる――つまり原罪から解放される。これが、キリスト教の論理だとすれば、この構成は、桐島における代理の論理と似ている。

しかし、キリストは、誰よりも惨《みじ》めに殺されることによって、人々を救済したことになるのだが、桐島の場合には逆で、誰よりも恵まれていること、ありえないほどの幸運の中にいたことを媒介にして、他の生徒たちを救済している。キリスト自身は、まったく救済の対極にあるがゆえに、人々を救済したことになるが、桐島は、誰よりも早く救済されているがゆえに、他の生徒を救済することができる。

さて、われわれの考察にとって、この映画はどんな教訓を与えるのか。生徒たちは桐島の復帰を待っている。高校という「世界」に桐島という触媒《しょくばい》を加えたとき、というか桐島という触媒を加えたあとにこれをわざと引き抜いたときに、生徒たちの間に、この「世界」から脱出したいという、強烈な願望があった、ということが明らかになる。たとえば、この高校のスクールカーストの上位にいる生徒たち、宏樹とか梨紗などは、何もない状況で、つまり初めから桐島などが存在しない学校生活を送っている状況で、「あなたは現在の生活に満足ですか」などという質問を出されれば、「満足だ」とか「まあまあ満足だ」とかと回答するに違いない。だが、高校生活の中に「桐島」を加え、その後に、これを消去してみると、「桐島が存在しない普通の高校生活」に、自分たちが深い不満を抱いていたこと、重い不幸の感覚をもっていたことを、生徒たちは思い知ることになる。この不満や不幸の感覚は、もともと桐島がいないということであれば、無意識の中に沈んでおり、生徒たち自身が自覚することはなかっただろう。桐島が、無意識の救済への願望を引き出したのである。

４　桐島は存在しない

若者たちの、現在の生活に幸福である、という回答の背後には、このように救済への切実な願望が隠れているかもしれない。これが、この映画の教訓である。

映画は、しかし、さらにもっと深いことを言っている。その点も、われわれのこのあとの考察には示唆的なので、もう少し、映画の解釈をすすめてみよう。生徒たちは、自分自身が救われるために、桐島を待望する、と述べた。だが、桐島は帰ってこない。というより、桐島などもともと存在しないのではないか。桐島のような人、スクールカーストの上を突き破っていくようなスーパースターがいてほしい、というのは満たされぬ願望であり、幻想ではないか。少なくとも、現実の高校には桐島はいない。映画は、まさにこの問題へと挑戦している。

多くの人がすぐに思いつくのは、この映画はベケットの『ゴドーを待ちながら』（以下、『ゴドー』）に似ている、ということである。ネットでも、そのような解釈が出されている。だが、映画は『ゴドー』と似ているのではない。『ゴドー』と対照的なのだ。この点を理解すると、『桐島』の最も深いメッセージを得ることができる。『ゴドー』は、ウラディミールとエストラゴンというふたりの人物がひたすら、ゴドー＝Godを待ち続ける話であり、この点で、『桐島』と似ているという印象を与える。しかし『ゴドー』と『桐島』では、落とし所がまったく逆である。『ゴドー』では、ゴドー（God）は最後まで現れないが、ふたりの登場人物は（ゴドーを）待つという態度を決して捨てない。この戯曲では、待たれている限りで、ゴドーは（現れなくても）存在しているのである。これは「否定神学」の構造と同じである。

では、『桐島』はどうなのか。桐島も、最後まで現れない。いや、映画では一瞬、桐島が現れる。宏樹たちの仲間のひとりが、高校の建物の屋上に桐島（らしき人物）を見る。そこで、全員が屋上に向かって駆け上がる。「キリシマ〜！」と。しかし……屋上には桐島はいない。代わりに……。

『桐島』の真の主題は、桐島はもう戻ってこない、桐島はもういない、桐島は存在しない、ということを受け入れる点にある。桐島を待つことをやめる、ということがこの映画の到達点なのである。待つことに執着し続け、諦《あきら》めがつかない『ゴドー』とは正反対である。

＊

とすれば、『桐島』の生徒たちは救われないのか。そうではない。桐島がいるはずだった屋上に、実際にいたのが誰であったかが鍵である。そこにいたのは、映画部の連中だ。オタクである前田涼也たちが映画を撮っていたのだ。『桐島』の中で、ほんの一瞬、一秒か二秒程度の時間、桐島視点の映像が入る。屋上から降りてくる桐島が、階段の途中で、涼也とすれ違うシーンである。この交替が、この映画では決定的である。私は、「全員」が桐島の帰還を待望していると書いてきたが、厳密に言うと、涼也たちだけは最初から、桐島が戻ってくるかどうかということにまったく無関心だ。彼らは、スクールカーストの底辺におり、女子にはまったくもてない。桐島がいても、彼らは、別に救われはしない。

この映画オタクたちに、「桐島を待つ」という態度に代わるものが託されている。

涼也たち映画部の生徒は、どんな映画を撮っているのか。映画の顧問の教師は、自分が書いた青春物の脚本で、つまり一応はリアリズムに則《のっと》った作品で、彼らに映画を撮らせようとする。しかし、涼也たちはその脚本を拒否して、自分たちが創ったゾンビ物を撮っている。

涼也たちは、いまではめずらしい8ミリカメラを通して、この閉塞した世界の「外」を覗《のぞ》いている。それが、ゾンビたちの徘徊《はいかい》する空間だ。しかし、まさにそれを「撮っている」限りで、涼也たちは、その領域は幻想であって、自分たちは「ここ」にいるしかなく、ここから脱出できないことを知っている。涼也は宏樹に、自分が創っているゾンビ物の台詞をそのまま引用するかたちで言う。「僕たちはここで生きるしかないのだから」と。

涼也は、自分がアカデミー賞を取るような監督にはなれるはずがないとわかっている。でも、「ここ」で映画を撮っているとき、そのときに限り、そんな憧れの映画作品に自分がつながっているのを感じるのだという。宏樹が、涼也から借りた8ミリカメラを通じて涼也を覗いているときに、涼也が宏樹に語ったのがこの言葉だ。8ミリを通して見ることができるこの世界の「外」こそが、まさに「ここ」であると暗示しているかのようだ。モテ男の宏樹が、ダサい涼也に深く動かされる瞬間である。

ここに桐島が存在しない世界において、つまり「ここ」にいるしかないという条件の中で、同時に「外」に解放されていくにはどうしたらよいのか、という問題へのひとつの回答が暗示されている。ここで、オタクの行動に即して寓話的に表現されている解放の条件に、具体的な実践としてのかたちを与えることができれば、それこそが、革命への道であろう。

1　以下、ゲイラ・ベネフィールドについての情報は、以下の文献による。マーガレット・ヘファーナン『見て見ぬふりをする社会』仁木めぐみ訳、河出書房新社、二〇一一年、一四三－一五八頁。

2　言わずもがなのことなので、あまり書きたくないが、大事なことなので、あえて記しておく。この話の、グレース社の部分を、「東京電力」等に置き換えると、3・11以降、日本でもよく似たことが起きていることがすぐにわかる。

3　この台詞は、映画ではなく、朝井リョウの原作小説に含まれているもの。朝井リョウ『桐島、部活やめるってよ』集英社文庫、二〇一二年。

4　同様に、原作小説より。

第6章　未来からパクる

1　古代ローマの風呂と現代日本の風呂

ヤマザキマリのマンガ『テルマエ・ロマエ』——まことに荒唐無稽《こうとうむけい》な着想に基づいた作品だが、抜群におもしろい。

「テルマエ・ロマエ」は、ラテン語で「ローマの風呂」という意味である。古代ローマは、公衆浴場がたくさんあり、それらのうちのいくつかは遺跡として、今日では観光スポットのひとつになっている。主人公のルシウスは、帝政ローマ時代の建築家で、浴場を設計し造るのを得意としている。彼は熱烈なローマ愛国者である。やがて、ルシウスは、建築した斬新《ざんしん》な浴場が高く評価され、ハドリアヌス帝（第十四代ローマ皇帝、在位一一七－一三八年）の寵愛《ちょうあい》を得る。

すぐ後にその意味を解説するが、この作品が成功した大きな要因のひとつは、他でもない「浴場」に着眼したことにある。古代ローマは、間違いなくヨーロッパの精神的な原点（のひとつ）である。少なくとも、ヨーロッパの人々は、そのような自己意識をもっているだろう。（西）ヨーロッパの知的な共通語が、ラテン語になったことに、このことは端的に現れている。そのため、ルターのドイツ語訳聖書が出るまで、西ヨーロッパに流通していた聖書はラテン語で書かれており、それだけが聖典としての権威をもっていた。もともと、聖書とラテン語とは何の関係もなかったにもかかわらず、である。このように、古代ローマは、ヨーロッパの文化にとって、きわめて重要な源流であると認められている。それにもかかわらず、公衆浴場という習慣は――どういう理由によるのか興味深いところだが――後のヨーロッパには継承されなかった。他方、古代ローマとは時間的にも空間的にも大きく隔《へだ》たっており、ヨーロッパとは異なる文化的系譜に属している日本では、公衆浴場は非常に一般的である。

マンガは、全体として緩《ゆる》やかにつながっているが、基本的には、物語は一話で――ときに数話で――完結している。各エピソードは、だいたい同じパターンの筋に従っている。まず、ルシウスが浴場建設に関係する難問に直面する。たとえば、ほとんど客が来ないため閉鎖になりそうな公衆浴場を復活させなくてはならないとか、あるいは、皇帝から、非常にめんどうな風呂の注文を受けたとか、といった難問である。風呂が大好きなルシウスが風呂に入って悩み、思案していると、たいていちょっとしたアクシデントがきっかけで――排水溝に引き込まれるとか溺《おぼ》れそうになるとかのきっかけで――タイムワープしてしまう。ワープする先は、必ず、現代の（つまり二一世紀の）日本の、しかも浴場に関連する場所である。つまり、ルシウスは、われわれの社会の公衆浴場とか、家庭の風呂場とか、温泉とか、TOTOのような業者の風呂のショールームなどにワープしてくる。

ルシウスは、もちろん、そこが彼の時代から二〇〇〇年近くも後の未来に属する、地中海からは遠く隔たった極東の島国「日本」であることを知らない。ローマ帝国の辺境の植民地か何かだと思っている。日本人のことを、奴隷のような賤《いや》しい身分の人々ではないかと彼は推測する。そして、日本人の風貌《ふうぼう》の特徴から、彼らを「平たい顔族」などと呼ぶ。当然、言葉は通じないので、彼としては、心の中でそう呼ぶだけだが。

だが、彼は、奴隷的な民族――と彼が勝手に思い込んでいる――「平たい顔の人々」

を決して軽蔑《けいべつ》したりはしない。まったく逆である。ルシウスは、平たい顔族の風呂をめぐる文化の洗練度や先進性に驚愕《きょうがく》するのだ。われわれが工夫とも思わぬような、ちょっとした道具やマナー等々に、ルシウスは、いちいち大げさに驚き、感激する。そして最後に、再びワープして元の時代と場所に戻ったルシウスは、現代日本の風呂で学んだアイデアを、古代ローマで——彼なりの仕方で——再現し、当初の問題を解決することに成功する。

すべての物語がほぼこのパターンである。たとえば、第一話では、ルシウスは、公衆浴場の人気が低迷していることについて思い悩んでいる。やがて、彼は、日本の銭湯に突如ワープして、驚きの経験をする。二世紀前半の彼の時代に戻ったあと、彼は、浴場の壁に「ヴェスビオス火山の絵」（日本の銭湯にはなぜかほぼ必ずある「富士山」の壁画に感心した）を描いたり、浴場で「牛の乳に果汁を混ぜた飲料」（日本の銭湯で売っている「フルーツ牛乳」のおいしさに驚愕した）を売ったり、脱衣所に「竹の籠《かご》」（無論、「脱衣籠」の真似である）を置いたり、台に「見張りの奴隷」（ルシウスは「番台《ばんだい》」をこの種のものと解釈した）を座らせたり、といった工夫を施した公衆浴場を開設して、大評判を得る。

どのエピソードでも、ルシウスが、日本の風呂の当たり前の姿に大真面目に感嘆し、そしてローマ人としての彼のプライドをいささか傷つけられ、ちょっぴり罪の意識を感じながらそれらをこっそり模倣《もほう》する。この展開が笑える。絵はとてもリアルで、そして、実は細部の時代考証がしっかりしている。『原始家族フリントストーン』のようなマンガやいくつかの時代劇とは違い、つまり過去の時代についての勝手な大衆的想像力に便乗しながら作られた作品とは違い、このマンガは、「タイムワープ」という点を除くと、古代ローマの現実に忠実であろうとしている。絵も写実的な劇画調であり、描かれる細々としたアイテムも古代ローマに実際に存在していたものに近づけようとしている。当然、風呂もまた、「現実にありそう」な範囲に描かれている。

*

それにしても、はるかな過去の人が、(彼らにとっての未来である)現在にタイムスリップして、前衛的な文明にとまどったり、驚かされたり、という話は、SFにとって紋切型《もんきりがた》ではないか。『テルマエ』のどこがそんなにおもしろいのか。

先に示唆したように、ポイントは風呂である。普通、遠く過去からやってきた人が、現代の文明の前衛性や先進性に驚いたり、当惑したり、感激したりするという物語を作るときには、前衛性や先進性をもっと際立たせるテクノロジー、過去にはその前兆すら存在していなかったもの、過去の人々にはその基本的な使い方すら想像できないテクノロジーに焦点を合わせるものではないだろうか。空飛ぶ乗り物だとか、どこからともなく声が聞こえ、会話ができるツールだとか、中にまるで小人が入っているかのように、動く画像を映し出す装置だとかを中心に据えて、過去の人をびっくりさせるのが通例ではないか。ところが、このマンガでは、主題は風呂なのだ。

風呂や洗面所は、どう見たって、われわれの社会の最も先端的な部分、最新テクノロジーの集積点とは言えない。確かに、プラスチックの風呂桶とか、瞬時にお湯が出る蛇口とか、ピカピカに磨いた鏡とか、古代ローマにはなかったものはたくさんある。トイレにまで視野を広げれば、現代日本のウォシュレットなどは、驚異的なまでに繊細で先端的な機械だと言える。が、しかし、風呂は、基幹的な部分に関して言えば、産業革命のはるか前から、要するに古代からあまり変わっていない。

電話やテレビとは違って、少なくとも「それ」は――性能には違いがあるとはいえ――古代から存在していたのだ。そうした装置によって古代ローマ人を驚かせているところに、このマンガのおもしろさがある。さすがに、何度も現代日本を訪問しながら、ルシウスが、風呂以外の技術に何も気づかないのはあまりに不自然だということになって、シリーズも終わりのほうに近づくと、ルシウスは、テレビとか電話といったもっと「現代」っぽいテクノロジーに出会って、あれこれ悩むようにはなるのだが、このマンガにとって肝心なのは飽くまで風呂のみである。

こうした比較的原始的な技術、科学革命にも産業革命にも先立って存在していた装置に注目したせいで、古代ローマの男ルシウスは、工夫次第で、それを自分の時代で模倣したり、「当たらずといえども遠からず」的な類似物を再現したりすることができることになった。整ったかたちのガラス瓶に入ったフルーツ牛乳くらいであれば、ルシウスでも、何となく似たものを作ることができる。ここが重要な点だ。要するに、『テルマエ』は、古代ローマ人が、未来（現在のわれわれ）から剽窃《ひょうせつ》している、パクっている、という話なのだ。

このことは、言い換えれば、ルシウスのような架空の媒介者を抜きにして、われわれ現代の日本人が古代ローマの風呂を見ても、「われわれの公衆浴場を先取りしているよ」「あと一歩で私たちの風呂と同じだよ」「ローマ人って、俺たちの風呂をパクっているみたいだな」という印象をもつ、ということである。ルシウスがマンガの中で実現する風呂は、実際にローマにあった風呂といくらも違わないからである。ルシウスは、現在の日本から、ローマには存在しえなかった機械や道具を、たとえば電池や半導体といった物を盗んでくるわけではない。彼はただ日本の風呂のアイデアに刺激を受けているだけなので、彼が造る風呂は、二世紀のローマ人が「できたかもしれないこと」の範囲を越えてはいない。このことは次のことを意味している。すなわち、現代のわれわれが、実際のローマの風呂に関して、「現代のわれわれが「彼ら」に影響を与えており、「彼ら」がわれわれに近いところまで来ている」という印象をもっているということを、である。もちろん、われわれの方がずっと後の世界を生きているのだから、そんな因果関係があるはずがない。しかし、まるで、そうした時間を逆行する因果関係があるかのような印象が否《いな》みがたく生ずるのである。こういう仕方で、現代の日本人が古代ローマ人と（ありえない）つながりをもっているように感じてしまうのだ。

『テルマエ』は、こうした感覚を触発する。言い換えれば、われわれに、こうした感覚がもともとからあったことを、顕在化させるための触媒として、ルシウスという人物が導入されているのである。

2 カントの「不可解な謎」

われわれはここで、何のために『テルマエ・ロマエ』について考察しているのか。本書の主題のひとつは、〈未来の他者〉といかにして連帯するか、にある。そもそも、存在していない他者、〈未来の他者〉と連帯するとは、どのような状態を指すのか。こうした問いへの手がかりが、『テルマエ』にはあるのだ。この点については、後で説明しよう。

その前に問いの在処《ありか》を明確にしておく必要がある。人類がこれまで試みてきた「最良」の政体（政治的意志決定の方法）は、民主主義である。もっとも、具体的にどのような制度が民主主義であるかということを考慮すると、さまざまな民主主義があると言わざるをえず、また特定の制度が民主主義に含まれるかはしばしば解釈が分かれる。現実に即して言えば、どこかにすでに完成された民主主義があると言うより、民主化の過程だけがある、と見るべきだろう。意志決定に参加しうるメンバーの包括度《ほうかつど》が高まると、たとえばそれまで参政権をもたなかった女性に参政権が与えられると、われわれはより「民主化された」と言う。しかし、民主主義についてのこうした概念によっては、原理的に克服できない壁がある。参加者の包括度をどんなに高めていっても、（未《いま》だ）存在しない他者をその中に入れることはできないのだ。〈未来の他者〉は、（少なくともわれわれが理解している）民主主義の守備範囲を超えている。

しかし、同時に、何らかの意味で、〈未来の他者〉を「われわれ」の意志決定に参加させなくてはならない。「われわれ」の意志決定が、〈未来の他者〉の希望を（も）反映している、〈未来の他者〉からの要請に応答している、と見なしうるものでなくてはならない。このような意味において、現在のわれわれは〈未来の他者〉と連帯できなくてはならない。

どうしてなのか。そう考える理由は簡単である。われわれが現在、何ごとかを政治的に決定したとすると、そこから利益や幸福を得るのも、そこから不利益や苦難がもたらされるのも、現在の「われわれ」自身だけではなく、それ以上に、〈未来の他者〉、未だ生まれてはいない将来の他者たちだからである。要するに、われわれの決定は、われわれ自身よりも〈未来の他者〉の幸福／不幸や生存を規定しているのだ。原発の建設のことを思えば、このことはただちに理解できるだろう。地球温暖化への対策や人口をめぐる政策(少子化対策等)にも、もちろん同じことが言える。

それにしても、〈未来の他者〉と連帯するということは、どういうことなのだろうか。それは、現在のわれわれが「未来の他者」についてあれこれ想像し、彼らのために自分を犠牲にすること――快楽の享受《きょうじゅ》を断念すること――であると、しばしば考えられてきた。しかし、こうした理解は、二つの明白な限界をもつ。

第一に、想像された「未来」は、当然のことながら、真の〈未来〉ではない。それは、われわれの現在の欲望や利害関心、価値観などを投影した構築物である。要するに、「未来」は拡張された現在であって、〈未来〉ではない。第二に、このような理解の下では、未来に対する現在の優越は、原理的に克服できない。未来の他者が現在のわれわれと対等になることはありえないことになるだろう。アメリカ合衆国は、建国当初、下院の各州の代表数を決定するにあたって、奴隷一人は自由人の五分の三に相当するとして計算していた。この奴隷と同じように、未来の他者はディスカウントされるだろう。[1]

＊

〈未来の他者〉との連帯は、とてつもなく困難な課題である。連帯ということが、そもそも何を意味しているのかすら、確定することが難しい。しかし、まったく希望がないわけではない。この課題にとって有利であると解釈できること、「朗報《ろうほう》」と見なしうることを二つ、指摘しておこう。

ひとつは、カントが「不可解な謎」として指摘した現象である。人は、しばしば、その成果として得られる幸福を享受できるのがずっと後世の世代であって、自分自身ではないことがわかっているような骨の折れる仕事にも、営々と従事する。これは、たいへん不思議なことではないか。カントは、このような趣旨のことを述べている。

確かに、人は、自分自身の幸福のため、自分自身の快楽を増大させるために生きていると仮定すると、自分がその成果である幸福を享受できないとがわかっているとのために努力するという現象は、まことに奇妙だということになる。しかし、われわれの大部分が経験的に次のようなことを知っている。非常に大きな仕事に取り組んでいるとき、人は、自分が生きている間にはその仕事は完成せず、その「果実」を楽しむのは、自分が死んだ後に現れる者であろうことはよく理解しているが、だからといって、自分の本性や自然な欲望に反して、無理矢理そうした仕事に従事しているわけでは必ずしもない。むしろ、「どうせ俺はこの成果をもらうことはない。「後は野となれ山となれ」だ」と言って仕事を完全に放棄してしまうほうが、しばしば苦痛である。つまり、すべての人とは言わないが、ともかく、多くの人は、自分がやりたいようにやっているのだが、結果として、専《もっぱ》ら後の世代の幸福にしか役立たないことにも熱心に従事しているのだ。

したがって、人は、特別に奇特《きとく》な「善人」でなくても、〈未来の他者〉の要求に、ある程度は応じるように行動しているのである。このことを考えれば、〈未来の他者〉との連帯を、ほとんど不可能な奇跡のようなものと見る必要はない。どうしてそうするのかはわからないが、われわれは、すでに、ある限度内ではあっても、〈未来の他者〉と連帯しているのである。

3　双曲割引の含意

もう一つ、念頭に置くべきは、「自分自身の」未来も、すでに〈他者〉だということである。このことの意味を説明するために、心理学者が「双曲《そうきょく》割引（誇張的《こちょうてき》割引）」と呼んでいる現象に注目してみよう。これは、自分にとっての価値、つまり効用が時間の経過に伴って、どのように割り引かれるのか、ということにかかわる現象である。

経済学では、一般に、割引関数なるものを想定する。たいていの人にとって、現在の一万円は一年後の一万円よりも価値がある（今、一万円をもらえるほうが、一年後にもらえるよりもうれしい）。ならば、一年後にいくらもらえるならば、現在の一万円と等しい価値をもつと見なされるだろうか。それが、たとえば一万一〇〇〇円だとする。このとき、割引率（割引係数）は、増加率の逆数（$\frac{1}{1.1}$）である。この割引率で計算すると、一年後の一万円は、現在の価値では、およそ九〇九一円である。この割引率が維持されていると、二年後の一万円は、現在価値としては八二六四円ほどに評価される。このように、一般には、割引率は、ずっと一定に保たれていると仮定されている。

だが、心理学者のジョージ・エインズリーは、価値の割引は、このようにはなっていないことを発見した。もっとも、それは、わざわざめんどうな心理学的な実験を通じて検証してもらわなくても、われわれが日常的に実感していることである。相対的に近い将来においては、割引の程度がたいへん大きくなる（誇張される）ということ、これが発見の内容である。近い将来においては、少し遅れること、待たされることが価値に非常に大きな影響を与えるが、遠い将来では、それほどでもない。たとえば、今、一〇〇万円をもらうことと、三年後に二〇〇万円をもらうこととのどちらを選ぶかと聞かれると、今すぐの一〇〇万円を取る人が多い。しかし、六年後に一〇〇万円をもらうのと、九年後に二〇〇万円をもらうのとどちらがよいかという選択では、九年後を選ぶ人のほうがずっと多い。今に近いところでの三年の遅れは堪《た》えがたいが、だいぶ先であれば、三年くらいの遅れはいくらでも我慢できる、という気分になるのだ。

このように、割引率は、全期間で一定というわけではない。これは、学者にとってはたいへん意外なことで、大発見の部類に属するが、一介の生活者にとっては、意外でも何でもなく、当たり前のことだ。[2] 学者が仮定している人間像と、生活者がとくに意識することなく生きている人間の実態とが、大きく乖離《かいり》していることを示すよい実例である。

さて、考えるべきことは、その先である。どうして双曲割引のようなことが起きるのか。どうして、割引率は一定ではなく、双曲割引的に変化するのか。時間の流れは均質なものとしては感じられてはおらず、現在と未来との間に、圧倒的な差異、質的な断絶があるからである。もう少していねいに説明しよう。人には、「今」と感じられている時間がある。その「今」は、厳密な「瞬間」ではなく、ある厚みをもった時間である。それがどのくらいの厚みなのかは、人によって、状況によってかなり異なってくるが、いずれにせよ、ある厚みをもって「今」と直感されている時間がある。「今、あなたに一〇〇万円をあげましょう」と言われて、実際には、翌日に一〇〇万円が渡されても、たいていの人は怒ったりはしない。翌日もまだ「今」の範囲に含まれているのだ。しかし、もし一〇〇万円が渡されたのが、半年後であったとしたらどうか。裏切られたと感じるに違いない。この場合には、半年後はもう「今」ではないのだ。

この厚みのある「今」とその外とでは、質的な差異がある。「今」の内側にあるものは価値が高い。しかし、「今」を越えてしまうと急に、価値が大幅に下がるのだ。けれども、この厚みのある「今」を越えてしまった後では、二種類の未来、つまり少しばかり今に近い未来とそれよりやや遠い未来との間には、相対的な差異しかない。「今」と「三年後」では根本的に異なるが、「六年後」と「九年後」であれば大同小異であると感じられる。双曲割引は、時間の流れに、質的な差異を画する断絶と相対的な差異しかない局面とがあることから導かれるのである。

それならば、どうして、「今」の中にあるモノだけが、かくも重要なのか。ここで、われわれは気づくべきである。その「今」を越えた〈未来〉は、〈私〉にとってすでに〈他者〉なのだ、と。「将来の自分」のことであるとしても、現在からある一定の幅以上に隔たった〈未来〉に属しているならば、それは、〈他者〉である。たとえば、「二〇年後の私」は、現在の〈私〉にとって、目の前で困っている恋人や親友よりもずっと〈他者〉かもしれない。[3]

このことは、〈未来の他者〉との連帯の可能性を模索しているわれわれにとっては、不利な材料であるように見える。もし、〈未来の自己〉がすでに〈他者〉なのだとすれば、人は、その〈未来の自己〉と「連帯」することとさえ難しいということになるだろう。まして、ほんものの〈未来の他者〉と、つまり未《いま》だに生まれていないような〈他者〉と連帯することなどできるだろうか。とうてい不可能なことのように思える。

だが、観点を変えれば、この同じことは、われわれにとって朗報であるとも言えるのではないか。〈私〉が〈未来の私〉と連帯するとはどういうことなのかを考えてみるとよい。それは、ごく普通に言えば、長期的な視野をもつことにほかならない。なるほど、確かに、長期的な視野をもつことも、たやすいことではない。われわれは、目の前の楽しみに溺《おぼ》れ、長期的な目的や使命をないがしろにしがちではある。しかし、人が長期的な視野に立って行動することが不可能だと考える者はいない。それは、「困難だが可能なこと」の範疇《はんちゅう》に含まれている。人が長期的な視野を前提にして行動することが可能なのであれば、原理的には、〈未来の他者〉と連帯することと、後続の世代という意味での〈未来の他者〉と連帯することも可能なはずだ。〈未来の自己〉がすでに〈他者〉であり、これと、本来の意味での〈未来の他者〉とは言わば地続きだからだ。本質的な断絶は、狭義の「自己」と「他者」との間にあるわけではなく、〈現在〉と〈未来〉の間にある。[4]

ここで、前節の後半で引いたカントの言葉を想起しておくとよい。あの「不可解な謎」を指摘したカントも、人が「自分自身の」未来の利害や欲望のために現在を犠牲にしていることに関しては、当然のことであるという前提に立っている。しかし、ほんとうは、未来の「自分」を配慮しうるということを前提にすれば、自分自身の死後の〈未来〉のために骨を折ることは、さして不可解な謎ではないのだ。もちろん、同じことをまったく反対に表現することもできる。つまり、未来の自分のために今苦労したり、我慢したりしていることが、すでに不可解な謎なのだ、と。[5]

4　あらかじめ応答していた

だが、〈未来の他者〉を配慮し、その求めに応答するということは、単純に、共同体の政治的な意志決定において、十分に長期的な視野に立つように努力しよう、という呼びかけとも違う。第2節の前半に述べたように、そうしたアイデアには限界がある。長期的な視野のもとで配慮されている「他者」は、「現在のわれわれ」

の拡張でしかないし、また、そのような「他者」の価値は、「現在のわれわれ」から割り引かれてしまうだろう。そもそも、〈未来の他者〉に応答するということは、どういうことなのか。存在してもいない〈他者〉に応答するとは。ここで、冒頭で導入した『テルマエ・ロマエ』が、われわれにヒントを与えてくれる。

『テルマエ』の物語では、古代ローマの浴場が現代日本の浴場からの（部分的な）パクリであった。こんな極端なフィクションに頼らなくても、実は、現実にも、未来からの剽窃《ひょうせつ》、未来のパクリと見なしたくなるような現象は、たくさんある。芸術の領域では、とくにこうした現象が頻繁に見られる。「Xのこの作品のあの部分は後世のYからの盗作ではないか」と言いたくなるような先取りをときどき見出すことができるのだ。

実際、ピエール・バイヤールは、『予感による剽窃』というしゃれた本を書いている。[6] バイヤールは、知的な洗練の極みにある「文学オタク」と見なすべき批評家である。彼は、この本の中で、未来からの剽窃と見なしたくなる、そう見なすほかない（と感じられる）実例を、たくさん挙げている。バイヤールによれば、歴史的に先後関係にある二つの作品の間で、次のような条件が満たされているとき、前の古いほうの作品を後の作品の剽窃と見なすことができる。第一に、後世の作品のほうで最終的に完成するようなある性質を、二つの作品が共有していること。言い換えれば、前の古いほうの作品は、「未発達な断片」というかたちでその性質をもっていること。第二に、その「断片」が、古いほうの芸術家のほかの作品を含む全体の中で、あるいは彼の時代の文化的なコンテクストの中で、不協和で突出している、という印象を与えること。これら二条件が満たされているとき、未来からのパクリがあったと認定しよう、というわけである。

バイヤールは、次のような例を挙げている。一八世紀中頃にヴォルテールが著した寓話《ぐうわ》「ザディーグ」は、一九世紀末にシャーロック・ホームズが完成させる「演繹《えんえき》的推論」を盗んでいるように見える。確かに、「ザディーグ」で主人公の青年ザディーグが、行方不明になっていた王妃の犬や王様の馬の特徴を推理し、言い当てる過程は、コナン・ドイルの「青い紅玉」で、ホームズが落とし物の帽子から落とし主の特徴を導き出す推論を彷彿《ほうふつ》とさせる。あるいは、バイヤールによれば、モーパッサンのあまり知られていないある小説は、プルーストからのパクリである。この小説には、ごく日常的な事物との偶発的な出会いが、ほぼ忘れかけていた過去の膨大な記憶を噴出させる引き金となる場面が含まれているのだ。モーパッサンの小説が書かれたのは、プルーストの小説が出版されるよりも、およそ三〇年前なので、これもまた、過去のモーパッサンのほうがプルーストから盗んだ、と考えるべきだ、とバイヤールは言う。バイヤールは、さらに絵画から、かなり極端な例を出している。中世のフラ・アンジェリカは、アクション・ペインティングのジャクソン・ポロックを真似ている、と言うのだ。

このような例は、いくらでも増やすことができるだろう。もちろん、これらの例に出てくる過去の作家や画家は、タイムマシンをもっていないし、ルシウスのようにタイムスリップするわけでもないから、ほんとうに未来の誰かの作品やアイデアを盗んでいるわけではない。しかし、こうした例の収集には衒学的《げんがくてき》な遊びを超えた哲学的な意義がある。

まず、最も重要なことは、いかに現実にはありえないことだとわかっていても、未来のほうの視点、後の視点から捉えると、自分たちは過去の人々にパクられている、模倣されている、という印象をどうしてももってしまう、ということである。これは、ほんとうの剽窃とは違って、必ずしも嫌な感覚を伴わない。というより、未来の者は、自分たちとよく似た者、自分たちを真似しているかのような物が過去にあることを、少しうれしく感じる。古代ローマの風呂が、現代の日本の風呂の下手な模倣のように見えると、われわれはどこか喜びの感情に近いものをもつ。

ここでただちに浮かぶ本質的な疑問は、これは錯覚なのか、というものだ。「どこか似たところがある」ということは、事後の視点、未来の視点から捉えたときにたち現れる遠近法的錯覚なのではないか、という疑問が当然、出されるだろう。たとえば、われわれはすでにホームズ物をたくさん読んでいるので、一八世紀にヴォルテールが造形したザディークにホームズ的探偵の先駆けを見てしまうのだが、ザディークそれ自体には、そんな特徴は全然ないのではないか。われわれは、火のないところに煙を見ているのではないか。

こうした疑問に対しては、次のように答えるべきである。確かに、過去の作品に、後の作品、未来の作品からの模倣であるかのように見える特徴が、客観的に備わっているのである。それは、ただの錯覚、現在の視点からの主観的な構築物ではない。しかし、同時に、まさにそのような特徴が存在していたということは、未来の完成された作品が出てきた後からでなくては、決して気づかれないのだ。その特徴は存在していたが、気づかれていなかったのである。モーパッサンの短い小説が、画期的な意義をもっていたことがわかるのは、プルーストが登場した後である。プルーストが出てこなければ、モーパッサンのその小説は、とくに注目されることなく歴史の中に沈んでいたことだろう。われわれが、古代ローマの浴場が心身を癒《いや》す洗練された文化であることに気づくのは、われわれ自身が、それ以上に発達させた風呂の文化をもち、その効用をよく知っているからである。現在の日本人が浴場や洗面所をめぐる繊細な文化を持っていなければ、ローマの風呂は取るにたらない風俗のひとつとして、忘れられていたに違いない。

ボルヘスは、バイヤールがふざけて「予期による剽窃」と呼んだのと同じ現象を、主にカフカに託して、別の角度から論じている。まず、ボルヘスは、カフカにはたくさんの先駆者がいる、と指摘する。古代中国の作家からロバート・ブラウニングに至るまでの多くの先駆者が、である。そして、ボルヘスは次のように続ける。「カフカ的な特徴が、多かれ少なかれ、これらの先駆者の作品の一つひとつに現れている。しかし、もしカフカが書かなかったならば、われわれは、それに気づくことがなかっただろう。ということは、それ〔カフカ的と後になって形容されうる性質〕は、カフカが書かなければ、〔われわれにとって〕存在しなかっただろう。……〔カフカと同様に〕それぞれの作家は、それぞれの先行者たちを創造する。かれの作品は、われわれの過去の概念化を変更する——未来を変更するのと同じように」[7]。ここで、カフカの先駆者は、カフカから剽窃しているように見える。ボルヘスの発言において重要なことは、カフカの作品がなかったら、先駆者たちの〔カフカ的〕特徴が、それとしては気づかれることがなく、したがって存在していなかったことになっていただろう、という認識である。

もうひとつだけ例を挙げておこう。「思想史の遡行《そこう》」というよくある現象である。ここで念頭にあるのは、次のような状況である。たとえば、われわれは、カントを初めとするドイツ観念論の哲学者たちがいて、その最後にヘーゲルが出てきたこと、そしてそのヘーゲルを批判しながらマルクスが登場してきたこと、こうした事実を知っている。その上で、現代の研究者や哲学者は、しばしば、マルクスからヘーゲルへ、そしてヘーゲルから、ヘーゲルによって批判されたカントへと遡行するように探究を深めていくことがある。

その典型が、日本では柄谷行人である。柄谷にとって、最初から、最も重要な思想家はマルクスであった。その後、柄谷の思想の展開に応じて、そのときどきに、いずれかの過去の思想家や哲学者に焦点が合わされてきた（ヴィトゲンシュタイン、デカルト、スピノザ、ソクラテス等）。その中で、マルクスに匹敵する重要性をもったのは、カントである。[8] だが、どうして、マルクスからカントへと遡行するのか。カントからマルクスへの思想史の流れの中で、カントは二重に乗り越えられているはずではないか（ヘーゲルがカントを批判的に止揚し、そのヘーゲルをマルクスが唯物論的に転回したのだから）。どうして、カントへと遡行したのか。その答えは、マルクスを読むことによってこそ、カントの本質的な価値が見えてきたからだ、というものであろう。カントの著作には、マルクスの先取り、マルクスのパクリと見なしたくなるような先駆的で重要な論点がいくつもある。しかし、それがとても重要であるということは、マルクスを読んでからでなければわからない。だが、だからといって、「そんな論点はもともとカントの書いたものには含まれてはいない、マルクスを熟読した者が読み込んでしまう蜃《しん》気《き》楼《ろう》のようなものだ」などと言ったら、とんでもない間違いだろう。もちろん、そうした論点は、たとえばマルクスの「アソシエーション」の理念に近い考えや価値形態論に連なるような論点は、カントにあるのだが、それを発見するためにはマルクスを媒介にしなくてはならなかったのである。

さて、こうした事例を積み重ねることで、何を言いたいのかわかるだろうか。これらは、〈未来の他者〉との連帯、〈未来の他者〉への応答ということが、どんな現象を指しているのかを例示するために引いたのである。二世紀のローマ人からすると、現代のわれわれは、もちろん〈未来の他者〉にあたる。現代のわれわれからローマの風呂を見ると、古代ローマ人が、われわれからの呼びかけに、あらかじめ応えてくれていたように感じられる。「こんな風呂にしたらどうだろうか」というわれわれの提案に応じて、古代ローマ人があらかじめなんとか工夫していたかのように見えるのだ。もちろん、反対方向の応答の関係もある。風呂やその周辺の文化を究めていくとやがて、われわれは、自分たちが古代ローマ人の、志《こころざし》半ばに終わった試みを引き継ぎ、彼らの希望をなんとか叶えようとしていたことに気づくことになるのだ。古代ローマ人と現代日本人の関係と同じことが、カントとマルクス、ヴォルテールとホームズ、モーパッサンとプルースト、ロバート・ブラウニングとカフカ等々の間にも言える。マルクスの視点から振り返ると、カントが、マルクスの問題提起に不完全なかたちではあれ、応えていたことに気づくのだ。

〈未来の他者〉への応答、〈未来の他者〉との連帯やつながりは、このようなかたちで生起するのではないか。古代ローマ人は、二〇〇〇年近く後の「日本人（平たい顔族）」のことをあれこれと想像したり、予期したりしていたわけではないが、無意識のうちに、その〈未来の他者〉に応答していたのである。同じように、現在のわれわれの営みの中に、〈未来の他者〉に応答していたとずっと後になって、つまりその〈未来の他者〉が出現した後になって、言わば完了形で――したがって現在のわれわれの観点からは前未来形で（未来完了形で）――見出され、認定される契機がありうるのではないか。いや、そのような契機が必ずあるはずだ。しかし、それは、この現在において、どのようなかたちで存在しているのか。どのようにしたら、その契機、〈未来の他者〉への応答となりうる契機を押しつぶすことなく、逆に触発することはできるのか。探究は終わらない。

1　下院への代表数を人口に比例させようとしたわけだが、問題は、「人口」としてカウントされるのは誰なのか、ということである。奴隷がたくさんいた南部諸州は、奴隷を多めに計算してほしかったが、北部は逆であった。つまり、南部は、自由人に対する奴隷の比率を引き上げようとしたが、北部は引き下げようとした。この限りでは、南部の方が奴隷を相対的に高く評価したことになる。南部と北部の綱引きの結果、導かれたのが「五分の三」という数字だった。ちなみに、アメリカ先住民一人は「ゼロ人」とされた。つまり先住民はまったく計算に入れられず、奴隷以下の扱いだった。

2 ジョージ・エインズリー『誘惑される意志——人はなぜ自滅的行動をするのか』山形浩生訳、NTT出版、二〇〇六年。エインズリーは、最初、ハトの実験で、双曲割引を発見した。ハトを二つのボタンのついた籠に入れる。一方のボタンを推すと、餌《えさ》が直ちに放出されるが、それは少量である。他方のボタンを推すと、放出が少し遅れるが、餌の量は多い。ハトが「小さく早い報《ほう》酬《しゅう》」から「大きく遅い報酬」へと切り替えるポイントはどこにあるのかを、エインズリーは調べたのである。それにしても、ハトに教えられるまで、こんな日常的なことに気づかないのだから、学者というものはときに愚鈍なものである。学者の世界のドグマが、日常的な生活者としての直観よりも強くなることがあるのだ。これは、心理学に限った問題ではない。他の分野でもそうしたことが起きることがある。

3 〈未来の私〉は〈他者〉である。このことの意味を徹底的に厳密に探究したのは、永井均である。永井均『倫理とは何か』ちくま学芸文庫、二〇一〇年。

4 前注で挙げた永井均のように、〈私〉の未来は〈他者〉だという論点を厳密に確保しておくと、二つの、独立して論じられてきた、哲学上の難問は、実は同じ問題だった、ということが明らかになる。二つの難問とは、「他者認識の問題（あるいはその反面としての独我論の問題）」と「時間の可能性の問題」である。自分とは異なる心や意識が存在しているということをどうして確証す

5

ることができるのか、という問題は、解き難い難問で、理論的には独我論に開き直るほうが簡単である。あるいは、ゼノンのパラドクスがよく示しているように時間的な現象はいかにして可能なのか、そもそも時間とは何かという問題も、哲学者を悩ませてきた。この二つは別の問題だと考えられてきたが、実は同じ問題なのかもしれない。実際、永井はそのように示唆している。二つの問題は、哲学的には難問だが、実践的には緊急性のない問題、つまり解けようが解けまいが生きていく上ではさして困らない問題の代表のように見なされてきた。しかし、両者が、〈未来の他者〉との連帯という課題の上で交叉《こうさ》しているのであれば、実践的にはどうでもよい問題どころではない。現代社会において、政治的にも倫理的にもこれほど緊急性のある課題はない、と言ってもよいほどである。

実は、ここにはカント哲学のある本質的な限界が露呈している。カントは、「法論」の中で、次のような場合には殺人も許されると述べている。船が難破して人々が荒海に落ちてしまったとする。このとき、周囲に一つだけ、浮きとなる木片があるのだが、それは、たった一人しか支えることができないほど小さく、二人以上の者がそれに乗ろうものならたちまち沈んでしまうとする。このとき、人は、他の生存者を殺して、その「筏《いかだ》」となる木片を独占したとしても、何ら道徳的に責められる点はない、とカントは論ずる。この結論は常識的ではあるが、しかしカントの道徳法則の非情な厳格性を知っている者からすると、意外でもある。実は、ここでカントの倫理思想は、ある壁にぶつかっているのである。カントは自己にも、あらゆる他者にも共通して適用される普遍的な道徳法則を求めているが、ギリギリのところでは、自己の生存や欲望を優先させる。つまり、カントといえども、究極の場面では利己的功利主義を許容するのだ。しかし、ここでわれわれはカントに抗して言うべきである。自己自身にとって、〈未来の自己〉の生存を、周囲で溺れかかっている〈他者〉たちの生存よりも優先させる根拠は、どこにもないのだ、と。

6 Pierre Bayard, *Le plagiat par anticipation*, Minuit, 2009.

7 *Other Inquisitions, 1937-1952*, University of Texas Press, 1975, p.113.

8 柄谷行人『トランスクリティーク』岩波現代文庫、二〇一〇年。

第７章　〈未来への応答〉

１　社会志向があるのか、ないのか

過去が未来をパクっている。芸術史や思想史を調べると、このように認定するほかない、と思わせる現象が、頻繁《ひんぱん》に観察される。〈未来の他者〉との連帯ということを、こうした現象との類比で理解し、また構想することができるのではないか。前章で、われわれはこのような提案をした。過去が未来をパクるということは、未来のほうに視点を移してみれば、過去があらかじめ自分たちの呼びかけに、つまり〈未来からの呼びかけ〉に応答していたように感じられる、ということだからである。たとえば、マンガ『テルマエ・ロマエ』を読んでいると、古代ローマ帝国の人々が現代日本人の無意識の呼びかけに応じて、似たような風呂を造っていたように感じられ、二一世紀初頭の日本人は二世紀前半のローマ人にいわく言いがたい親密さを覚えることになる。この類比に、つまり未来のほうが過去に影響を与えているように見えるという現象に、さらなる具体性を与えてみよう。

その前に、本書の中でふれてきた、いくつかの事実を想起しておこう。われわれは、若者の「社会志向性」をめぐる奇妙な両義性を、繰り返し確認してきた。一方で、若者の社会志向性や政治志向性が、つまり全体社会や政治共同体への関心が著《いちじる》しく低下している、ということを示す、確実なデータがある。最もわかりやすいのは、選挙の投票率の推移である。日本人の投票率は、一九九〇年代の後半から急激に低下してきているが、その主な要因は、二〇代・三〇代の若者の投票率の低さにある。選挙に新たに参入してくる若者たちは、その度に、前の世代の若者よりもさらに低い投票率を記録しているのだ。

しかし、他方で、これとはまったく逆のことを、つまり若者には強い社会志向性があるということを示すデータや事実もたくさんある。ひとつだけ再確認しておこう。内閣府の調査(二〇一二年実施)によれば、二〇代の若者の「社会貢献意識」や「社会志向性」は、他の世代に比べて決して低くなく、また二〇世紀の最後の一〇年間から二一世紀にかけて、むしろ高まる傾向がある。たとえば「日頃、何か社会のために役立ちたいと思っていますか」という質問に肯定的に答える二〇代の若者の率は、二〇一一年の３・11をきっかけにして一挙に一〇ポイントも上昇したが（六〇パーセント→七〇パーセント）、日本人全体では、一・五ポイント程度しか変化していない（六六パーセント→六七・五パーセント）。あるいは同じ調査で、「国や社会にもっと目を向けるべき」か、それとも「個人生活の充実を重視すべき」という質問への回答の推移を見ると、一九八〇年代前半の二〇代は、前者を選ぶ者がおよそ三〇パーセントであるのに対して、二〇一〇年前後の二〇代は、およそ六〇パーセントが前者を選ぶ。つまり社会への関心と個人生活の充実のどちらをとるかという二者択一において、前者を優先させる若者の率が、この四半世紀強の間に二倍に増えているのである。

そうすると、われわれとしては、奇妙な若者像を得ることになる。社会や政治への関心をもちたいと考え、社会貢献への意欲も強いのに、なぜか選挙には行かない。選挙こそが、社会と政治への関心の最もシンプルな表明の機会であるように見えるにもかかわらず、である。どうしてだろうか。選挙という行動によっては表出されない、社会志向性の形態がある、と考えるほかない。

＊

こうした両義性を極端に集約し、具現しているに違いない対象として、つまり考察のための戦略上の基準点として、われわれが選んだのは「オタク」である。オタクは、一九八〇年頃に現れた若者の類型であり、当初は、奇異で一過性の風俗のように見られていたが、オタクと見なしうる若者はその後も増え続け、今日では、これといって珍しい人間類型であるとは思われていない。さらに付け加えれば、初期のオタクは現在では中年であり、オタクは今や、若者だけに見られるわけではない。ともあれ、一般には次のように考えられている。先の内閣府の調査の質問にあるように、「国政や社会への関心」か「個人生活の充実」か、という択一を迫られたとき、迷いなく後者を選ぶような人々の典型がオタクだ、と。

だが、少なくとも確実なことは、オタクが他者の一般に関心がないと見なしてはならない、ということだ。実態はまったく逆である。オタクたちは、他者とのつながり、他者たちとの共同性に強烈に飢《う》えている、と言ってもよいほどだ。そのことを端的に示しているのが、彼らの個室、ほとんど窓のない個室である。現実の窓はないのに、インターネットにつながるヴァーチャルな窓は大きく開かれているのだ。他者とのコミュニケーションを求めながら引きこもるという自家撞着《じかどうちゃくてき》的な行動がここには見られるのだ。

とはいえ、オタクたちの「他者への渇望《かつぼう》」が、ただちに、全体社会や政治への関心に結びつき、なんらかの政治行動を引き起こすわけではない。つまり、オタクたちの共同性は、ロバート・パットナムが想定している、草の根民主主義の基礎となるような社会関係資本としては機能しない。オタクの共同性は、彼らのきわめて特殊な趣味の共有に基づいているからである。オタクたちは、彼らの趣味に理解を示さない他者、そうした趣味を軽視している他者に対しては強い不快感を覚える。趣味への侮蔑《ぶべつ》は、ほとんどオタクへの攻撃や侵害と見なされかねない。こうしたオタクの態度に類するものをあえて他に探すとすれば、信仰であろう。信者たちは崇拝の対象となっている神や教祖を相対化したり、嘲笑《ちょうしょう》したりする他者に、彼らへの強い敵意や攻撃を見ることになる。

しかし、そのオタクたちの、それぞれの特定の趣味への関心の持ち方、趣味の対象への欲望の形式には、本人たちも自覚していない逆説がある。われわれは、そのような仮説をかつて提起しておいた（第3章）。

オタクのまさに本質とも言える明白な特徴は、きわめて特殊な主題――多くの他者たちとの共有をとうてい望めないような特殊な主題――Pへの関心である。オタクたちも、自分たちが欲望している主題Pの特殊性を、したがってそれがマイナーなものであることをよく自覚している。結果として、ほとんど無数と言いたくなるほど多種類のオタクが生まれることになる。さらに付け加えておけば、同一ジャンルのオタクたちは、自分が有する情報がいかに特殊か（細部にかかわっているか）を競いあっているように見える。情報の意味ではなく、情報の細かさが「勝敗」をわけている。

だが、特殊なPへの関心は、普遍的なこと――社会全体にとって有意味であるとされるような普遍的なこと――Uへの欲望や愛着の反転した形態なのではないか。これがかつて提起しておいた仮説である。基底にはUへの欲望がある。だが、それが対極の形態で、つまり特殊なPへの欲望という形態で、反転して現象する。しかも、今しがた述べたように、本人たちもPの特殊性（マイナーで周辺的であること）を十分に意識している。[1] どうして反転が生ずるのか。その原因が興味深いのだが、それについては後で論じよう。

こうした反転が生じていると解釈する「状況証拠」をあらためて指摘しておこう。現在のすでにあまりにも細分化し、発達してしまったオタクからは、その本来の欲望の在処《ありか》を正確に探り当てるのは難しい。オタク的な情熱において何が賭《か》けられていたかを知るには、原初のオタク、オタク以前のオタクにまで遡《さかのぼ》ったほうがよい。「オタク（おたく）」などという語が発明される前から、すでにオタクと見なしうる、マニアックな人々が、二種類だけあった。鉄道ファンと切手収集マニアである。

なぜ、鉄道が、一部の人のロマンチックで、強烈な憧れの対象となったのだろうか。その理由は、近代社会における鉄道の意味を反省してみれば、理解することができる。自動車が普及したり、飛行機が広く使われるようになる前は、鉄道は、それぞれにローカルな共同体の中に住まっている人々を、市民社会的な、あるいは国民国家的な普遍的空間へと接続する、唯一の媒体だったからである。近代であることのメルクマールは、それぞれの個人が、ローカルな地縁共同体や血縁共同体の一員であるだけではなく、あるいはそれ以上に、国民や市民の一人として自覚していることである。つまり、それぞれの個人は、たとえ一ヶ所に定住していたとしても、自らを市民や国民として資格づける広域の空間を自由に移動しうる者として、自分自身を意識しなくてはならない。国民というのは、この意味では、たとえ何代も前からどこかの村に定住していても、潜在的な移民、国内移民である。しかし、そうした自覚をもつためには、単なる観念的な想定や法的な保証だけではたりず、実際に移動できる技術的な手段が与えられていなくてはならない。それこそが、鉄道である。

鉄道ファンは、鉄道とそのネットワークに、ローカルな共同体を超える社会空間を、つまり普遍的な世界を写像《しゃぞう》しているのではないか。だからこそ、鉄道に、特別な価値が宿っているように感じられるのではないか。鉄道という世界の中の部分的要素に、普遍的な社会空間が全体として託された上で、その鉄道が愛着の対象になっているのである。同じようなメカニズムが、今日の細分化したオタクのすべてのジャンルにも成り立つのではないだろうか。これが、われわれの仮説である。それぞれの、特殊化された趣味の領域に、普遍的なものが転移されているのだ。[2]

２　遡行的因果関係

以上の諸事実を念頭において、〈未来の他者〉との連帯の可能性について考察したいのだが、その前に理論的な問題にも配慮しておく必要がある。われわれは、未来が過去に影響を与えているように見える、そんな現象を手がかりにしている。未来のほうにオリジナルがあって、過去の人々がこれに触発されたり、模倣したりしているように見える、という現象である。因果関係が、未来から過去へと遡行《そこう》しているように感じられるのだ。

だが、これを文字通りに受け取ると、われわれは前近代的な蒙昧《もうまい》主義、オカルティズムに与《くみ》することにもなりかねない。実際、前章で引用した事例のひとつはＳＦ的なフィクション（『テルマエ・ロマエ』）であり、もうひとつは、オタク的な文芸批評家（ピエール・バイヤール）が遊びのようにして書いた文学史・芸術史の著作である。

オカルティズムへの退行を回避するために、ここで、準備作業として、「未来→過去」と因果関係が逆行しているように見える現象は、確かにふしぎなことではあるが、しかし、われわれが日常的に経験していることの中にも十分に見出せるものだということ、このことを確認しておきたい。どうして、因果関係が遡行しているように感じられるのか。それを理論的に説明しようとすると難しい。しかし、そうしたことを、われわれは日常的に目撃したり、体験したりしてもいる。

たとえば、幾何学の証明で用いられる「補助線」の働きのことを考えてみよう。難解な証明問題も、一本の補助線を発見すると、たちどころに解けることがある。補助線によって、それまで見えていなかった図形の間の関係が、突然、明白になるのだ。この部分とこの部分が相似であるとか、面積が等しいとかといった関係が、である。補助線なしには、そうした関係は絶対に見出せない。補助線は、しばしば、証明を完遂《かんすい》させるためには、不可欠である。

ところで、どうして、そこに補助線が引かれるべきだということが証明者にわかったのだろうか。もとの図形に、「ここに補助線を引きましょう」と明示されているわけではない。補助線がそこに引かれるべき根拠は、結局、それによって証明されるべきことが明らかになったかどうかで決まる。しかし、当然のことながら、その「証明されるべきこと」の妥当性は、補助線なしにはわからない。ということは、補助線は、自分自身の根拠、自分自身の原因を、事後（補助線を引いた後）から過去へと挿入するようになることになるだろう。証明者が、「ここに補助線があればうまくいきそうだ」という直観を得るとき、彼または彼女は、まるで、未来からの情報に影響されているかのごとく、措定《そてい》しているのだ。

幾何学の証明において補助線を見出すという作業は、一般の人にとっては、それほど日常的なことではないかもしれない。もっとはるかに日常的な例を出しておこう。それは、ほかならぬ、言語、スピーチである。一般には、発話について、次のような構図が描かれている。発話者のほうに、内的な意図がまずあり、それが文（の集合）として分節され、表出されるのだ、と。しかし、認知科学に造詣《ぞうけい》の深い哲学者、ダニエル・デネットは、『解明される意識』で、こうした構図は完全に事態を転倒して捉えている、と批判する。[3] デネットによれば、実際には、発話を構成するその過程において、「言いたいこと」「言うべき意図」が産み出されているのだ。したがって、両義的な発話に関して、「発話者がほんとうは何を言いたかったのだろうか」と問うことは、一般に無意味である。発話された文とは独立の真の意図など存在しないからである。

デネットはいくつかの例によって、印象的に事態を明るみに出している。最も極端な例は、哲学者バートランド・ラッセルがオットーライン婦人に出した恋文である。オットーラインは、二〇世紀前半のイギリスの貴婦人で、ハクスレイ、エリオット、D・H・ロレンスなど、多くの文学者の（精神的・経済的な）後ろ盾になった。彼女は、華やかな恋愛遍歴でも知られている。ラッセルも、彼女の恋人の一人である。ラッセルは手紙でこう書いている。「私は、あなたを愛していたことを自分でも知らなかった。私が、あなたにそう〔愛している〕と語っているのを自分自身で聞くまでは」。愛についての自覚があって、愛の告白がなされているわけではない。まったく意図することなく、自分でも予想外にも、愛を告げる言葉が口から出てくる。その自分の発話を自分で聞いて、「私は彼女を愛していたのだ」と発見したというわけである。

こうした発話において、「補助線」の例と同じように、時間を逆行するような因果関係が働いている（ように感じられる）ことがわかるだろう。ある種の二律背反がここにはある。「あなたを愛している」という発話が有意味であるためには、この発話によって表出される、愛の感情が内面にあらかじめ存在していなくてはならない。しかし、ラッセルの例が暗示しているように、発話の前に、そのような感情が内奥《ないおう》に隠されていた、と見なすこともできない。まるで、発話が、時間を遡行して、自分自身の原因を産み落としているように見えるではないか。デネット自身は、もう少し穏当に、次のように説明している。もともと、混乱した経験（たとえば、説明しにくい好感情のようなもの）があって、発話が、その経験を、語りの秩序の相似形に組織化したのだ、と。発話が、経験に、物語的秩序を押し付けている、というわけである。

ともあれ、ここで確認しなくてはならない論点は、未来から過去へと因果関係が遡行しているかのような現象は、至るところに見出される、ということである。それを、奇跡や神秘の一種と見なしてはならない。この点を肝《きも》に銘《めい》じた上で、本来の考察対象に戻ることにしよう。

3　〈未来への応答〉の本態

さて、もう一度、前章で言及した現象、つまり過去の作家や芸術家が、未来の作家や芸術家からパクっているように見える、というバイヤールやボルヘスが指摘した現象をきちんと検討してみよう。たとえば、ボルヘスの言うところに従えば、一九世紀の半ばにイギリスで活躍したロバート・ブラウニングの詩は、カフカを連想させるものがあり、まるでカフカを模倣したり、剽窃《ひょうせつ》したりしているように感じられる。しかし、ブラウニングのほうが半世紀以上も前に書いているのだから、カフカの影響を受けるはずがない。ボルヘスが述べたことで最も重要なことは、カフカが登場する前には、ブラウニングの詩にカフカ的と形容できるような独特の特徴があることは、誰も気づかなかった、ということである。つまり、カフカが出現しなければ、ブラウニングの真の文学的な価値は気づかれることなく、歴史の中に埋もれていただろう。こうした事態を、つまり過去が未来をパクっているように見える状態を、分析的に解明してみよう。

ここでは、ブラウニングの詩を解釈し、同定するにあたって、二つの水準を区別しなくてはならないことがわかる。まず、①ロバート・ブラウニングの詩は、彼の詩が書かれた当時に、Eとして認識され、解釈されている。しかし、②カフカが登場し、カフカの作品を読者が知るに至った後には、状況が変化する。カフカを読んだ者が、ブラウニングの詩を読むと、そこにまるでカフカをパクったかのような特徴を見ることになる。つまり、ブラウニングの詩は、Ｅに、さらにカフカ的な趣味Ｆが加わったものとして解釈される。この解釈は、Ｅ＋Ｆとなる。

①Ｅ

②Ｅ＋Ｆ

この二つのレベルを区別しておけば、事態を記述するのに十分であるように思える。しかし、これですむのであれば、②のＥ＋Ｆは、カフカを知ってしまった読者、未来の読者が、勝手に、ブラウニングのテキストに読み込んだ錯覚である、ということになる。カフカを読んだがために、その影響で読者の解釈の枠組みが変わってしまい、もともとのブラウニングのテキストにはないものを読み込んでしまうのだ。しかし、そのように考えてはならない、とすでに述べておいた。実際、ブラウニングのテキストだけがカフカ的に見え、同時代の他の詩や小説には、そんなものは感じられない。とするならば、カフカ性の原因は、解釈者の主観的な印象にではなく、テキストの客観的な性質のほうになくてはならない。それならば、どう考えればよいのか。

この二つのレベルの間に、もうひとつのレベルを挿入しなくてはならないのだ。

①における、Eという認識・解釈に回収できないものが、ブラウニングの詩にもともとからあった、と考えなくてはならない。しかし、その「Eに回収できないもの」が何であるかは、ブラウニングの時代においては意識されたり、認識されたりはしていない。それは、「Eではない」「Eでは尽くされない」「Eがすべてとは言えない」という形式で、否定的・消極的にしか現れない。それを、「余剰的《よじょうてき》同一性X」と呼ぶことにしよう。二つの水準の間に入る第三の水準③は、それゆえ、E＋Xとなる。

③E＋X

したがって、全体を整理すると、次のようになる。

E（①）　→　E＋X（③）　→　E＋F（②）

Xは、ブラウニングの詩が書かれていた当時、つまりその詩にとっての「現在」に（一九世紀に）属している。しかし、それが何であるかは、それが執筆されたときには同定されていないので、その当時の人々にとっては、「無」に感じられる。それが、実はカフカ的なものFであったということは、未来になって――つまりカフカが登場した後になって――初めて意識され、明確に解釈されることになる。

実は、このXこそが、未来の他者への応答になっているのだ。未来のほうから見たとき、つまりカフカの時代から見たとき、ブラウニングが、すでに「われわれ」に呼びかけに応えようとしていた、「われわれ」と結びつこうとしていた、「われわれ」と連帯しようとしていた、と感じられるのである。

4　スピノザ的転回

ここで、先ほどオタクに関して述べたことを関連づけてみよう。鍵になる問題は、どうして、普遍性Uへの欲望が、その反対物である特殊性Pへの執着として現れるのか、なぜこのような反転が生じているのか、ということである。

まず、われわれの前提は、こうである。オタク的な欲望の意識されざる端緒《たんしょ》は、社会の全体性の把握につながる、あるいは社会の全体性を代表する承認につながる、普遍的なるものUへの欲望である。つまり、Uは、社会的に一般的に承認される理念や理想によって代表される。そのような概念やイメージが、「それ」として同定され、把握されるならば、人は、それを目標とするような物語的な人生を生きようとしただろう。実際、かつては、たとえば、「民主主義」とか「階級闘争」とか「共産主義」とか、あるいは「経済大国」とかといった表象やイメージは、Uとしての役割を果たしていたのである。

だが、現在は違う。どのような理念、どのような理想、どのようなイメージをもってきたとしても、直接に、普遍的な魅力を発揮できないのだ。普遍性を標榜《ひょうぼう》する、どのような理念・理想・イメージも、実際には、部分的であり、欺瞞的《ぎまんてき》で、白々しいものに感じられる。ここにAという理念やイメージをもってきたとしても、普遍性Uを志向する者にとっては、「それは違う」「それに尽きるものではない」という感覚が、否《いな》みがたく生ずるに違いない。彼らが感じているものは、あの余剰的同一性Xと同じものである。

Uの位置を占めようとする理念や理想、あるいはイメージとして、AもBもCも…すべて拒否されていく。それらは――すべて、Uを僭称《せんしょう》する偽物としか感じられず、Uはそれらのいずれにも回収できないと感じられたとしたらどうだろうか。つまり、A、B、C…のいずれでもない――という余剰的同一性Xのほうに、より一層、強い実感を覚えたとしたら、次にどのような展開が生ずるのだろうか。

Uの位置を欺瞞的に占め、普遍性を独断的に僭称するA、B、C…よりも、Uの位置に就《つ》くことをあからさまに拒否しているように見える、きわめて特殊な主題Pのほうが、より真実に近い、と感じられるのではないだろうか。Pは、Uの位置につくことを自ら断念し、拒否しているような、特殊な主題である。Aも、Bも、Cも、「Uではない」という形式で斥《しりぞ》けられた。Pこそは、その「Uではない」ということの一般を代表しているのである。その意味では、Pは、余剰的同一性Xの代理物である。別の言い方をすれば、Pは、余剰的同一性の作り出す開口部（何ものでもないという否定的な性質）を埋めてしまう、別の同一性だ。

オタク的な反転、UからPへの欲望対象の転換は、以上のような機制《きせい》によって生ずるのではないいか。この論理は、スピノザが用いた論法の応用である。スピノザは、因果関係の認識という問題について次のような趣旨のことを述べている。普遍的な因果関係、因果関係の全体というものは、人間の認識能力を越えている。それゆえ、実際に把握され、認識された因果関係に関して、人は常に、「これはすべてではない」という感覚を残さざるをえない。ここでわれわれが用いている語彙《ごい》を使えば、因果関係に関して人は、一種の余剰的同一性を自覚せざるをえないのだ。スピノザによれば、この因果関係の残余を含む「すべて」を体現するものとして人格神Godが捏造《ねつぞう》されることになる。つまり、スピノザによれば、人格神は、把握しきれなかった、普遍的な因果関係の代理物である。オタクにおける、特殊化された主題Pもまた、何ものによっても代表できない普遍性Uの代理物である。

＊

言語行為論によれば、「自分が言っているつもりのこと」と「実際に客観的に言っていること」とは違う。この言語行為論の教えをたずさえながら、スピノザの論理の含意《がんい》を引き出せば、次のように言うことが許されるはずだ。誰かが、超越的な人格神を信じ、その人格神に祈っているとき、彼は、自分の意識とは独立に客観的には、人間が把握する因果関係の不完全性を、つまり因果関係には埋められていない欠如があるということを、実は指し示しているのだ、と。「神よ」と彼が言っているとき、彼は、その因果関係の欠如を名指していることになるからだ。同じことは、オタクに関してもあてはまる。彼らは、Pという特殊な主題に夢中になっているとき、彼らが、ほんとうに指し示していることは、むしろ余剰的同一性Xのほうなのだ、と。

このXこそが、〈未来の他者〉への応答の本態《ほんたい》ではないか。これが、われわれの主張である。Xとは、社会的に普遍的な全体性へと到達しようとする志向性が、その挫折とともに見出す、残余の感覚であった。何をもってしても、普遍性Uを代表できない、という残余の感覚が、Xである。厳密には、Pに置き換えられたときには、Xの開放性は消え去っている。（得られぬ）普遍性への欲望は、Pへの欲望に完全に取って代わられているからだ。

ここで、冒頭に見た、社会志向性をめぐる、若者の態度の両義性を再考しておこう。余剰的同一性Xを求める態度は、若者の社会志向性として現れるはずだ。Xへの態度は、自らが属する社会の全体性Uに到達し、そこで有意味な存在でありたいという欲求に対応しているからだ。だが、そうした全体性Uの表象として、たとえば国民国家に連なるスローガンや制度が与えられたときに感じられるのは、「これではない」という失望である。投票の拒否は、そうした失望の表現であろう。こうして、社会志向性があるがゆえに、かえって投票にはいかず、国政や自治体の制度に関連する政治行動にも参加しないという奇妙な逆説的態度が出現することになるのだ。

1 したがって、ここでは「井の中の蛙《かわず》、大海を知らず」とは異なるメカニズムが働いている。蛙は自分が住んでいる井戸が、大海に比べると圧倒的に小さく部分的であることを、端的に知らない。オタクは自分たちの趣味の狭さを（アイロニカルに）肯定している。

2 鉄道と同じことが「切手収集」にも言えることは、すぐにわかるだろう。切手が連想させる郵便のネットワークは、鉄道以上に、広く普遍的な世界につながっているからである。第3章で述べたように、切手が愛されたのは、その意匠《いしょう》の美術的な価値よりも、切手のこうした社会的なあり方が喚起する認知地図の価値に基づいている。さらに、いささか細かいことを付け加えておけば、現在のオタクたちの間にあって、鉄道は相変わらず人気のジャンルであり、鉄道ファンはますます細分化し、発達しているのに対して、切手収集の趣味に関してはそうした発展は見られない、ということが、ここでのわれわれの推論を補強する事実となっている。切手がかつてほどの情熱を引き出すことができないのは、電話が普及し、さらにインターネットもごくあたり前になった現在においては、郵便は、普遍的な世界性を連想させる有力の情報ネットワークではないからだ。郵便の役割は、電話とインターネットによってほぼ完全に取って代わられてしまった。そうなると、切手への情熱も醒《さ》めてしまうのだ。切手の美的価値が、欲望の主要な原因だったとしたら、このようなことにはならなかったはずだ。それに対して、鉄道が相変わらず人気があるのは、人間の物理的な移動の手段としての鉄道ネットワークの役割は、自動車や飛行機によってもほとんど奪われることがなかったからだ。自家用車やタクシーによる移動は、ローカルな地域の範囲を簡単には超えず、また飛行機は、鉄道ほどには手軽に使えず、空港も鉄道の駅のように各地に置くことができない。鉄道は、現在でも、人がローカルな共同体から普遍的空間へと——単に情報的にではなく——身体的に脱出しようとしたときに依拠する、最も重要な手段である。

3　ダニエル・デネット『解明される意識』山口泰司訳、青土社、一九九八年。

第8章　（不）可能性の過剰

1　可能性の過剰／不可能性の過剰

現代社会は、可能なことの過剰と不可能なことの過剰の両方によって特徴づけられる。一方では、いろいろなことがますます可能になっているのに、他方で、不可能性の壁が高く、厚くなってもいる。

個人の自由、私的な生活に関する自由という点では、選択の幅はますます大きくなっている。かつて不可能だったことが、どんどん可能なもののリストに加わってきたのだ。この自由の拡大には、規範とテクノロジーの両方が関わっている。私生活についての規範《きはん》がますます寛容に、つまり許容的になっていることは、たとえばセックスのことを思えばただちに理解できる。今日では、相手の同意さえあれば、かつて倒錯的《とうさくてき》として、禁忌《きんき》の対象となっていたどのような性行為も許される。

テクノロジーに支えられた自由の拡大は、主としてインターネットに関連している。さらに、生命科学までも視野に入れれば、遠くない将来には、「自由」に対する最終的な制限と見なされていた「死」すらも乗り越えることができるかもしれない。DNAの情報や脳内の情報等、「私」のアイデンティティを構成しているすべての要素が、デジタル化されうると想定してみよ。そのデジタル情報を複写し、ハードウェアに保存しておけば、「私」は不死になったに等しいのではないか。

しかし、社会関係・社会構造に関連した領域で、いわゆる「先進国」の人々が痛烈に実感していることは、まったく逆に「この現実」を超えることの不可能性である。二〇世紀の末期に社会主義体制が崩壊した後には、人類は、ユートピア的な「他なる現実」への夢をすべて放棄したと言ってよいだろう。可能だとされているのは、すでに現実となっている「この社会」のみである。「この社会」とは、グローバル資本主義のことだ。

グローバル資本主義は、あらゆるタイプの不可能性の感覚によって囲われている。たとえば、もはや「革命」は不可能だ（あえてそれに挑戦すれば、無差別テロのようなものに終わるだろう）。革命どころか、古きよき福祉国家さえも不可能だ（そうした制度に執着すれば、いずれ、財政破綻《はたん》や大不況が待っているだろう)。バブルの崩壊や生態系の破壊につながることが予感されているグローバルな市場から離れて生きることも不可能だ(一部の日本人が抱いている「原発を放棄することが不可能だ」という見解は、こうした不可能性の感覚から派生する)。

可能なことが増えるほど、不可能なことも増える時代、これがわれわれの現在である。私は、後者の側面に着目して、現代を「不可能性の時代」と呼んできた。理想の時代から虚構の時代を経て、不可能性の時代へと至る段階区分は、日本の戦後史から導き出したものだ。しかし——厳密な証明を抜きに結論だけを述べておけば——、一つの時代から別の時代への転換の正確な時期についてはおくとして、この三段階の形式は、日本に限らず、すべての近代社会に一般的に成り立つ。今や、不可能性の時代の中にあるのは、日本だけではなく、グローバルな社会の全体である。

*

冷戦が終結して間もない一九九〇年代の初頭に、フランシス・フクヤマが、ヘーゲルに依拠して、「現在」は「歴史の終わり」である、と唱えたことがある。だが、今日のわれわれは知っている。[1]「歴史の終わり」自体が、比較的短い特定の時期に与えられた名称だった、ということを、である。「歴史の終わり」とは、虚構の時代から不可能性の時代への移行期のことだったのである。

政治的には自由・民主主義、経済的には資本主義が人類にとって最後の選択肢で、これに対抗する「他なる選択肢」がもはや存在しないがゆえに、本質的な葛藤が消滅した状態を、フクヤマは、「歴史の終わり」と見なしたのであった。この戦争のない現状が、「すでに実現しているユートピア」と感じられている間は、「歴史の終わり」という短い過渡期である。「歴史の終わり」は、その名に反して、むしろ終わりのない世界であり、「終わりなき日常」としてイメージされた。この世界がすでに「ゴール」なので、その先がないのだ。

それに対して、「終わり」ということがほんとうに視野に入ったとき、われわれは、本格的な「不可能性の時代」の中にいる。他なる選択肢、他なる社会は不可能であると同時に、「この社会」も――資本主義的なこの社会も――何らかのかたちで中長期的には破局に至るという予感が広く共有されるようになったとき、本格的な「不可能性の時代」が始まる。この予感は、ときに無意識のうちにあり、場合によっては否認されさえする。また「破局」が何であるかを具体的に確実に予言できる人はいない。それは、バブルの崩壊をともなう恐慌のようなものかもしれないし、耐《た》え難《がた》い経済格差からくる破局かもしれないし、財政破綻にともなう社会保障制度の崩壊かもしれないし、何度目かの原発事故かもしれないし、生態系の破壊かもしれない。いずれにせよ、「この社会」は永続するユートピアどころではなく、むしろ悪夢の一部であると見なした方が正確であり、このまま続けば、いずれは破綻することになる、と人々が知るようになった段階が、「不可能性の時代」である。

不可能性の時代は、氷山にぶつかったあとのタイタニック号に喩《たと》えられる。まだ沈んではいないが、数時間後には沈むことがわかっている状況だ。こういうとき、人はどのように行動するだろうか。船から逃げ出すだろうか。そうはならないのだ。逆に、沈むことが確実視されている船に、必死になってしがみつくはずだ。冷たい海に飛び込んだら即死してしまうからだ。「不可能性の時代」の「資本主義」という船もこれと同じである。他なる社会体制は端的に不可能なので、人は、そちらに脱出することはできない。船は、さまざまな不可能性の荒海に囲まれているのだ。実はこの社会自体も、少し長いスパンで考えれば「不可能」なのだが、それでも、人は、現状の社会に執着することになる。まるでその現状に「絶対の信頼」を置いているかのように、である。これが、第5章2節で「黙示録《もくしろく》的予感に支えられた楽観主義」と呼んだ現象である。

　こうしたメカニズムが作用していることの間接的な証拠、状況証拠は、いわゆる「先進国」における経済成長の鈍化《どんか》（不況）である。中国、インド、ブラジルなど、グローバル資本主義の本流に参入したばかりの「新興国」を別にすると、二一世紀に入ってからはどこでも、経済の成長率は著しく低下している。いわゆるバブル以外の方法では、経済は成長せず、また定期的に繰り返される金融危機を避けることは難しい。日本も、一九九〇年代初頭以降、ほとんどGDPが伸びていない。どうして、経済が成長しないのか。結局、原因は、人々がお金を使わない、つまりお金に執着している、ということにある。[2] 人々は消費したり、大胆に投資したりすることができないのだ。それでは、なぜ、お金への執着が急激に高まっているのか。「もう欲しい物もサービスもほとんど手に入っていて、十分に満ち足りているよ」ということが、人々がお金を使わない原因ではない。少なくとも、それだけが原因というわけではない。もっと根深い原因がある。もし、「欲しい物はほとんどすでに持っている……」という心理的な満足感が、需要が増えない原因なのだとすれば、新規で便利な製品やサービスが提供されれば、新たな需要が喚起されるだろう。振り返ってみれば、パソコンだって、携帯電話だって、もともと欲しかったわけではない。それらが商品として出てきた後で、それらに対する欲望が創造されたのである。それらが普及する前には、皆それぞれ、「欲しい物はおおむね手に入った」という充足感をもっていた。とすれば、現在でも、十分に斬新な商品を提供できれば、需要の増大を望めるはずだ。……と普通は考えられている。ところが、これでもかこれでもかと新しい物やサービスが案出されても、なかなか需要は増えていかない。その原因は、「その商品はまだまだ斬新《ざんしん》さが足りない」ということにあるわけではない。

それならば、どうして消費や投資が促進されないのか。なぜ、人々はお金に執着するのだろうか。[3]「お金」をタイタニック号だと思えば、原因も理解できるだろう。消費や投資は、勇気のいる行動である。貯金をはたいて高い物やサービスを買った後、仕事を失うかもしれないし、だいたんに投資して開発した製品がまったく売れないかもしれない。このように、思い切ってお金を使ったことが、実は、荒海に飛び込んだことを意味していて、結局、溺死《できし》してしまうのを(つまり失業したり、倒産したりしてしまうのを)人は恐れているのである。不可能性の時代にあるとき、人は、不況や金融危機の予感をもちながら、お金に執着することになる。不況だから不可能性の時代になるわけではなく、逆に、不可能性の時代なので不況が避け難いのだ。

2 つなぐべきか、切るべきか

こうした現状についての認識を前提にして、二〇一三年に日本の思想界・読書界で大きな話題となった二つの著作の社会的な位置を考えてみよう。ここで、その「二つの著作」を並べてとりあげるのは、両者が、ほぼ年齢の等しい若手の、つまり三〇歳代の若い学者の、――この国ではかなり稀《まれ》なレベルの――野心的で独創的な研究だからである。二つの著作とは、鈴木健の『なめらかな社会とその敵』と千葉雅也の『動きすぎてはいけない』だ。[4]

二つの著書の主題は、まったく異なっている。前者は、「なめらかな社会」を実現するための、いくつかの制度をだいたんに提案している。後者は、二〇世紀後半に活躍したフランスの哲学者ジル・ドゥルーズを自由に読解した研究書である。ここで注目したいことは、これほどまでに主題がかけ離れているのに、両著が、互いに関連した結論に到達していることである。「関連した結論」とは、同じ結論ということではない。まったく逆である。同じことがらに関して、両者が正反対の結論に到達していること、これが興味深いことである。

鈴木健の「なめらかな社会」とは、直感的に言えば、壁のない社会のことだ。不連続な切断がどこにも入らずに、人々がなめらかにどこまでもつながっている社会、これが「なめらかな社会」であり、鈴木は、これを望ましい社会状態と見なし、どのような制度を導入すれば、そのような状態が実現しうるかを、提案している。千葉雅也が、ドゥルーズの著作、とりわけ彼の初期の著作を重視しながら導き出す結論は、「なめらかな社会」とはまったく逆を向いている。千葉の結論はこうだ。切断せよ。接続過剰（つながりすぎ）はよくないので、適当なレベルで切断せよ。千葉の著作のタイトル「動きすぎてはいけない」は、「つながりすぎてはいけない」と同じ意味である。「なめらかな社会」のメッセージが「つながろう」ならば、「動きすぎては」のメッセージは「切りなさい」だということになる。

ここで、二つの著作の内容的な妥当性を検討するつもりはない。どちらが正しいかといったことを判定するつもりもない。ここで述べておきたいことは、二つの著作の正反対の結論は、冒頭に述べた、現代社会における可能性／不可能性の奇妙な配分を反映しているということである。可能性の過剰を映し出しているのが『なめらかな社会』だとすれば、不可能性の過剰に対応しているのが『動きすぎては』である。

＊

『なめらかな社会』は、貨幣や投票等について、斬新な制度を提案している。だが、それらの制度を支えている理念、それらの制度を「よい」と判定するときに規準になっている理念に関していえば、とりたてて新しいアイデアを提起しているわけではない。というより、なめらかな社会は、制度設計を規定している理念に関しては、近代の本流、近代社会の伝統にそのまま従っている。

何らかの理念が掲げられたとしても、これまでは、技術的な限界によって、われわれは、その理念の通りの制度をもつことができなかった。だが、今や、技術的なの「現実の制度」と「（近代の）理念」それゆえ、可能性がはるかに豊かになった。それゆえ、「（近代の）理念」と「現実の制度」の間のギャップを埋めることができる段階に近づきつつある。理念への接近を可能にするテクノロジーの中で最も重要な装置は、インターネットである。どのような制度だったら、理念に密着したものになるのか。数学を駆使しつつこれを提案したのが、『なめらかな社会』である。

その中で、たとえば、「伝播《でんぱ》投資貨幣PICSY」という新しい貨幣が提案される。PICSYの意義は、これまで、貨幣によって交換が媒介される市場経済がどのような意味で優れていると考えられてきたか、社会主義的な計画経済よりも市場経済のほうがよいと考えられている理由はどこにあるのかを考えると、よく理解できる。市場経済がよいのは、財の価値が、市場（＝社会）の欲望を、効率的にほぼ正確に反映している、と考えられているからである。必要の程度が大きい財は、よく売れるので、高い価値（価格）となり、それほど必要ではない財は、逆に低い価値（安い価格）になる。財の価値が決定される場面は、売り／買いのとき、つまり貨幣との交換の瞬間である。

だが、よく考えてみると、財が人々の必要に応え、社会に貢献しているのは、この最初の交換のときだけではない。Ａが生産した財ａをＢが購入し、そのａをもとにしてＢが生産した財ｂをＣが購入したとき、Ａのａは、間接的に、Ｃの欲望にも応じたことになる。このＣ（以降の買い手）のａへの間接的な評価が、Ａへとフィードバックするように作られている貨幣が、ＰＩＣＳＹである。このように、ＰＩＣＳＹは、現存の貨幣よりも厳密に、市場経済の理念を実現していることになる。

端的に言えば、理念的なグローバル資本主義は、（ほぼ）なめらかな社会である。現実の社会には、しかし、グローバル資本主義からみると必然性のとぼしい壁や切断が入っている。たとえば国境とか、民族の区別とか、家族や親族の範囲等である。こうした切断は、今日の技術、とりわけインターネットにおいて実現しつつある技術を活用すれば、無効化することができる。現在のテクノロジーがもたらした過剰な可能性を、まさに過剰なままに活用することで実現する（はずな）のが、なめらかな社会である。

＊

「なめらかな社会」としてのグローバル資本主義の外に出ることは不可能だ。われわれは、そのように感じている。それにもかかわらず、強引に、グローバル資本主義の外部に逃れたいとしたら、どうすればよいのか。グローバル資本主義やそれと相即《そうそく》しているインターネットの世界の「つながりすぎ(接続過剰)」に息苦しさを感じ、そこから脱出したいとすれば、どうしたらよいのだろうか。

他者たちとの関係、他者たちとのつながりを絶つしかない。『動きすぎては』の「切断せよ」というメッセージが、これに対応している。つまり、『動きすぎては』のメッセージは、社会構造・社会関係のレベルにおける「不可能なこと」を、何とか実現しようともくろむものだと解釈することができるのだ。

『動きすぎては』は、『なめらかな社会』とは違って、社会を考察の対象としているわけではない。『動きすぎては』は、先に述べたように、ドゥルーズの哲学の優れた研究書である。ここに示された解釈は説得的であると同時に独創的でもあり、これを読めば、著者の千葉が一流の哲学研究者であることがわかる。このような純粋に哲学的な研究から社会の現状に対する反応を読み取る、ここでのわれわれの読解は、正当化されるだろうか。もちろん、正当化される。

『動きすぎては』によれば、ドゥルーズは二人いる。接続の極端へと向かおうとするドゥルーズと切断の極端へと向かおうとするドゥルーズである。前者の接続的ドゥルーズは、ベルクソンに由来し、後者の切断的ドゥルーズはヒュームに由来する。初期のドゥルーズは切断的だったが、やがて接続指向が前面にせり出してくる。従来の研究では、ドゥルーズは、接続的なアスペクト(ベルクソン主義)を中心において解釈されてきた。千葉は、それに対して、初期ドゥルーズ、つまり切断的なアスペクト(ヒューム主義)の方を重視する。

だが、千葉は、どうして、ドゥルーズから、「接続せよ」というメッセージではなく、「切断せよ」というメッセージを引き出そうとするのだろうか。ドゥルーズからはどちらのメッセージも同等に引き出すことができるのだから、ドゥルーズ哲学に内在する理由はない。切断のアスペクトに重心を移した理由は、著者である千葉の学問以前の感覚、現代社会への感受性にあると考えざるをえない。ここでわれわれが提起したい解釈は、「切断せよ」は、「不可能性の時代」における「不可能なこと」への究極の対応策、接続過剰な資本主義からの一か八《ばち》かの脱出策になっている、ということである。それにしても、グローバル資本主義やインターネットの外部に出る方法が、切断することで「孤島」のような領域を構成し、その中に撤退することだとするならば、それは、いかにも消極的戦略である。外部に出るために内に引きこもるしかない、とは。

いずれにせよ、他者たちから完全に切断して孤立することなど、それこそ不可能なことである。そこで、千葉は、留保を付けて、「切断せよ」という命令を穏当なものに変形する。接続してもよいが、やりすぎはいけない。接続は適切な量にとどめ、ほどほどのところで切断せよ。

確かに、インターネットやSNSにのめりこみすぎるのはよくないので、これは、まことにけっこうなアドバイスに見える。だが、理論的にはただちにつっこまれるだろう。それならば、どのくらいが接続の適切な水準なのか。過剰でも過少でもない、ちょうどよい密度・頻度《ひんど》の接続とは、どのくらいのレベルをさしているのか。たとえばSNSであれば、何人くらいフォローするのがちょうどよく、どの程度の頻度で発言するのが適切なのか。

おそらく、過剰でも過少でもない、適切なレベルの接続などない。現代社会の困難は、接続は、常に過剰か過少かのいずれかであり、あるいはときに過剰でありかつ過少であり、「これがちょうどよい」と感じられる水準だけが存在しない、ということにある。このことは、ＳＮＳに参加したとき何を感じるかを思い起こせば、理解できるだろう。参加したばかりのときには、まだ接続の数が少なくて、寂《さび》しく感じるだろう。そこでフォローを増やしたりして、接続の密度や量を上げていくと、気づいたときには過剰になっているのだ。ときには、わずらわしいほどに過剰なのに、同時に、「まだ足りない」という寂しさをも感じることにもなるだろう。過剰なのに過少なのだ。なぜか適切な水準だけが排除されている。

＊

ともあれ、ここでは、鈴木健や千葉雅也の議論の内容を検討したり、批判したりすることが目的ではない。確認しておきたいことは、「可能性の過剰」という側面に反応しているのが、鈴木の『なめらかな社会』であり、「不可能性の過剰」という側面に対抗しようとしているのが、千葉の『動きすぎては』だということ、この点である。両者の間の見解の相違は、二人が、現代社会の異なる側面に感応した結果である。

不可能性の時代のグローバル資本主義は、（氷山に衝突した後の）タイタニック号のようなものだ、と先に述べた。「なめらかな社会」の制度を設計することは、タイタニック号に乗り続けるということである。確かに海に飛び込むくらいならば、タイタニック号に残るべきかもしれない。しかし、多少の修繕を加えても、タイタニック号が早晩沈没するのは防げないのではないか。「切断せよ」は、タイタニック号と運命をともにすることの拒否であると解釈することができる。だが、これはあまり有効な方法とは思えない。タイタニック号に匹敵する別の船を用意しているわけではないので、タイタニックと一緒に海の藻屑《もくず》と化すことは避けられないだろうから。

3 『半沢直樹』は何に何を倍返したか

二〇一三年に大ヒットしたテレビドラマ『半沢直樹』は「不可能性の時代」について、あることを教えてくれる。池井戸潤《いけいどじゅん》の二つの小説を原作にもつこのドラマは、四〇パーセントを超える視聴率をたたきだした。この視聴率は、今世紀に日本で放映された民放ドラマの中では、最高の数字である。前世紀のテレビドラマ（民放）

を含めても、それは、歴代三位の高視聴率だった。『半沢直樹』は、「東京中央銀行」というメガバンクのバンカー半沢直樹（堺雅人）が、銀行の内／外にいる敵に報復し、勝利する物語である。敵に復讐することを意味する半沢のせりふ「倍返し」は、流行語になった。このドラマのあらすじを紹介する必要はないだろう。

　このドラマに、思想的に見てとりたてて深いものがあったわけではない。ただ、社会現象としては興味深い。どうして、このドラマはかくも成功したのだろうか。『半沢』のような、サラリーマンの現実を素材にしたドラマが成功するための鍵は、細部のリアリズムである。『半沢』は、実際、この点で成功している。「裁量臨《さいりょうりん》店《てん》」[5]のやり方、銀行員にとって「片道切符の島流し」を意味する関連企業への出向、金融庁検査のときの書類の「疎開」など、まことにリアリティがある。原作者の池井戸が、銀行の世界を内側から、冷静に観察してきた人であることがよくわかる。

　そんな中にあって、しかし、一つだけ、決定的にリアリティを欠く例外的な要素が、このドラマにはある。それだけは絶対にありえないという、非現実的な要素が、一つだけ登場するのだ。それは、ほかならぬ、「半沢直樹」である。実際には、半沢直樹（のような人）は絶対に存在しない。主人公の半沢直樹は、作品の中で唯一、ありえない要素である。『半沢直樹』のほとんどの登場人物は、とりわけ半沢直樹の敵となるような人物たちは、「いかにも実際にいそう」だと思わせる者ばかりである。半沢の上司のような人は、どこの銀行にも、他の業界にもたくさんいるに違いない。しかし、半沢のような人はどこにもいないだろう。主観的には「半沢のようだ」と思っている人はいるかもしれないが、客観的に「半沢」と似ていると見なすことができる人はいない。

半沢直樹は、銀行内外の何人(何組)もの敵と戦う。それぞれの敵に対して、彼は、倍返しする。半沢と敵たちとの間には、重要な違いがある。敵たちは皆それぞれ、自分の私利私欲《しりしよく》(のみ)のために戦っている。他人に損害を与えてでも、自分だけは儲《もう》けようとしている。他人を蹴《け》落としたり、騙《だま》したりして、自分だけ出世しようとしている。このように敵たちは利己的だ。しかし、半沢だけは、正義のために戦っている。半沢のやっていることは、国税局や金融庁のような国家機関の役人がやっていることよりも、もっと公共的な正義にかなっているように見える。半沢に比べたら、国税局や金融庁の公務員は私益《しえき》や私怨《しえん》のために行動しているように感じられるのだ。だから、われわれは、半沢の勝利に喝采するのである。

　ここで、「半沢直樹（のような人）は存在しない」というとき、「どのような意味で」存在しないのか、ということを正確に理解することが重要である。それは、半沢ほど強い正義感をもっている人、半沢ほど善良な性格な人はめったにいない、という意味ではない。確かに、半沢のように正義感が強い人、半沢のように部下思いの人、半沢のように弱者に親切な人、半沢のように友情に篤《あつ》い人は、そんなにたくさんはいないかもしれない。だが、そのような性格の人物がまったくいないわけではない。

　というより、大半の人が仕事に就くとき、銀行員になるとき、「半沢のような人」になりたい、と心底から思っているに違いなく、就職後もそうした思いを持続している人も少なくはあるまい。「半沢の上司みたいな人」を目指して銀行員になる人は、一人もいない。それでも、結果的には、半沢のような人はいなくて、半沢の上司みたいな人ならばたくさんいるのは、どうしてなのか。それは、人々の意志が弱かったり、気合が足りなかったり、道徳心が弱かったりしたためではない。

「半沢直樹（のような人）は存在しない」というのは、厳密に言えば、現代社会において、あるいは現代日本においては、「半沢直樹」というポジションが、社会の関係構造の上で不可能だ、という意味である。半沢直樹になりたくても、半沢になることができる座席、半沢としてふるまうことが可能な立ち位置が、社会構造の中で用意されていないのだ。そんなポジションを用意することはできないからだ。

もう少しその意味を説明しよう。半沢だけが正義にかなっているように見える、と言ったが、この言い方はやや不正確だ。半沢にも、きわめて私的な願望がある。彼は、父の恨《うら》みを晴らしたいと欲しているのだ。もちろん、彼も銀行の中で昇進したい、将来は頭取になりたいと思っている。同時に、彼は、がんばっている中小企業を助けたいとも思っている。伊勢島ホテルの湯浅社長のように志の高い経営者を支援したいとも思っている。もちろん、メガバンクである東京中央銀行への忠誠心も高い。加えて、そうしたメガバンクのバンカーとして、日本経済の繁栄や日本人の幸福にも貢献しなければならないという使命感ももっている。さらに言えば、もちろん、こうした繁栄や幸福は、世界中の人々の、グローバルな世界の繁栄・幸福につながっているという確信も、半沢にはあるだろう。

半沢直樹になるためには、これらすべての愛着や欲望、これらさまざまな意味での「望ましさ」が調和していなくてはならない。それらの間に矛盾や葛藤があれば、半沢になることはできない。そして、実際には、これらすべてが調和する「半沢直樹」という役割は、現代の社会構造の中には存在しないのだ。「半沢直樹」は、解が存在しない連立方程式のようなものである。

さらに付け加えておけば、半沢の目的の大半は、資本主義的な行為者、市場経済の行為者が指向している目的とは——多かれ少なかれ——ずれている。半沢の目的の中で、完全に資本主義的な合理性と合致しているのは、私企業としての銀行の利益のため、という目的だけである。日本や世界の人々の幸福とか正義とかは、一般に、資本主義的な行為主体が、直接に目的に掲げるものではない（利己的な経済主体が、結果的に日本や世界の経済の繁栄をもたらす可能性はあるが）。

＊

こうした事態の社会学的な意味を、もう少し説明しておこう。そのためには、戦後の精神史の三段階をもう一度、確認しておく必要がある。冒頭にも述べたように、私の考えでは、日本の戦後は、

理想の時代（一九四五〜七〇）→虚構の時代（一九七〇〜九五）→不可能性

の時代（一九九五〜）

と変化してきた。現実の秩序化の原点には、さまざまな意味での「反現実」が置かれている。その基準となる反現実のタイプが、「理想」から「虚構」を経て、「不可能性」へと転換してきた、というのが私の考えである。

理想の時代とは、さまざまな意味での望ましさや善さ（理想や夢）、つまり善き人生とは何か、正しい社会・望ましい社会とは何か、ということについての像が明確であること、それらの点に関して社会的なコンセンサスがあること、さらに、それらが実現可能だと信じられていること、こうした三つの条件がそろっている時代である。民主主義や平和憲法や高度経済成長が理想の社会につながっており、大企業に入って出世してマイホームをもつことが幸福な人生である……等々。

この「理想」の位置に、「虚構」（物語的枠組みや幻想）が入り、現実を相対化する時代が虚構の時代である。この時代の象徴は、虚構の閉じられた空間としてのディズニーランドである（開園一九八三年）。最後に、この同じ位置に、つまりかつて「理想」が置かれていた位置に「不可能性」が入る。「不可能性の時代」については、本章のここまでの展開の中で論じてきた。

さて、問題は『半沢直樹』である。主人公の半沢直樹は、不可能性の時代にあって、本来は不可能であるはずの「理想」を体現しているのではないか。現代社会においては、不可能な理想をあたかも可能であるかのように造形すると、半沢直樹になる。リアリズムに貫かれている作品の中で、半沢だけが非現実的な点になっているのは、このためである。

『半沢直樹』の社会的成功が示していることは、現代の日本社会に、不可能なことへの、不可能な理想への猛烈な希求がある、という事実である。人々は、「半沢直樹？あんなヤツ、ありえねえよ」とそっぽを向いたり、シニカルになったりはしなかった。逆に、半沢直樹が出現すると、人々は快哉《かいさい》を叫び、彼を歓迎したのだ。本来は不可能な「理想（もう一つの別の世界）」が存在していてほしいという、ほとんど痛いまでの願望が、広く共有されているのである。そのような願望を満たすためには、不可能な「理想」を所有している、それ自体やはり不可能な人物の存在に固執する必要がある。その人物こそ「半沢直樹」である。

一方で、われわれは、われわれの世界（グローバル資本主義）の外が、生存不能な荒海であることを知っている。しかし、他方で、そこに理想のもう一つの世界があってほしいという強烈な願望が広く共有されている。

この意味で、現代の日本社会において、現実の秩序化の中心には「不可能性」がある。ドラマは、「半沢直樹」という独特の人物を造形し、それを触媒《しょくばい》のように活用することで、なかなか検出することができない、この不可能なものへの強烈な願望を結晶させ、可視化してみせたのである。

次のように言うことができる。半沢直樹は、強引に「理想の時代」から「不可能性の時代」に呼び戻された「理想」なのだ、と。そして、「倍返し」とは、本質的には、不可能性に対して理想を返すこと、不可能性の穴を理想で埋めることだ、と。[6]

4 『あまちゃん』へ

だが、『半沢直樹』は、われわれがなすべきことについては、何も教えてはくれない。この作品は、現代社会の隠れた願望をあぶり出すことはできるが、われわれに、何をなすべきか、何をすればよいのかを示唆することはない。現代のわれわれには、不可能な理想に返ってきてほしいという痛烈な願いがあり、また、現代社会がタイタニック号のように危険な状態にあるという自覚もある。このとき、われわれはどうしたらよいのか。『半沢直樹』から、この点についての教訓を引き出すことはできない。それは、これがただの「お話」だからではない。そうではなく、この物語が、不可能性の時代に理想の時代をつなぐという、時代錯誤に基づいているからである。二つの時代は異なる論理で動いている。理想の時代を、不可能性の時代に直接移植しても、機能することはない。

ここで、しかし、同じ二〇一三年にヒットしたもう一つのテレビドラマ『あまちゃん』が、ある暗示をともなって、われわれの前に提示される。宮藤《くどう》官《かん》九郎《くろう》が脚本を書いた、ＮＨＫの朝の連ドラ『あまちゃん』は、天野アキ（能年玲奈《のうねんれな》）という高校生の少女の成長物語である。アキは、「地味で暗くて向上心も協調性も存在感も個性も華もないパッとしない子」であった。アキは、うだつがあがらず、いじめの対象にさえなりにくいほどに目立たない高校生、個性もやる気もない高校生だったのだ。彼女は、不可能性の時代の閉塞《へいそく》を、そのまま体現するような人物として造形されている。この女の子が、独特の個性を身につけ、意欲を獲得し、海女《あま》になり、アイドルになっていく。いわば、彼女は、不可能性の時代の閉塞から脱出するのである。いかにして、そんなことが可能だったのか。

鍵になるのは、「地元」である。ドラマは、アキが、母親の春子（小泉今日子）に連れられて、地元の北三陸《きたさんりく》に帰るところから始まる。いや、この言い方は、語の通常の意味においては正しくない。北三陸は、母親の春子の地元である。アキは、東京の世田谷で生まれ育っており、生まれてから一度も北三陸に来たことはない。春子にとっても、これは、二四年ぶりの地元への帰還であった。

しかし、北三陸は、たちどころに、アキにとって、地元以上の地元になってしまう。初めて訪れているはずなのに、彼女は、まるで、本来そこに所属していたかのように北三陸に適合し、なじんでしまうからだ。その証拠に、彼女の口から出る言葉は、すぐに、北三陸風に訛《なま》ってしまう。

この〈地元以上の地元〉が触媒になって、アキは、不可能性の時代に固有の閉塞から解放される。そこにどのような論理が働いているのか。この点についての分析は、次章の考察にゆだねることにする。

ただ、最後に、次の点を指摘しておこう。『あまちゃん』は、アキ、その母の春子、そして春子の母親でアキにとっては祖母にあたる夏（宮本信子）の三代の女性を主軸に展開していく。彼女らは、全員「海女」だったことから、ドラマの結末では三代のマーメイドに喩えられる。この三代のマーメイドは、あの戦後史の三つの段階、つまり「理想の時代／虚構の時代／不可能性の時代」にちょうど対応している。

夏（理想）　→　春子（虚構）　→　アキ（不可能性）

たとえば「夏バッパ」と呼ばれる夏のテーマソングは、橋幸夫《ゆきお》の「いつでも夢を」である。夏が若かったときには、いつでも夢＝理想をもつことができる時代だったのだ。『あまちゃん』も、『半沢』と同様に、異なる時代を互いに干渉させながら、ダイナミックな展開を引き起こしている。ただし、干渉のさせ方は、『半沢』よりもはるかに繊細で複雑である。木に竹をつぐような仕方で、異なる時代を接着させているわけではない。『あまちゃん』には、歴史の異なる層が、現代の中で活力をもつように工夫がほどこされているのだ。

1 この「われわれ」の中には、フクヤマ自身もおそらく含まれる。

2 経済学者が「流動性の罠」と呼んでいる現象が生ずる。

3 アベノミクスによって、景気が（少し）よくなった、と言う人がいるが、私の考えでは、それは間違いである。東京五輪には経済効果があるかもしれないが、アベノミクスには、直接的な経済効果はほとんどない。安倍政権になってから、あるいは黒田東彦が日銀の総裁になってから、GDPがわずかばかり成長したり、株価があがったりしたのは、次のようなメカニズムによる。市場関係者は、「アベノミクスによって経済が成長する」とすなおに信じて行動する人が（たくさん）いる、ということを想定して行動しているのだ。アベノミクスを信じている人は、消費を増やしたり、株を買ったりするはずだ。したがって、仮に誰一人としてアベノミクスの経済効果を直接には信じていなくても、すべての（大半の）市場関係者が、「アベノミクスをまともに信じて行動する人がいる」という想定をもっていれば、株価は上がるし、投資も増える。アベノミクスは、このようなシニカルな態度に支えられて、外見的にはその効果を（少しは）発揮している。人々は、口々にこう言うだろう。「私はアベノミクスなどたいした効果がないことはわかっているけれども、他の人たちは……」と。誰も信じていなくても、「信じている人がいる」と人々が信じていれば、間接的な効果は出る。ついでに付け加えておけば、黒田日銀総裁の「異次元緩和」というスローガンの中で、重要なのは「（金融）緩和」の方ではなく、「異次元」という形容詞の方である。金融緩和がたいした効果がないことは、すでに実験済みである（白川方明総裁のときに、すでに貨幣の量は、一九八〇年代末期の三倍近くになっていたはずだが、物価もGDPもほとんど上がらなかった）。だが、「異次元」というそれこそ異様な形容詞は、人を幻惑するに十分な迫力がある。「それ」を信じてしまう人がいるだろう、と思わせるだけの呪術的な力をこの語が発揮するのだ。「異次元緩和」というスローガンがなかったら、いくら同規模の金融緩和をしても、ぜんぜん効果がなかっただろう。

4　鈴木健『なめらかな社会とその敵』勁草書房。千葉雅也『動きすぎてはいけない――ジル・ドゥルーズと生成変化の哲学』河出書房新社。

5　裁量臨店とは、「本部の監査セクションから検査役が来て、支店での融資に対する与信判断が正しく行われているかどうか審査を受けること」である。これがあるときには、「支店には通常一週間程度の準備期間を設けられる」とのことである(番組公式ホームページより)。

6　ドラマの『半沢直樹』のインパクトを理解する上で、「虚構の時代」は、重要な役割を果たさない。だが、原作小説では、半沢たちがバブル期に就職したことが強調されている。「バブル」とは、経済的な意味での「虚構」の末期的な形態である。その虚構を演出したのが銀行である。

第9章　新しい〈地元〉

1　ただいま／おかえり

二〇一三年度上半期のNHKの朝の連ドラ『あまちゃん』の主人公アキは、もともと、まさに「不可能性の時代」そのものであるような閉塞《へいそく》の中を生きていた。とてつもなくつまらない高校生だった彼女が、アイドルになっていく「成長物語」は、そのまま、この閉塞から脱出する過程でもある。なぜ、いかにして、彼女は、不可能性の時代の規定から逃れることができたのか。

われわれは、前章で、次のように論じた。現在は、本格的な「不可能性の時代」にあたる。今や、他なる社会、ユートピア的な他なる選択肢が不可能だと感じられているだけではなく、「この社会」すらも、長期的には不可能であるという予感が広く共有されている。しかも、逆説的なことに、まさにその不可能性の予感のために、人はますます「この社会」の現状に必死に執着することになる。ちょうど、氷山にぶつかり、穴が空いているタイタニック号に、乗客たちが――この船が早晩、沈没することを知っているのに――しがみついているのと同じように、である。このような状況に入った不可能性の時代を、「本格的」と形容したのであった。ここからどのようにしたら抜け出すことができるのか。このためのヒントを、われわれは、『あまちゃん』に探ることができる。

不可能性の時代の束縛《そくばく》から脱するということは、どういうことなのだろうか。たとえば、前章で解釈した『半沢直樹』は、ひとつのイメージを提供してはいるが、それが有効とは思えない。『半沢』は、「理想の時代」を、「不可能性の時代」である現在に、無媒介に強引に接続することでしかないからだ。理想の時代がすでに終わっているからこそ、不可能性の時代は到来したのだ。『半沢』は、理想（の時代）の回帰を望む現代の社会意識を剔出《てきしゅつ》するのには好都合な作品だが、われわれがとるべき、あるいはとりうる行動に対しては、何か意味のあることを示唆しているわけではない。

ならば、どう考えればよいのか。『半沢』が示唆していることとは逆向きのところにヒントがある。その「逆向き」は、ヴァルター・ベンヤミンが『パサージュ論』で引用している、フランスの歴史学者アンドレ・モンゴリアンの次のような言葉の中に見ることができる。

過去は、自分自身の像を文学テクストの中に残している。その像は、光によって感光板に刻印された像に似ている。未来だけが、その表面を完全に調べあげることができるだけの強力な現像液をもっている。

過去は、感光板の上の陰画（ネガ）のようなものなので、それ自体では、何がそこに映っているのかを、明確に判別することができない。「それが何か」をはっきりさせるためには、現像液が必要だ。その現像液は、未来だとモンゴリアンは言っている。このことは、次のように言い換えても同じことである。すなわち、過去は、未来が実際に現実になる前に、その未来に応答していたのだ、と。過去にあった「未来への応答」は、その未来が現に到来したときに初めて、「それ」として明確に識別されるので、未来が現像液に喩《たと》えられているのである。

このモンゴリアンの比喩のように、もし現在が、来たるべき未来にあらかじめ応答していたとしたらどうだろうか。現在が、先取りされた応答によって未来を招き寄せることができるのだとすればどうだろうか。それこそ、不可能性の時代の閉塞からの脱出ということではないだろうか。『あまちゃん』は、そのような形式の脱出の方法を、実例によって示唆しているのだ。

＊

『あまちゃん』の中で、最も重要な台詞のひとつは、ごくシンプルな隣接対《りんせつつい》（会話の中の定型的なやりとり）、すなわち「ただいま／おかえり」という対ではないだろうか。物語の終盤、アキの親友で美少女のユイが長い迷走のあと、自分が本来夢見てきたアイドルに復帰することを、つまりアキとともに地元アイドルとして歌うことを決断した重要なシーンで、アキとユイの間に次のような会話がある。「おかえり」（アキ）、「え？」（ユイ）、「めんどうくさいユイちゃん、おかえり」（アキ）、「……ただいま（笑）[1]」（ユイ）。

この会話は、物語の序盤にあった、もうひとつの「ただいま／おかえり」の対と対応している。こちらは、アキの母親の春子と祖母の夏との間で交わされる。娘のアキを伴って、二四年ぶりに袖《そで》が浜（北三陸）に帰っていた春子は、アキの夏休みも終わりに近づいたので、東京にもどることにした。アキと春子は、北三陸の駅で列車に乗ろうとするが、出発直前に飛び降りてしまう。[2] そして、二人は、夏がいる家――つまり春子の実家――に再び帰った。その後、「あのとき」を回想する、長いやりとりが、春子と夏の間で交わされる。「あのとき」とは、二四年前のこと、一八歳の春子が袖が浜を発《た》ち、東京に向かったときのことである。春子は、あのとき、母親の夏が自分を送るために駅まで来なかったことを、今でも恨《うら》んでいるのである。このケンカ腰のやりとりの最後に、夏が春子に言う。「なにが言うごど、あんでねえが？」「言うなら今でねえのが？」と。これに促されて、「……ただいま」と春子が言う。少しふてくされたように。夏も「おかえり」と応答する。[3]
「ただいま」は、もちろん、自分が本来所属している場所への回帰を表明するサインであり、「おかえり」は、その回帰が受け入れられ、歓迎されていることを示している。この隣接対が重要な局面で繰り返されるのは、このドラマの主題が、前章でも述べたように〈地元〉だからである。

2　地方にこもる若者たち

かつては――いやつい最近まで――、日本社会においては、人生の成功は主として、大都市に、首都に、東京にある、と信じられてきた。少なくとも、一九八〇年代までは、このような意識が圧倒的な主流だったと言ってよいだろう。だから、多くの若者が、地方から東京に出て、つまり東京の大学に進学したり、東京で職業を得たりして、自己実現を目指したのだ。人々は可能な限り、東京で出世し、そこで恋愛して家族をもち、そして、東京の郊外に家をもつことを夢見た（そして少なからぬ者が、それを実現した）。

ここでわれわれが依拠してきた戦後史の時代区分「理想の時代→虚構の時代→不可能性の時代」を活用するならば、大都市、とりわけ東京は、「理想」が実現する場所だった、と言うことになる。東京指向は、理想の時代の精神と、まずは結びついている。このことの、極端にわかりやすい描写は、昭和三三（一九五八）年を背景として設定している映画『ＡＬＷＡＹＳ 三丁目の夕日』（山崎貴監督、二〇〇五年）にある。主人公の六子（堀北真希）は、青森から集団就職で東京へと出てくる。彼女の勤めた町工場の背景には、建設途上の東京タワーがある。映画を通じて、タワーは徐々に高くなり、最後に完成される。東京タワーの伸長が、理想への接近の視覚的な表現になっている。[4]人生における幸福や成功と、東京との結びつきは、理想の時代を過ぎ、虚構の時代にも確実に持続していた。[5]

しかし、東京や大都市のこうした求心力は、二〇世紀から二一世紀への曲がり角を経た頃から、つまりは不可能性の時代に入ってから、急速に衰えた。若者たちは、地元にとどまり、あるいは地元にもどり、生活したり、仕事をしたりするようになったのだ。社会学者の阿部真大《まさひろ》はこのように認識した上で、地元指向の若者たちを、「地方にこもる若者たち」と呼び、その実態を調査している。[6]阿部のフィールドワークの対象になっているのは、岡山県の地方都市とその近郊に住む若者たちである。

阿部によって、いくつかの意外な事実が報告されている。たとえば、阿部は、大学生たちに、アンケートで「地元と聞いて思い出すものは何ですか?」と質問した。その主な答えは、「イオン」「ミスド（ミスタードーナツ）」「マック」「ロイホ（ロイヤルホスト）」などだ。この答えは驚きではないか。なぜなら、これらのものに、「地元」的な固有性はいささかもないからである。むしろ、これらは、それぞれの地方に固有な特殊性が、とりわけ希薄なものばかりである。ミスドもマックも、日本中、どこにでもある（場合によっては、世界中にある）。とすると、若者たちは、「地元がいい」と言いつつ、特に地元にもどらなくてもいくらでも見つかるような場所や施設を思い浮かべていることになる。

それならば、彼らは、地元の何に魅力を感じているのか。かつてだったら、田舎に回帰する者たちは、その地域に根ざした共同性や人間関係に愛着をもっていた。しかし、阿部の調査は、ここでも、過去のイメージがあてはまらないことを示している。その調査によると、地方にいる若者たちの圧倒的な多数が、つまり調査対象となった若者のおよそ四分の三が「地域の人間関係は希薄である」と答えている。ほかの人間関係については、希薄だと答えている者の率は、はるかに低い。つまり、満足していない者の比率は、家族関係に関しては、およそ五分の一、友人関係については一割未満しかいない。それゆえ、彼らは、地域の人間関係に対して、ことのほか背を向けている、ということになる。地域の共同性が好きでもないのに、わざわざ地方にとどまっているのだ。[7]

地元のイメージが託されているものは、どこにでもある施設で、地元の地縁共同体にも参加意識をもてないのだとすると、若者たちはなぜ地元を目指すのだろうか。阿部は、この点について、それほどはかばかしい仮説を提起してはいない。いずれにせよ、ここで確認しておきたいことは次の点である。「地元にもどる」とか「地方にこもる」と言うとき、「地元」「地方」といった語によって現在の若者たちが指示している対象、こうした語によってイメージされている社会の実態は、かつて「東京指向」が主流だったときに前提となっていた「地方／東京」「田舎／都会」の二項対立の中で指し示されている地方・故郷・田舎とは、まったくちがっているらしいということ、この点である。

東京指向が支配的であったとき、「地方」とか「地元」とかは、否定的な要因、克服の対象である。つまり、地方の否定として東京があった。もちろん、そうした中でも、あえて、故郷や田舎に帰った若者たちもまちがいなくいた。そのときには、言うまでもなく、東京指向において否定されている、地方の性質、地方の特徴が肯定的に評価されていただろう。東京では得られない濃密な共同性や、その地方に特有な自然環境などが、そうした特徴である。

しかし、阿部の調査が明らかにしたことは、現在の地元指向の若者たちは、こうした、古典的な「故郷への回帰」とはまったく異なった論理で行動している、ということである。かつての「地元」を基準にすると、現在の若者たちが指向している〈地元〉は、その否定（東京）の否定だということになる。「地元」の否定の否定は、「地元」と同じものではない。しかし、それは何か。

＊

ひとつの同じことには、ポジティヴな可能性とネガティヴな可能性とがある。もちろん、現代の〈地元指向〉にも同じことが言えるだろう。多数の調査対象を広く扱い、平均的な像を抽出しようとするアンケート調査や聞き取り調査からは、ポジティヴな極限を（そしてネガティヴな極限を）抽出することは難しい。極限を見るためには、単一の事例に特化した研究が必要だ。

たとえば、阿部真大は、九〇年代末期に結成され、主として〇〇年代になって活躍した、ヒップホップグループのKICK THE CAN CREW（以下、「キック」と記す）に注目している。[8] 阿部は、一九八〇年代からの流行のＪポップの変遷《へんせん》を追いながら、若者たちが、何に「自分らしさ」の拠《よ》り所を求めていたのか、その変化を追跡している。その最後に登場するのが、〇〇年代のキックである。
キックの〈地元指向〉は明白である。彼らの歌の主題は、「恋愛」や「世間への反発」といった流行歌の典型とは異なっている。彼らが歌うのは、主として、地元の仲間との友情である。ただし、その地元は、明らかに現代的なそれ、古典的な「地元」の否定の否定であるような〈地元〉である。つまり、「地元と聞いて何を思い出すのか」と聞かれたときに、「イオン」とか「マック」とかと答える者と、キックは感性を共有している。もう少し概念的に表現すれば、キックの地元は、日本の地方が全国一律の「郊外」になってしまったあとのものである。たとえば、キックから独立したソロのメンバーとして最も成功したKREVAに、「江戸川ロックオン」という曲がある(二〇〇六年のアルバム『愛・自分博』に収録)。これはタイトルの通り、江戸川区への愛を歌ったものだが、阿部が指摘しているように、「郊外感」にあふれている。「チャリで舞浜駆け巡りますか?」「大橋越え立ち漕ぎ禁止」「マクドナルドよりドムドム」「ごく自然、たまったサンチェーン」等と。[9]
ここで確認しておきたいことは、キックにおいては、〈地元〉が積極的な愛の対象となっており、そしてまた自己を託し、表現するための媒体となっている、という事実である。たとえば、キックは、「レペゼン」という独特の表現方法で、自己紹介をする。レペゼンは、“represent”に由来している。「レペゼン……」で、「……」のところに地名が入る。「私が、その地名で指示されている地元を代表している」という趣旨である。このときの〈地元〉とは何であろうか。〈地元〉の魅力の核は何であろうか。「東京」とも違い、かつての「故郷」とも違った、〈地元〉の魅力の核とは、いったい何なのか。

3　クドカンのさまざまな地元

現在、つまり不可能性の時代において、われわれが見ている〈地元指向〉は、故郷が、自然環境の点でも、歴史的な伝統の点でも、ほとんど実質を失い、日本全国がほぼ一律に「郊外」と化したあとに生まれたものである。郊外は、ロードサイドの独特の風景、つまりファミレスやコンビニ、マクドナルド、ブックオフ、あるいはイオンのショッピングモール等が立ち並ぶ風景によって定義されるだろう。三浦展《あつし》は、こうした郊外の普及を「ファスト風土化」と呼んだ。

地方や故郷や田舎を、古典的な意味で称揚《しょうよう》してきた者から見れば、地方の全般的な郊外化は、まったく嘆かわしいものに見えるだろう。郊外と化した地方には、固有の魅力が欠けているように思える。そこには、何の解放的なポテンシャルもないように感じられる。だが、キックもそうだが、それよりも徹底的かつ系統的に、故郷喪失時代の〈地元指向〉に、なんらかの望ましい未来への可能性を見出そうとしてきたのが、ほかならぬ宮藤官九郎（クドカン）、つまり『あまちゃん』の脚本家である。

宮藤官九郎は、二〇〇〇年以降、〈地元〉を主題とする、いくつものテレビドラマの脚本を書いてきた。だが、先に結論的なことを述べておけば、それらは、作品それ自体としては斬新《ざんしん》で、おもしろいが、しかし、〈地元〉の可能性の探究という規準では――私の見るところ――ことごとく限界があった。限界を最終的に乗り越えたのが、『あまちゃん』である。『あまちゃん』の意義を理解するためにも、宮藤の先立つ作品のいくつかを、ごく簡単にふりかえっておいた方がよい[10]。

始まりは、『池袋ウエストゲートパーク』（二〇〇〇年）にある。石田衣良《いら》の小説を原作にもつ脚本だが、オリジナルな要素をたくさん組み込んでいるために、原作とは別作品だと言っても問題がない。主人公は、池袋の果物屋マコト。マコトが、池袋西口公園で知り合った、多くの仲間たちとともに、ときには地元のカラーギャング等とも協力して事件を解決していく。

この作品に関して、われわれの関心を惹きつけるのは、何より、「なぜ池袋なのか」という点である。池袋は、地元や地方というより、東京ではないか。このドラマは、東京を魅力的な場所として提示してきた、これまでの多くのテレビドラマや映画の中に含めて考えるべきではないのか。そうではない。池袋は、たとえば銀座、渋谷、六本木、あるいは新宿等といった東京の各所と違って、都市としての東京の魅力の源泉とはなりえなかった場所である。人口が密集し、JRや私鉄の線路が集中し、デパートやオフィスも集まっているが、池袋は、「東京」を連想させる歴史や幻想や神話を醸成することができなかった。池袋は、行政上は東京の一部だが、日本人の集合的な感覚の中では、――宇野常寛《つねひろ》も指摘しているように――むしろ、埼玉等の北関東の地方都市に連なっている。その意味で、池袋は、郊外、あるいは郊外化された地元のひとつである。もっと端的に言えば、池袋は、東京へと張り出してしまった埼玉県である。[11]

宮藤は、東京ではなく、「池袋」という郊外的な場所に拘《こだわ》ったのだ。しかし、この作品には、説得的に提示できていない要因がある。ドラマが展開するためには、その池袋に、多くの個性的な人が、女子高生のヒカル（マコトの恋人）、大学生のマサ、アニメオタクのシュン等の多様な人たちが、集まってこなくてはならない。彼らは、「なんとなく」集まっているだけだ。だが、東京としての魅力をもたない池袋に、どうして、そんなに個性的で活力のある人たちが集まるのか。そこが、東京的な魅力にあふれるところ、たとえば青山とか、あるいは六本木だったりしたら、自然と納得もしただろう。だが、池袋が、どうして、彼らを集める磁場のようなものになりえたのだろうか。主要登場人物の中で、最初から池袋の人は、マコトだけである。他の人たちは、池袋に引きつけられなくてはならない。何が引きつけているのか。

次のように疑問を言い換えてもよい。池袋に集まった主要な登場人物たちを連帯させている内的な根拠は何なのか。結論だけを言えば、彼らを結びつけているのは、八〇年代のサブカルチャー（虚構の時代）からとってきた「小ネタ」である。それは、池袋とは何の関係もない。最終回で、マコトは「ブクロ、サイコー！」と叫ぶが、どこが「サイコー」なのかよくわからないままに終わってしまう。

続く作品は、『木更津《きさらづ》キャッツアイ』（二〇〇二年）である。[12] 木更津の商店街で家業の床屋を手伝う二〇歳の青年ぶっさん（田淵公平）が、地元のニート仲間と、怪盗団「木更津キャッツアイ」を結成し、愉快な窃盗《せっとう》を繰り返していく……。木更津ならば、「池袋」と違って、「そこは東京ではないか」という嫌疑をかけられる心配はない。木更津は、典型的な郊外、最も早くから郊外化した地元である。

だが、『池袋』と同じ問題がここにもある。「木更津キャッツアイ」を名乗る若者たちの共同体に強い結束力を与えるためには、「ここが木更津だ」という事実だけでは、まったくたりない――と宮藤も思っているに違いない。彼らを結束させるために、ひとつの強力な「物語」が注入される。ぶっさんが、余命半年のガンだという設定が、それである。切迫した「（友人の）死の予感」があるからこそ、「木更津キャッツアイ」の仲間たちは連帯できるのだ。こうした設定は、純粋な〈地元〉のみでは、それだけの共同性を形成できないことの告白でもある。

＊

これらに続く『マンハッタンラブストーリー』（二〇〇三年）と『タイガー＆ドラ

ゴン』(二〇〇五年)は、まったく異なるストーリーをもちながら、〈地元〉という主題との関係では、相補的な関係にある。

『マンハッタンラブストーリー』は、ニューヨークの話ではない。「マンハッタン」は、東京のどこかにある喫茶店の名前である。このドラマは、この喫茶店を舞台にした、八人の男女の錯綜《さくそう》した恋愛ゲームを描いている。

ついに、ローカルな〈地元〉が放棄され、舞台が東京に移されているのだ。とはいえ、このドラマに、東京としての東京、つまりビジネスや遊びの華やかな中心としての東京が描かれているわけではない。「そこ」は、すぐ近くのテレビ局の関係者がよく使う喫茶店である。この喫茶店に、東京以上の、真の「世界の中心」の名が、つまり「マンハッタン」という名が与えられているところに、アイロニーがある。東京の「中心としての価値」が否認され、東京が地方化されていのだ。にもかかわらず、そのことを自覚せずに、登場人物たちが「マンハッタン」という名の喫茶店にいるのは、少し滑稽に見える。

『タイガー&ドラゴン』は、浅草を舞台としている。ヤクザの山崎虎児は、両親が借金を苦にして自殺してしまった過去をもつため、「笑い」を忘れてしまっている。

その虎児が、偶然、古典落語の大御所である林家亭どん兵衛の高座を聞いて感動し、落語の魅力に開眼し、どん兵衛のもとに弟子入りする。孤児だった虎児は、どん兵衛の大家族の中で初めて自分の「居場所」を見出す。

『マンハッタンラブストーリー』では地元が放棄されたが、『タイガー&ドラゴン』では、逆に、一挙に地元の中の地元への、つまり濃厚な文化的伝統によって彩られた地域コミュニティへの回帰が果たされる。宮藤は、初めて、物語の活性のすべてを、「地元」から引き出すのに成功したと言えるだろう。物語を成り立たせている基本的な要素のすべてが、たとえば「落語」とか、伝統的な大家族とかといったすべてが、「浅草」というコミュニティと有縁性《うえんせい》をもっているからだ。「木更津」と「ぶっさんの差し迫った死」のような偶然のつながりに頼らずに、物語は展開していく。

だが、しかし、浅草は、郊外化した現代的な〈地元〉ではない。浅草は、現代社会の中に、特異的に取り残された伝統的共同体であり、天然記念物的な古典的地元である。とすれば、ここでもまだ、現代的な〈地元〉を魅力の中心として描くことには、成功していないことになる。強い文化的伝統（落語）と結びついているがゆえに例外的に残存した地元を舞台として選んだことによって、逆に、『タイガー&

ドラゴン』は、タイトルから、土地の固有名を消し去る結果となった。これとは対照的に、『マンハッタンラブストーリー』は、土地名（マンハッタン）を入れてはいるが、地元そのものは一切描かれていない。

その後も、宮藤官九郎は、家族を主題とした興味深い脚本を書いているが、〈地元〉という問題との関係では、これ以上、ていねいに追跡する必要はないだろう。要するに、クドカンは、〈地元〉を、その中で人々が生の充実を感じることができるような共同性の場とすることができないか、さまざまなドラマの脚本を書くことで模索してきたのだ。そして、挫折を繰り返してきた。[13] その挫折を乗り越えて到達した地点が、『あまちゃん』である。

4　潜る女と渡る男

アキにとっての〈地元〉は、前章で述べたように、東京の世田谷ではなく、袖が浜（北三陸）である。彼女は、袖が浜で生まれ育ったわけではないのに、母親の春子に連れて来られるや、たちまち、そこに、地元以上の地元を実感するようになる。

つまり、まるでもともと袖が浜にいたかのような親近性や所属感をもつようになるのだ。

その袖が浜で、アキは、同じ歳の美少女ユイと出会い、親友となる。アキとユイとは、相補的な関係、互いに互いを反転させたような双対《そうつい》の関係にある。アキが〈地元以上の地元〉へと指向しているのだとすれば、ユイが目指しているのは〈東京以上の東京〉である。ユイは、アイドルになりたいという強い願望をもっており、東京に猛烈に憧れているのだ。彼女は、実際には、一度も東京に行ったことがないのに、東京育ちのアキよりもずっと東京に詳しい。ユイの東京は、だから、現実の東京ではなく、幻想の中の東京、現実の東京を越えて理想化された東京である。だから、アキとユイの出会いは、反対方向を向いた二つの過剰の出会いである。起源以前の起源としての地元へと回帰していくアキと、現実の東京を越えた東京へと向かおうとするユイ。

アキとユイの二人は、やがて、ジモドル（地元アイドル）として、一緒に「潮騒《しおさい》のメモリーズ」なるユニットを結成し、地元の鉄道・北鉄のお座敷列車で歌うようになる。おもしろいことに、地元以上の地元へと回帰しようとしているアキは、物語の全体を通じて、大きく移動し、東京と北三陸の間を往復するのに、東京に行きたいという切実な願望をもつユイの方は、何度も東京行きのチャンスがあるのに、その度に、図《はか》ったように何かが起きて、出発が阻《はば》まれ、結局、北三陸にとどまり続けている。

アキは、袖が浜で海女になったあと、東京の芸能プロダクション「ハートフル」から派遣されてきた水口にスカウトされて東京に行き、荒巻太一（太巻）なる辣腕《らつわん》プロデューサーが結成をもくろんでいる、GMT47というグループに入る。GMT47はもちろん「じもと」に由来し、AKB48のパロディである。アキは、GMTからは出て行かざるをえなくなるが、それでも、東京で、一応はアイドルになり、映画「潮騒のメモリー」に主演するまでになる。アキは、3・11の震災のあと、再び、袖が浜、つまり〈地元〉に帰ってくる。

これに対して、ユイは、修学旅行のときには骨折して東京に行けず、アキとともにスカウトされたときには、上京の日の前日に父親が倒れたために地元にとどまらざるをえなくなり、そして、最後に、アキのコンサートを聞くために東京に向かったときには、3・11の地震によって、またしても東京行きが阻まれた。

こうしたアキとユイの対照から、われわれは、次のように推測したくなる。〈地元〉へと回帰することで初めて生きていることの実感を得たアキが、無意識のうちに欲望していることは、東京を含むさまざまな場所への移動であり、逆に、東京への憧れを声高に繰り返し表明するユイが、無意識的に欲望しているのは、〈地元〉への内在ではないか、と。

＊

前章に述べたように、『あまちゃん』の主軸にある、「夏——春子——アキ」という三代のマーメイド（海女）は、「理想の時代／虚構の時代／不可能性の時代」に正確に対応している。

たとえば、アキの母親の春子は、虚構の時代に属している。彼女は、挫折したアイドルである。一九八四年、北鉄が開通し、北三陸が東京につながったまさにその日に、彼女は、北三陸を発って、東京に向かった。春子は、現在のユイと同様に、アイドルになりたかったからである。結局、春子はアイドルになれず、平凡なタクシードライバーと結婚した。いずれにせよ、アイドルこそは、虚構の時代を象徴すの自分自身、虚構を、ルは、ファンの擬《ぎ》似《じ》恋愛の対象となるアイドルは、虚構を、自分自身のる職業であろう。ファンの擬《ぎ》似《じ》恋愛の対象となるアイドルは、虚構を、自分自身の「実人生」であるかのように提示しなくてはならないからだ。

筋の展開を通じて、春子がかつて、現在では大女優になっている鈴鹿ひろ美の影武者だったことが明らかになる。春子は、音痴《おんち》の鈴鹿の代わりに、鈴鹿として歌っていたのである。鈴鹿ひろ美という虚構を支える現実が春子（の声）だった、ということになる。[14]

三つの時代の転換に対応している、この三代のマーメイドに関しては、『あまちゃん』の全体を通じて、次のような関係が描かれている。すなわち、各マーメイドは、前の世代のマーメイドから、「決断」のための勇気をもらっているのである。

たとえば、アキが海女になる場面。まったく無気力だったアキは、海女になることで、初めて生きる歓びを感じるようになる。アキは、どうやって海女になったのか。躊躇《ちゅうちょ》しているアキの背中を、比喩ではなく文字通り押し、海に突き落としたのは、彼女の二代前のマーメイド、つまり祖母の夏である。アキは海女として成功し、自信をもっていなかったならば、その後、アイドルになろうなどという大それた野心をもつこともなかっただろう。

そのアイドルを目指すアキを、直接に支援しているのは、母親の春子である。アキが、アイドルになろうと努力しているとき、彼女は、母親の挫折した夢を果たそうとしている面がある。つまり、春子の満たされなかった願望こそが、アキの決断の（ひとつの）前提条件となっているのである。さらに、春子は、アイドルのためアキの活動を、具体的に、しかも全面的に支援している。たとえば、ハートフルを解雇されたあと、春子は、自らスリーＪプロダクションなる会社を起こし、アキを「所属タレント」として雇用した。アキのために仕事を探し、彼女が「ブレーク」するきっかけを与えたのも春子である。

もっと興味深いのは、春子と夏の関係である。もともと、春子は、自分自身の苦い体験もあって、アキがアイドルになることに猛反対していた。その春子が、どうして、アキを積極的に支援するようになったのか。その転向を引き起こしたのは、夏である。

春子の転向、春子の心変わりの直前に、夏と春子の和解のシーンがある。夏は、かつて春子が「アイドルになりたい」と本気に訴えてきたとき、「海女クラブ」の会長としての立場もあって、その訴えをきちんと聞こうとしなかった。彼女は、そのことを、二四年間、ずっと後悔してきたのだ。夏は、春子に、「すまなかった」と謝罪する。春子が無意識の中でずっと待っていたのは、この謝罪の言葉だったのだ。これを聞いた途端に、春子の気持ちは転換した。それまでアキの（アイドルになりたいという）希望に反対していた春子が、アキの支援へと態度を変更したのである。夏の娘への謝罪が、いわば、隔世的《かくせいてき》に孫のアキにまで影響を及ぼしたことになる。

さて、そうすると、図式的には次のように言うことができる。不可能性の時代（アキ）は、それに先立つ虚構の時代（春子）と理想の時代（夏）の活力を利用して、その閉塞を乗り越えているのだ、と。そうだとすると、究極の原因、ことを引き起こしている原点は、アキの祖母である夏に、夏ばっぱにある、ということになるだろう。

＊

夏は、理想の時代に対応するマーメイドである。しかし、よく見ると、彼女の態度や生き方は、理想の時代の典型的な人生のフォーマットには収まらない。この点が重要である。先にも述べたように、理想の時代は東京指向と結びついている。理想の時代の典型的な人生とは、次のようなコースであろう。地方の野心的な青年が東京に出て、なんらかの価値あることを実現し、社会的に承認を得る――つまり立身出世する。

しかし、夏には、東京に出て成功したい、という欲望はまったくない。彼女は、六〇年以上のそれまでの人生の中で、一度も北三陸を離れたことがない。夏は、挫折して、仕方なしに北三陸にいるわけではない。彼女には、東京に行きたいという欲望がこれっぽっちもないのだ。ということは、夏は、もっぱら「ここ」へととどまろうとしていて、「ここではないどこか」への指向性を一切もたない、ということなのか。そうではない。ここがデリケートなところである。

夏にも「ここではないどこか」への指向性がある。ただ、その「どこか」は東京ではない。夏の「どこか」は海の底である。「ここではないどこか」への指向性は、「ここ」そのものに回帰して、海女として海に向かって潜るという形態をとっているのだ。夏のテーマソングは、橋幸夫の「いつでも夢を」である。夏を含む海女たちは、海に向かうとき、必ずこの歌を歌っている。「夢」という「ここではない場所」は、「ここ以上のここ」、ここを深く潜ったところにあるのだ。

こうして考察してくると、われわれは、夏をその夫——つまりアキの祖父——忠兵衛とセットにして考えなければならないことに気づく。夏が、「ここ以上のここ」への徹底した不動性に対応しているのだとすれば、忠兵衛は、逆に、徹底した移動性に対応している。忠兵衛は移動する。ただし、彼は東京へと移動するわけではない。彼は、東京をはるかに越えて移動していく。なぜなら、忠兵衛は遠洋漁業の漁師だからだ。忠兵衛は、一年のほとんどを、海で過ごしている。

忠兵衛が自由な移動性を、きわめて広域の遊動性をもつことができるのは、夏がいるからである。夏のところに帰ってくることができるからこそ、忠兵衛は、自由にどこまでも動き回ることができるのだ。逆に、夏が不動でいることができるのは、忠兵衛のおかげである、と言うこともできる。夏の「(ここではない)どこか」への指向性を、夏自身の代わりに現実化しているのが忠兵衛の移動・遊動だからだ。

したがって、ここでは、移動性と不動性とが矛盾しない。矛盾しないどころか、互いに互いを支えあっているのである。極端な不動性と極端な移動性との短絡。この点にこそ、〈地元〉なるものの最も大きな可能性が秘められている。この点を説明するところから、次の考察を進めよう。

1　台詞は、宮藤官九郎『「あまちゃん」完全シナリオ集』第1部・第2部（KADOKAWA、二〇一三年）に基づいて引用している。

2　このシーンには、興味深い細部がある。そこまで、物語は、「早く東京に戻りたい春子」と「袖が浜に留まりたいアキ」の対立を軸にして展開してきた。しかし、最後に立場が逆転して、列車に乗ってしまったアキを、駅のホームの側で引っぱり戻したのは春子の方であった。春子もまた、いや春子こそ、自分の故郷である袖が浜に残りたかったのだ。

3　最初に春子が帰ったとき、つまり二四年ぶりに地元に帰還し、夏に再会したとき、春子は「ただいま」を言わなかった。だから夏は春子に、「言うなら今だぞ」と促しているのである。

4　もっとも、この映画は、昭和三〇年代をあまりにノスタルジックに理想化して描いているので、社会学的な価値はそれほど高くはない。ただ、『半沢』と同様に、現在のわれわれが何に憧れているかは、よく示されている。

5　人が東京へと向かうのは、見田宗介《むねすけ》（真木悠介）の概念を用いて表現すれば、理想へと疎外されているからである。人々が一律に理想へと疎外されているときには、一部の者は、理想から疎外されることになる。その極端に悲劇的な帰結を社会学的に分析したのが、見田宗介の『まなざしの地獄』（河出書房新社、二〇〇八年）である。ここで分析されている殺人犯N・Nは、『三丁目』の六子と同じように集団就職者の一員として、一九六〇年代末期に青森県から東京へと出てきたが、挫折した。N・Nによる連続殺人事件は、理想の時代の負のアスペクトのきわめて先鋭な表現である。

6　阿部真大『地方にこもる若者たち』朝日新聞出版、二〇一三年。

7　前掲書で、阿部は、彼自身が実施したものではないが、二〇一二年に行われた、東日本大震災で被災した三県の調査を紹介している。その調査結果が、いささか興味深い。それによると、「近所の人」が頼りになったと答える人の率が最も低いのは、人口一〇万代の地方中小都市で、通念に反して、大都市の方が「近所の人」への信頼度が高い。つまり、地方中小都市の人間関係は、意外と希薄なのかもしれない、と推測させるものがある。

8　キックは、二〇〇四年三月に活動を休止した。しかし、その後も、一時的に再結成されたり、あるいはメンバーがソロで活動したりしている。

9　舞浜は、厳密には、江戸川区ではなく浦安市に属している。もちろん、東京ディズニーランドがある場所である。埋め立てによってできた土地なのだから、当然、「舞浜」という地名は、かつてはなかった。埋め立て事業中の一九七五年に作られた地名である。しかも、「マイアミビーチ」を連想させる名前として。ドムドムは、千葉県に本社があるオレンジフードコートが展開するハンバーガーチェーン店だという。またサンチェーンは、今ではローソンジャパンと吸収されてしまったコンビニエンスチェーンで、本社は台東区上野にあった。

10　宮藤官九郎作品の解釈に関しては、管見《かんけん》の限りでは、宇野常寛《つねひろ》の論が最も深い。何よりも、宇野の解釈には宮藤作品への「愛」を感じ、好ましい。本論における、私の宮藤作品の解釈や解説も、多くを、宇野の説明に負っている。ただし、宮藤作品の最終的な評価に関しては、私と宇野とは見解が異なる。宇野は激賞しているが、この後、本論に書くように、私はむしろ限界を見る。私が参照した宇野の論は、以下の通りである。宇野常寛『ゼロ年代の想像力』早川書房、二〇〇八年、一三九－一五六頁。「いま・ここに・潜る——宮藤官九郎、再生のシナリオ」『あまちゃんメモリーズ』文藝春秋×PLANETS、二〇一三年、二〇–二五頁。

11　やや古い研究だが、吉見俊哉の初期の秀作『都市のドラマトゥルギー』（弘文堂、一九八九年）のことを思うとよい。これは、近代（明治以来）の東京の盛り場の変遷を社会学的に分析し、その原理を抽出した研究だ。「浅草・上野→銀座→新宿→渋谷」と変遷が追われている。この本が発表された当時、池袋は、人口の密集度において、新宿や渋谷と劣らなかったが、まったく主題化されていない。池袋は、東京の盛り場とは見なすことができなかったからである。新宿も、池袋と同様に猥雑《わいざつ》な空間だが、それは、都市の、あるいは東京の暗部だ。それに対して、池袋の混沌は、東京の外、地方のいかがわしさである。

12　宇野常寛は、『木更津キャッツアイ』の第一話を観終わったときに初めて、九〇年代の終わりを実感した、と述懐している（『ゼロ年代の想像力』一四七頁）。それほど、この作品にはインパクトがあったのだ。本書の概念を用いれば、このとき宇野がつくづく感じていたことは、「虚構の時代がすでに終わっていた」ということ、「不可能性の時代が始まっていた」ということである。

13　このことは、宮藤官九郎の脚本がつまらないということを意味するわけではない。念のため。

14　この点については、しかし、物語の結末において、さらなる逆転が用意されている。鈴鹿が極端な音痴ということ自体が、実は鈴鹿の演技であり、虚構だったのではないか。ほんとうは鈴鹿は歌えるのではないか。春子を含むすべての人が、鈴鹿に騙《だま》されていたのではないか。そのようなことが暗示されるのだ。

第10章　Another World is Possible

1　失敗した革命の補償

集団的自衛権が、「解釈改憲」などというとてつもない方法[1]で容認されようとしている。もっとひどいことは、在日朝鮮人へのヘイトスピーチで、これが、街頭でも、またネットでも――正確にどの程度の規模になるのかは測りにくいが――思いもよらぬほどの共感の拡がりを呼んでいる。現在のこうした諸事実は、この国の左翼あるいはリベラル派には暗澹《あんたん》たる見通しをもたらすことになろう。とりわけ、「革命が可能だ」とまで言おうとしているわれわれにとっては、まことに不利な材料だということになる。

だが、こういうときには、ヴァルター・ベンヤミンがかつて提起した、あるテーゼを思い起こす必要がある。彼は、こう言っていた。ファシズムの勃興《ぼっこう》の背後には、必ず失敗した革命がある、と。[2] このことは、戦前の日本のウルトラナショナリズムやあるいはドイツのナチスに関しては、完全に妥当する。昭和初期に、ウルトラナショナリズムが急速に盛り上がったのは、治安維持法によって共産主義運動が挫折したこととの補償だったと解釈することができる。ナチスに関しては、ヒトラーを（部分的に）免罪しようとする者が、彼の蛮行《ばんこう》はボルシェビキの模倣に過ぎないと主張していることを逆手《さかて》にとってみよう。つまりここで、あえてこの主張をそのまま受け入れてみよう。すると、ナチズムは、まさに、左翼の革命的運動の代わりに出現したのであり、その空白を埋めたということになるだろう。ベンヤミンのテーゼがそのまま成り立つのだ。

あるいは、もっと最近の次の事実を思おう。たとえば、今日、アフガニスタンは、イスラム原理主義者の巣窟《そうくつ》のように言われる。だが、イギリスから独立してからソヴィエト連邦によって侵略されるまでのアフガニスタンの政権は、すべて完全に世俗の政権であった。近代化や共産化を目指した世俗の勢力の革命の失敗の空隙《くうげき》を埋めるようにして、原理主義的な政権（タリバン）が成立したのである。[3]

こうした事実は、集団的自衛権への熱意とか、ヘイトスピーチの増殖とかといった、現代日本の「右傾化」(のように見える現象)に関しても、ひとつの推測を呼ぶ。すなわち、これらにもベンヤミンがファシズムに関して述べたことが成り立つのではないか、これらもまた革命の挫折の指標なのではあるまいかという推測を、である。この推測が正しいのだとすれと、これらの現象は、現代日本社会に、むしろ、革命的な社会変動への切実な願望があることをこそ表示しているのである。満たされない願望への補償として、こうしたことが起きているのだ。「革命」に成功するならば、これらの現象は消滅するだろう。

第8章に示唆したように、(「右傾化」とは関係ないが)二〇一三年の『半沢直樹』のようなドラマの流行もまた、たわいない出来事だったと言えば確かにそうではあるが、やはり、劇的で革命的な変動への願望が、現代日本の中で、広く大衆的に共有されていたことを示している。『半沢直樹』は、まさに木に竹を接《つ》ぐように、現在の「不可能性の時代」に、半世紀近く前に終了した「理想の時代」を接続することで成り立つ物語であった。『半沢直樹』は、不可能性の時代のコンテクストに、主人公だけを、理想の時代から連れて来て、移植した作品なのだ。このドラマの成功は、非同時代的なもの(アナクロニズム)を希求する社会意識の存在を証明している。

人々は、自分たちの時代のなめらかで直線的な延長上には出現しそうもないなんらかの社会状態を、革命的な断絶なしには獲得できそうもない社会状態を、痛々しいほどに求めているのだ。

それならば、どうすればよいのか。どうやって、不可能性の時代に固有の閉塞《へいそく》から脱出したらよいのだろうか。そのヒントは、同じ二〇一三年に大ヒットし、大きな話題を呼んだ、NHKの連続テレビ小説『あまちゃん』から得られるのではないか。第8章から、このような見通しのもとで、考察を続けている。『あまちゃん』は、不可能性の時代の困難をそのまま体現するような主人公アキが、そうした境遇を乗り越えていく成長物語 Bildungsroman として解釈することができるからである。

2　二つの迂回路

アキのブレークスルーは、〈地元〉への回帰から始まる。〈地元以上の地元〉としての北三陸《きたさんりく》への、である。ただし、この〈地元〉は、かつての――理想の時代の――「地方／東京」「故郷／東京」といった二分法における「地方」や「故郷」とは異なる、とすでに論じておいた。われわれは、『あまちゃん』を解釈するとき、日本の地方が、一律に郊外化してしまった時代の〈地元〉を念頭におかなくてはならない。この時代、つまり現代においては、東京はかつてのような無条件の魅力を発してはいないし、理想が実現する場所でもない。実際、アキは、東京で生まれ育ってきたが、そこでは何の希望ももてず、いかなる意欲もわかない。[4]

『あまちゃん』のシナリオを書いた宮藤官九郎（クドカン）は、二〇〇〇年以来、このような時代の〈地元〉の魅力や可能性を描くことを、自身の作品の主題としてきた。池袋や木更津等々が、そのような〈地元〉として選ばれてきたのだ。しかし、前章で確認したように――それらを描いた個々の作品は十分におもしろく鑑賞に値するものではあるが――、クドカンは、〈地元〉の可能性の描写には、必ずしも成功しなかった。さまざまに実験や工夫を繰り返したにもかかわらず、である。そのクドカンが最終的に到達したのが、『あまちゃん』である。

『あまちゃん』でも、〈地元〉はすでに郊外化し、「ファスト風土化」（三浦展《あつし》）していることは前提である。そのことは、番組の中で、アイドルグループGMT47（もちろん「じもと」から来ている）が歌う「地元に帰ろう」の歌詞を見ても明らかだ。この歌の中で地元らしさを代表する施設として指示されているのは、「駅前、コンビニ、駐車場」なのだから。[5]

『あまちゃん』の主軸をなす三代の女（彼らは海女《あま》なので「マーメイド」に喩《たと》えられる）、つまり「夏（祖母）――春子（母）――アキ」は、ちょうど日本の戦後史の三つのフェーズ「理想の時代／虚構の時代／不可能性の時代」に対応している。すでに述べたように、各世代は、自分より前の世代のマーメイドから、活力や、あるいは決断のための勇気を与えられる。春子は夏から、アキは夏と春子から、である。したがって、最も重要な力の源泉は、「潜る女」である夏だということになる。

*

さて、ここでひとつの疑問を提起してみよう。およそやる気のなかったアキが、生まれて初めて見出した生き甲斐《がい》、初めて積極的に意欲をもって取り組むことができたもの、それは、「海女になること」である。アキは、「海女」という人生のモデルを得たのであり、初めて、真に欲望に値するものを見出したのだ。それならば、問おう。アキが、もともと袖が浜で生まれ育っていたらどうだろうか。彼女が、袖が浜で生まれ、祖母が（そしてもしかすると母も）海女をやっているのを見ながら育っていたらどうだっただろうか。最初から、真の欲望をかき立てるモデルが、すぐ手元にあったのだから、彼女は、鬱々《うつうつ》とした幼年期・少女期を過ごすことなく元気で意欲的な子として成長したのだろうか。そして、思春期の頃、自分からすすんで、祖母（やもしかすると母）や、あるいは周囲の女たちのような海女になりたい、と思うようになったのだろうか。東京で育たず、初めから〈地元〉にいたならば、もっと直線的に海女になることができたのだろうか。東京での生活は、彼女の人生にとって要らぬ回り道だったのだろうか。

おそらく、アキが最初から袖が浜で生まれ育ったとしたら、つまり袖が浜が彼女の文字通りの「地元」だったとしたら、彼女は、特に海女に魅力を感じることもなかっただろう。彼女は、海女になりたいなどと思うことなく、たとえば、高校を卒業したら東京に出たいなどと言ったに違いない。このような推測には、この物語に内在した裏付けがある。たとえば、アキの母親の春子である。春子は、袖が浜で生まれ育ち、海女になることが強く期待されていたが、しかし、海女にはなりたくない、アイドルになりたいとして、北三陸鉄道が開通したその日に東京に発ったのであった。袖が浜にいて、夏を見ているだけで海女に魅力が出てくるのだったら、春子は、海女に喜んでなっていたに違いない。アキもまた、最初から袖が浜にいたのなら、春子と同じように、海女への意欲をもつことはなかっただろう。

とすると、何が違うのだろうか。東京で育ったアキにとっては、海女は魅惑的な欲望対象であり、人生の理想のモデルである。しかし、そのアキでも、最初から袖が浜にいれば、海女に、これといった魅力を感じなかっただろう。どうして、こうした違いが出るのだろうか。念のために述べておけば、これは、単純に、遠くのものに憧れる、という話ではない。たとえば、夏にとっては、海女は極度に身近だが、むしろ天職である。違いは、古典的な「故郷」（春子にとっての北三陸）と〈地元〉（アキにとっての北三陸）の差異に対応している。前者と結びついている海女にはたいした魅力はなかったが、後者と結びついたとき、海女は輝きを獲得する。

同じような疑問を、もうひとつ積み重ねておこう。アキは、海女を経験した後、アイドルとしてスカウトされて東京にもどり、最初に所属した芸能事務所ハートフルは解雇されたものの、春子が設立したスリーJプロダクションの（ただ一人の）所属タレントとして、まずまずの仕事を獲得し、映画『潮騒《しおさい》のメモリー』のリメイク版では主役に採用され、かつて同じ映画で主演した大女優鈴鹿ひろ美との共演を果たすまでになる。つまり、アキは、結局、東京で、そこそこのアイドルになったのである。とすると、ここでまた疑問である。それならば、アキは、最初から東京でアイドルになる、ということはありえなかったのか。結局、アイドルになれたということは、アキには相応の資質はあったのだから、袖が浜で海女になるという迂回《うかい》路《ろ》を経ず、そのまま東京でアイドルになることも可能だったのではないか。

おそらく、これも不可能だったのである。東京に留まっていたら、アキは、そのまま、退屈な人生を送ったに違いない。アキは、アイドルであろうが、他の何であろうが、自ら積極的に何ものかになろうという、大きな野心をもつことはなかっただろう。彼女が、東京で何ごとかをなすためにも、一度は、〈地元〉を経由しなければならなかった。『あまちゃん』の物語は、そのように示唆しているように思える。しかし、どうして、〈地元〉を経由する必要があったのか。〈地元〉、アキの〈地元以上の地元〉は、どのように効いているのだろうか。

一方で、アキが〈地元〉で〈海女として〉活躍するためには、東京という媒介が必要だった。他方で、東京で〈アイドルとして〉成功するためには、〈地元〉という迂回路が必要だった。どうして、このような二重の媒介が必要だったのか。最も重要な鍵は、もちろん、〈地元〉にある。

3　鉄道

ここで『あまちゃん』の――〈地元〉とは異なる――もうひとつのアスペクトを、考察を深めるための手がかりとして、とりあげよう。『あまちゃん』が大きな話題を呼び、ほとんど「社会現象」にまでなったのは、それまでのNHKの連続ドラマにはとりあげられてこなかったタイプの人々を扱い、またそうしたタイプの人々に観られたからである。それは、「オタク」だ。今や、オタクはごく一部の若者に見られる稀《まれ》な風俗ではない。現在、五〇代にもなっている中年以下の世代には、かなりの率のオタクがいると考えねばならない。しかし、準国営放送の朝の連ドラにオタクが登場することはなかった。まるで、そんな人は、日本にはいないかのようだった。

しかし、『あまちゃん』には、オタクが、特にアイドルオタクがたくさん登場し、存在感を発揮する。アキと、アキの親友で美少女のユイは、北三陸鉄道（北鉄）が企画したお座敷列車のイベントで、「潮騒《しおさい》のメモリーズ」というユニットを形成する。彼らの動画がインターネットで評判になり、多数のオタクの若者が、東京等の都市部から北鉄に乗って、北三陸に押し寄せるようになった。そのようなオタクの一人、ヒビキ一郎は、後にアイドル評論家になる。

アキとユイが、芸能事務所オフィス・ハートフルのマネージャー水口琢磨にスカウトされるきっかけは、彼らが「ご当地アイドル（ジモドル）」として、局地的に人気を博したことである。『あまちゃん』の後半、つまり「東京篇」にも、アイドルオタクは登場する。特に、純喫茶「アイドル」の店主、甲斐さんは、四半世紀も前から、つまり春子がアイドルを目指していた頃からのオタクであったことがわかる。

このように物語にオタクがたくさん登場していただけではない。多くの現実のオタクが視聴したことに、このドラマの特徴がある。アニメーションやある種のドラマは、もちろん、もともと、オタクたちの興味の対象である。しかし、NHKの朝の連ドラに関して言えば、これまで、主たる視聴者は、オタク的な心性とは無縁な人たちだったと考えられる。『あまちゃん』は、多数のオタクが視聴した初のNH

Kの朝ドラであろう。[6]

どうして、『あまちゃん』はオタクたちを引きつけたのか。もちろん、一因は、能年玲奈や橋本愛が、あるいは若い頃の春子を演じた有村架純《かすみ》が、アイドルオタクを夢中にさせたことにある。だが、それだけではない。アキの母、春子が、八〇年代の初頭にアイドルになることを熱望していたという設定であるため、八〇年代のサブカルチャーに関係するさまざまなちょっとしたトピックが、いわゆる「小ネタ」が、番組の中の随所に仕込まれているのだ。八〇年代初頭を代表するアイドルは、松田聖子である。春子を演じた小泉今日子や、鈴鹿ひろ美役の薬師丸ひろ子も、その頃にデビューしたアイドルであった。『あまちゃん』には、八〇年代のサブカルチャーや流行歌に関係した小ネタが至る所にはめ込まれており、「わかる人にはわかる」といった仕掛けになっている。こうした小ネタが、オタクたちの解読への欲求を刺激し、彼らに楽しみを提供したのである。

もともと宮藤官九郎は、脚本の中で、八〇年代のサブカルチャーを参照するのが得意な作家である。クドカンの作品、前章第3節で瞥見《べっけん》した『木更津キャッツアイ』等の諸作品は、多くのサブカル的な小ネタを含んでおり、オタクたちには人気があった。作家自身が、これまでのNHKの朝ドラの標準的な路線から外れた人だった、と言うことができるだろう。

＊

こうしたことは、しかし、われわれの考察にとっては、それほどの価値はない。だが、オタクという問題系を、このドラマに伏流《ふくりゅう》している補助的な主題、「鉄道」という主題と関係づけると、にわかに意味が浮上する。

『あまちゃん』で、鉄道、北三陸鉄道（略して北鉄）が重要な役割を担っていることは、すぐにわかる。番組の冒頭で、アキと春子は、北鉄に乗って北三陸駅に到着する。北三陸駅の駅長、大吉は、春子の幼馴染みで、今でも春子に思いを寄せており、最も登場頻度の高い人物の一人である。夏が危篤だという虚偽の知らせによって、春子を袖が浜に呼び戻したのは、大吉である。

北鉄の意義を示す最も重要な場面は、一九八四年、つまり番組冒頭の出来事から二四年遡《さかのぼ》ったとき、まさに北鉄が開通したその日に、一八歳の春子が列車に乗り、北三陸駅を発ち、一人で東京に向かったシーンだろう。このシーンは、番組の中で何度も繰り返される。また、ドラマの「後半の後半」のクライマックスにあたるような場面でも、北鉄が出てくる。「後半の後半」のクライマックスとは、二〇一一年三月一一日の震災である。ユイは、翌日に予定されていた、アキとGMTの合同ライブを聴くために、北鉄に乗る。しかし、彼女が列車に乗ってしばらくしたとき、列車がトンネルの中にあったその瞬間に、地震が襲い、列車は緊急停止する。ユイは、またしても東京行きを阻《はば》まれる。

このように、鉄道（北鉄）は、全篇を貫いて存在感を維持しており、特に要所では象徴的な役割を果たしている。ここで、われわれは思い起こすべきである。鉄道こそは、オタクの原点であり、オタクにとっての特権的な主題だったことを、である。鉄道マニアは、オタク以前のオタク、「おたく」という語が発明されるはるかに前から存在している原初のオタクである。そして鉄道オタクはますます栄えており、今日ではいくつもの下位ジャンルに分かれ、量的に厚く、質的にも洗練されている。要するに、鉄道オタクこそ、オタクの一分野であることを越えて、オタク性一般を代表しているのだ。[7]『あまちゃん』では、大吉が——鉄道で働いているのだから当然と言えば当然だが——鉄道オタク、とりわけ北鉄オタクである。

本書の中ですでに、鉄道がオタク的な主題を代表しているという事実に着眼し、そこから、オタクなるものを析出《せきしゅつ》する逆説・反転のメカニズムを導き出した（第3章、第7章）。それをここで再確認しておく必要がある。

まず、鉄道がどうしてロマンチックな憧れを呼び起こすのか、その理由を考えることが、これから説明する論理を理解するための助けとなる。鉄道は、ローカルな共同体に内属している人々を、要するに「地方」や「田舎」の人々を、市民社会的な、あるいは国民国家の（準）普遍的空間へと接続する媒体である。鉄道が特別に欲望されるのは、ひとえにこの事実にかかっている。『あまちゃん』では、一九八四年に北鉄が開通したとき、北三陸の人々はこれを熱烈に歓迎した。北三陸には、それまでは鉄道が届いていなかったのだ。北鉄は東京にまでつながっている――もちろん、直接に、ではなく、その後のいくつもの乗り換えによってつながる路線の分も含めれば、のことだが。鉄道がないとき、北三陸は、「東京」という中心を基準にして拡がっている（準）普遍的空間から見放された、孤島のようなものだった。鉄道が敷設《ふせつ》されたことで初めて、北三陸は、東京中心の（準）普遍的空間の中に組み込まれたのであり、また、人々は、鉄道を通じて、そうした空間の拡がりを具体的に実感したり想像したりできるようになったのだ。だから、北三陸の人々は、あのとき、つまり北鉄が開通したとき、熱狂的に喜んだのである。これが東京に続いている、と。実際、春子は家出によって、北鉄に乗って行けば東京に行き着くことを証明してみせたのだ。

鉄道がオタク的な愛着の対象になるのは、鉄道が普遍的空間のイメージを喚起《かんき》するからではないか。言い換えれば、鉄道に、国民国家や市民社会の普遍的空間が写像《しゃぞう》されているのである。これと同じことが、オタクの一般に成り立つのではないか。これが、われわれの仮説である。その仮説は次のようになる。

オタクの表面上の特徴は、もちろん、きわめて特殊な主題Pへの関心や情熱である。鉄道であろうが、アイドルであろうが、あるいはアニメであろうが、それらは、世界の特殊領域に関わるのみであり、本来は、ごく一部の人の関心の対象にしかなりえない。オタクたち自身もまた、こうしたことを、つまり自分たちの欲望の対象となっている主題の特殊性・周縁性《しゅうえんせい》をよく自覚している。彼らは、特殊な領域の中の繊細な差異、些細《ささい》な情報的な差異を見出すことに、情熱を傾ける。

しかし、この表面的な特徴に騙《だま》されてはならない。われわれが、そして誰よりもオタクたち自身も意識していないことは、これら特殊な主題Pに、普遍的なものUが写像されている、ということである。鉄道に、ときには一本の路線[8]や鉄道のごく一部の側面に、国民国家の普遍的空間が託されていたように、特殊な主題Pに、世界の全体性に関係し、それゆえ理念上はすべての人の関心の対象となりうる普遍的な価値を有する何かUが丸ごと投影され、託されているのだ。だから、オタクたちは、アニメやアイドルや鉄道といった特殊な主題Pに、それがあたかも世界・宇宙のすべてであるかのように関わり、それらを愛するのである。

　オタクの本質とは、普遍的なものUへの関心が、きわめて特殊なものPへの常軌《じょうき》を逸《いっ》した愛着として現れるという、この反転である。問題は、どうしてこのような反転が生ずるのかだ。普遍性を表示するとされる表象やシニフィアンが、いずれも「本ものではない」「欺瞞的《ぎまんてき》である」と感じられていること、これが反転の原因である。普遍的な価値があるかのように標榜する表象やシニフィアンはある。たとえば、かつての理想の時代における理想I（戦後民主主義、豊かな社会、共産主義等々）が、そうだった。それらIは、普遍的な価値を有する幸福、普遍的な妥当性をもった善や正義を意味していると信じられていた。しかし、普遍性を僭称《せんしょう》していた表象やシニフィアンが、「どこか違う」「それに尽きるものとは思えない」といった感覚を人々にもたらすようになったとしたらどうなるか。この「どこか違う」「それだけではない」等の不充足を、われわれは「余剰的同一性X」と呼んだわけだが、ともかく、余剰的同一性Xへの感覚がどうしても回収できないものとして感受されているとき、何が起きるだろうか。このとき、逆に、普遍性をあからさまに拒否している対象が、つまり明白に特殊な主題Pの方がむしろ「本もの」であり、普遍性を代表するに相応《ふさわ》しいとする転倒の感覚が生ずるに違いない。

オタクなる人間類型を生み出している論理を骨格だけ示せば、ほぼ以上のようになる。こうした認識をたずさえて、〈地元〉という問題へ、『あまちゃん』における〈地元〉へ回帰することにしよう。

4　北へ行くのね　ここも北なのに

『あまちゃん』をよく観ると、「境界を越える」というモチーフが反復されていることがわかる。そのことがはっきり現れているのが、このドラマの中で最も重要な歌「潮騒のメモリー」である。

「潮騒のメモリー」は、女優鈴鹿ひろ美の出世作となった、一九八六年の正月映画『潮騒のメモリー』の主題歌だということになっている。この歌は、もちろん、主演の鈴鹿が歌わなくてはならなかった。しかし、鈴鹿が極端に音痴であったために、アイドルを目指しながらまったく芽が出ていなかった、若き日の春子が代わりにこれを歌ったのだ。「潮騒のメモリー」の声が、鈴鹿ひろ美ではなく天野春子だということは、言ってみれば、佐村河内守《さむらごうちまもる》名義の曲を新垣隆《にいがきたかし》が作曲していたのと似たような状況なので、ごく一部の関係者以外は知らない秘密の中の秘密だった。鈴鹿当人でさえも――いや当人だからこそ――、このことを知らされていなかった。アキは、アイドルを目指して上京した後になって、春子の手紙によって、自分がいたく感動した映画『潮騒のメモリー』の主題歌が自分の母によって歌われていたことを知るようになる。

「潮騒のメモリー」をめぐる設定は、以上である。この歌は、ほとんどこのドラマ自体の主題歌と言ってよいほどに何度も、さまざまな場面で歌われる。アキとユイが結成するユニットの名前が、「潮騒のメモリーズ」だということは、先に述べた通りである。

このように、ドラマにとって非常に重要な歌なのだが、その歌詞は、一見、支離《しり》滅裂《めつれつ》で意味不明である。八〇年代のヒットソングの歌詞の断片をいくつも引用し、それらをコラージュして歌詞が作られているからである。その意味不明な部分を削《そ》ぎ落して、この歌詞の中心的なメッセージだけを取り出すと、そこには、「境界を越える」というモチーフが浮上する。

歌は、"I miss you"という思いをもつような、愛する他者を念頭に置いている。そのような他者に会うためには、自分自身か他者のいずれかが、境界をどこまでも越えていかなくてはならない。冒頭は、「来てよ　その火を　飛び越えて」というフレーズだ。これは、三島由紀夫の『潮騒』からの引用だが、この歌で最も印象的で重要な一節である。あなたと私が会うためには、二人を隔てる「火」という境界を飛び越えなくてはならない。同じ趣旨は、この歌の終盤のフレーズ「来てよ　その川　乗り越えて」でも繰り返される。

この歌では「マーメイド」が登場する。『あまちゃん』の結末では、このマーメイドが「海女」の隠喩《いんゆ》として活用される。「潮騒のメモリー」では、マーメイドについての形容のひとつとして、たとえば「波打ち際のマーメイド」とある。波打ち際は、波が「激しく」「寄せては返す」場所であり、陸と海との境界である。

この歌の最も謎めいた一節は、「北へ行くのね　ここも北なのに」という箇所である。このフレーズで呼びかけられている人は、もう北に到着してしまっている。それなのに、もっと北へと行こうとしている。すでに十分に北なのに、さらに境界を越えて、もっと北へと向かわなくてはならないのだ。「ここで終わり」という北限はない。

そして、「アイ　ミス　ユー（I miss you）」。これは、愛しい人に会いたくて会いたくてしかたがないのに会えず、寂しいときによく使う英語だが、文字通りの意味は、次のようになる。私は、あなたを目がけて弓矢を放つ。矢はあなたのハートに当ったと思ったのだが、しかし、あなたはさらに向こう側にいて、実は外れている（これが'miss'である）。あなたは、いつも、「さらに向こう」にいる。狙って当たったたと思っても常に外れている、その焦燥感が、"I miss you"と表現されるのだ。これは、北の果てまで来たと思ったのに、もっと北へと行かなくてはならない、という構図と類比的である。

このように『あまちゃん』には、「境界を越え続ける」というモチーフが走っている。この点を確認しておけば、〈地元〉あるいは〈地元以上の地元〉という本来のテーマを論ずる準備が整ったことになる。

＊

東京指向から、現代的な〈地元〉指向への転換は、オタクについて論じたUからPへの反転と類比的に説明することができる。まず、なぜ東京が欲望の対象となっていたのか。東京がどうして憧《あこが》れられたのか。その理由は簡単にわかる。東京（首都）は、国民国家の（準）普遍的空間の中心だからである。首都東京にいることが、社会的に普遍的な世界を精神的に領有するための要件になっている。東京で何か有意味なことをなしたと承認されることが、（社会的に）普遍的な世界において、自分自身が価値あるポジションを得たことを含意《がんい》する。東京に帰属する視点、東京に帰せられた仮想的な視点に対して、ひとつの普遍的全体がたち現れる。「東京」が人生の幸福と社会的な繁栄とを同時に保証していた（と信じられていた）のは、とりわけ、理想の時代である。東京に帰せられる視線が承認を与える、価値ある社会と人生の状態こそが、普遍的に有意味な「理想」だった。そして、先にも述べたように、日本の各地方との東京とのつながりを実感させた、物質的に触知《しょくち》可能な媒体が、鉄道である。

だが、理想の時代が終わり、さらに虚構の時代も経由して、不可能性の時代に入ったときには、もはや、東京は、普遍性を保証する特権的な場所としては現れなくなった。相変わらず、東京は、日本で最も多くの仕事がある場所なので、人々は生きるために東京に集まるだろうが、もはや、東京は、普遍的世界の中心としての華々しい魅力をもたない。したがって、(学業や職業において)東京で成功することには、経済的な意味を越えた特別な価値はもはやない。これは、理想の時代の理想、かつて普遍的な価値を標榜していた理想が、「本ものではない」「どこか欺瞞的だ」と感じられるということと並行した現象である。もともと、理想のもつ固有の価値が、東京という場所に投影されていたのだから。

このとき、オタクにおいて、UからPへと反転したのと並行した機制が、空間的にも働くことになる。オタクにおいて、「この理想Iはほんとうのではない」という違和感が、あからさまに特殊な主題Pへの固着をもたらした。同様に、東京への違和感は、〈地元〉指向へと反転する。だから、〈地元〉は、何か積極的な魅力をもっているがために指向されているわけではない。〈地元〉への指向性は、東京への失望、東京の否定の表現である。東京に特別な価値がないのだとすれば、どうして、わざわざ東京に出て、めんどうな人間関係を築かなければならないのか。地元の友だちとの関係――中学や高校を通じて自然にできあがった関係――のほうがよいではないか。そんなふうに当事者たちには意識されるだろう。

このように、現代的な〈地元〉、郊外化された〈地元〉への指向は、オタクのような人格類型を生み出す論理と類比的に説明することができる。オタクが特殊な主題Pへと執着するときに効いている機制《きせい》と、現代の若者が東京に積極的な魅力を見出すことができず、〈地元〉に留まるときに作用している機制とは、よく似ているのだ。

＊

だが、しかし、『あまちゃん』の〈地元〉には、もう一段のひねりがある。いや、もう少し正確に言い換えよう。GMTが「地元に帰ろう」と歌っているときの「地元」は、以上の論理の中に回収される。あるいは、クドカンの、過去の作品の中で描かれた、郊外としての地元も、以上の論理をはみ出すものは含んでいない。だが、天野アキにとっての北三陸という〈地元〉、つまり〈地元以上の地元〉には、以上の論理には還元できない契機が含まれている。

この点を理解するためには、もう一度、オタク的な反転が、つまりUからPへの反転が生じた原因を確認しておく必要がある。反転が生ずるのは、「普遍性」をもつとされてきたシニフィアンや表象に対して、「それではない」「それに尽きるものではない」という感覚が生じているからであった。この「それではない」「それに尽きない」という違和への欲望によって定義される同一性を、われわれは「余剰的同一性X」と呼んできた。Pは、本来は、このXの代理物である。Pの内に、Xとしての契機がそのまま維持されている、と言うこともできる。

このことは、〈地元〉に関しても言える。〈地元〉が表現しているのは、本来は、余剰的同一性Xである。つまり、〈地元〉に託されているのは、「私が所属すべき〈普遍的〉場所はここではない」という余剰性の感覚だ。この余剰性の感覚を、空間に投影すれば、『あまちゃん』の中で反復されている「境界を越え続けること」への志向性という形態をとるだろう。私は、北にある地元にすでに来ている、しかし、なおここではない……それゆえにもっと北へ行く、という具合にである。

したがって、〈地元〉の働きは両義的、というか二律背反的である。一方で、向かうべき場所としての〈地元〉がなければ、「ここではない」――たとえば「(私が所属すべきは)東京ではない」――という意志は、決して現実化することはないだろう。しかし、他方で、〈地元〉が最終的なゴールとして観念されたときには、余剰性の感覚は消えてしまう。余剰的同一性Xは、〈地元〉がなければ触発されないが、しかし、まさに〈地元〉によって消去されもするのである。

結論的に言えば、天野アキにとっての北三陸は、余剰的同一性Xへの自覚を解き放つような〈地元〉、余剰的同一性Xの直接的な表現であるような〈地元〉である。アキは、袖が浜で海女になる。しかし『あまちゃん』は、後継者がいなくて困っていた海女の業界に、若い娘が東京から入ってきてよかったね、という類の話ではない。アキは、袖が浜(地元)で海女になるのだが、その活力をそのまま延長して、続いて、東京でアイドルになる。北三陸は、アキにとって、「(私の居場所は)東京ではない」という違和の感覚を、境界を越えて移動しようという積極的な意志へと転換する触媒《しょくばい》となっているのだ。この「境界を越える」というモチーフを、北三陸そのものに再帰的に自己適用すれば、彼女は、今度は、嫌いだった東京へと向かい、そこでアイドルを目指すこともできる。もちろん、東京はゴールではないので、東京にいたアキは、3・11の後、さらにもう一度、境界を越えて、北三陸にやってくる。

第2節で提起した二つの（相関する）疑問は、ここで解けるだろう。アキが、袖が浜で生まれ育ったとしたら、海女になることに生き甲斐を感じたりはしなかっただろう。海女は、時代遅れで地味な仕事にしか、見えなかったに違いない。「袖が浜での海女」は、アキが東京でどうしようもなく感じていた余剰的同一性Xが、具体化した姿である。言わば、Xに「海女」という特定値《とくていち》が代入されているのだ。だから、彼女が海女に意欲をもつためには、余剰的同一性Xが前提になる。つまり、アキが、最初に、（親である春子の上京に端《たん》を発する）古典的な東京指向の流れの中にあった自分の境遇と運命を引き受け、東京に育ち、そして東京に対して違和感をもつ、というプロセスがまずはなければ、海女は魅力的な仕事には見えなかっただろう。同様に、アキが東京にそのまま暮らしていたら、いつまでたっても、アイドルになろうなどという野心をもつことはなかっただろう。彼女がそうした大《だい》それた決断を下すためには、〈地元〉によって――北三陸という〈地元〉によって――余剰的同一性Xへの感覚が触発されていることが前提になるからだ。

「〈地元〉という特異的な場所への指向性」と「永続的な越境への意志として現れる余剰的同一性X」との間の結合を最もはっきりと表現しているのは、実は、アキではない。このドラマの中で最も動かない人物、つまり夏こそが、この結合の端的な実例である。この論点については、前章の最後に暗示しておいた。夏は、六〇年以上の人生の中で一度も北三陸を離れたことがない。しかし、彼女に「ここではないどこか」への指向がないわけではない。まったく逆である。彼女もまた、「ここではないどこか」へと向かう意志をもっている。ただし、それは、ほんとうに、「どこか」という不定性をそのまま保持しており、「東京」等の具体性を帯びることがないのだ。それは、いつまでも「どこかX」のままである。したがって、あえて言葉にしようとすれば、その「どこか」は、橋幸夫の「いつでも夢を」の「夢」という語によって表現されるだろう。

夏の、不定の場所「どこか」への指向性は、前章で述べたように、具体的な行動としては、二様《によう》に現れる。それは、一方では、「ここ以上のここ」へと潜ること、海女として海に潜ることとして現れ、他方では、夫忠兵衛の自由な移動性として現れるのだ。忠兵衛が、遠洋航海の漁師として、世界中の海を遊動することができるのは、夏が〈地元〉にいてくれるからである。夏の〈地元〉への定着が、忠兵衛の移動を刺激し、可能なものにしているのだ。忠兵衛の移動は、もちろん、東京への移動などよりはるかにスケールが大きい。つまり、その遊動域は、国民国家を規準とした偽《にせ》の「普遍性」には対応していない。むしろ、忠兵衛は、国民国家的な「似《え》非《せ》普遍性」を明確に拒否している。アキとの会話で、忠兵衛は、こう言っている（放送第四二回）。

「陸さ居る限りオラぁ日本人だ。日本の常識で計られるべ。んでも海は世界中繋《つな》がってるぺ。中国の鳥だからって中国語喋《しゃべ》るわげじゃね、アメリカのマグロも英語喋んね。だからオラも日本語喋んね。マグロは魚類、カモメは鳥類、おらぁ人類だ」（忠兵衛）

「…かっけー」（アキ）

　このように、忠兵衛の移動は、東京を中心においた（つまり国民国家の）擬似的《ぎじてき》な「普遍性」を越えた、類的な真の〈普遍性〉に対応している。留意すべきは、この〈普遍性〉が、夏（の地元）の〈特異性〉との結合の上で可能だったということ、である。〈特異性〉への徹底した内在なくして、〈普遍性〉への上向はありえなかった。両極が短絡的《たんらくてき》に結合しているのだ。[9]

5　トンネルを越えて

〈地元〉の〈特異性〉が〈普遍性〉への通路を開いている。とするならば、われわれは、『あまちゃん』が描く〈地元〉に、不可能性の時代を打開する革命へのかすかな暗示を読み取ってもよいのではないか。不可能性の時代の困難は、かつて社会の変容を導いていた理想がことごとく普遍的な説得力を失い、色あせていった、ということに淵源《えんげん》しているからだ。

　さらに、次のことを思い起こそう。本書で、以前、〈未来の他者〉との連帯はいかにして可能か、という問題について考察した（第7章）。詳しい筋はここでは再論しないが、われわれは次のように結論した。現在のわれわれの余剰的同一性Xが、〈未来の他者への応答〉が成り立つための必要条件になっている、と。そうである。〈地元〉が触発《しょくはつ》する余剰的同一性Xは、〈未来への応答〉という契機《けいき》を含んでいるのだ。

『あまちゃん』に「海女カフェ」という喫茶店が出てくる。海女カフェは、アキの発案で、町おこしのために作られた。海女カフェでは、海女たちが、あるいは海女の「コスプレ」をした女性たちが、観光客をもてなす。ここには、ちょっとしたライブができるステージもあった。海女カフェは、3・11の津波によって完全に崩壊してしまうのだが、震災後一年ほど経った頃、袖が浜の人々は、自らの手でこのカフェを再建した。そして、このドラマの最後に、鈴鹿ひろ美がここでチャリティコンサートを開くのだ。このように、海女カフェは、〈地元〉の人々と外来者とを結びつけるプラットフォームのような場所になるのだが、さらに、次のように想像してみたらどうだろうか。海女カフェのテーブルの席には、ときどき見えない客がやってきてすわっている、と。見えない客とは、未来からやってきた他者である。[10]

不可能性の時代においては、ユートピア的な「他なる現実」が不可能なものに見えてくる。さらに、それだけではなく、ときに、「この現実」「この社会」すらも、中長期的には不可能なのではないか、と思えてくる。これに対抗するかたちで、『あまちゃん』というドラマのメッセージを極大化して受け取るならば、こうなるだろう。「もうひとつの世界は可能である Another world is possible」「不可能なことは可能である」。

『あまちゃん』の最終回で、アキとユイの「潮騒のメモリーズ」は復活し、お座敷列車で歌う。「潮騒のメモリー」を。北鉄が、部分的に――北三陸駅と畑野駅の間だけ――復旧したことを記念したイベントである。アイドルへの復帰を決意したユイは、もう完全に、東京への幻想を払拭《ふっしょく》している。彼女は、ここで、〈地元〉でやっていこうと決めたのだ。「私に会いたい人はここに来ればいいのだ」と。

最後のシーンで、アキとユイは、畑野駅のホームでその日のお座敷列車について話し合い、反省している。線路の先には、トンネルが見える。北鉄は、まだそこまでは復興していない。二人で、トンネルの奥を見つめていると、突然、ユイがアキを誘う。「〔トンネルの中に〕行ってみよっか」と。アキは「じぇじぇ!?」と驚く。なぜなら、このトンネルは、ユイにとってはトラウマとなった場所だからだ。ユイは、このトンネルの中で、あの大地震を経験したのだ。しかし、ユイは自分から線路に下りて、トンネルへと歩いて行く。アキもこれを追い、やがて二人は、叫びながらトンネルの中を走る。かすかに射す光に向かって。つまり最後にもう一度、アキとユイは境界を越えて行こうとしているのである。ユイは、東京に憧れている間はどうしても越えられなかったトンネルを、〈地元〉に根を下ろすと決めたとたんに、やすやすと越えることができたのだ。〈地元〉と〈越境〉とが、つまり〈根をもつこと〉と〈翼をもつこと〉とが、完全に重なった瞬間である。

1　解釈改憲が許されるということは、「法の支配 rule of law」が成り立っていないことを含意《がんい》する。たいていの日本人は、中国や北朝鮮のことをひそかに見下しているが、その主たる理由は、これらの国は民主化されていないという点にある（経済的には、すでに中国に負けている――あるいは負けかけている）。中国や北朝鮮がまともな民主主義国ではないということの（すべてではないが）一つの意味は、これらの国では、法の支配が確立されていない、ということである。「法の支配」と「法治国家」は別の概念であり、また法の支配がないからといって、無秩序だというわけでは

2

ない。法学や政治学のイロハのイだが、法の支配の反対は、「人の支配」である。法の支配のポイントは、どんなに権力がある者も、またどれほど経済力がある者も、つまり社会の階層構造の頂点にいようとも、法の支配に服さなくてはならない、ということだ。現代の中国に（伝統的な中国も）法の支配がない、というのは、憲法よりも共産党の意志が優越するからである（伝統的な中国では、皇帝の意志が法を規定した）。共産党のトップに立てば、憲法を変えることも、憲法を無視することも可能だ。ところで、もし（現在の日本のように）与党や首相が――仮に選挙に勝利した後だったとしても――自分の恣意的《しいてき》な解釈によって実質的に憲法を変えることができるのならば、それもまた典型的な「人の支配」であって、「法の支配」の否定である。アメリカ大統領を見るがよい。アメリカ大統領はきわめて民主的な方法で選ばれ、日本の首相よりはるかに大きな権力をもち、非制度的な影響力まで考慮に入れれば、まちがいなく世界一の権力者だが、自分の自由な解釈によって合衆国憲法を変えるなどということは、ゆめ思うまい。合衆国では、法の支配が自明視《じめいし》されているからである。さらに、「集団的自衛権」によってアメリカの歓心を買いたい「親米派」のために次のことを付け加えておこう。もし、アメリカにとって、中国よりも日本が友好国なのだとすれば、その主たる根拠は、中国は十分に民主化されていない、ということにある。もし中国が民主化されれば、アメリカには、日本とだけ同盟して中国と対立する理由がほとんどなくなる。民主化のレベルは、アメリカに中国よりも日本が好かれる理由となる、ほとんど唯一の「長所」である。解釈改憲は、この長所を自分から放棄するものであり、日米関係の観点からしてもまことに浅慮《せんりょ》の産物というほかない。

ベンヤミン「歴史哲学テーゼⅧ」の意訳。このテーゼの以下のような解釈については、次を参照。

3 Slavoj Žižek, "Only a radicalized left can save Europe," *NewStatesman*, 25 June, 2014.

アフガニスタンで、医療活動や井戸掘り、用水路建設などの活動を続けているNPO「ペシャワール会」のリーダー、中村哲氏から、次のような話を聞いたことがある。中村氏の活動は草の根の革命運動のようなものだが、その活動を共にする現地の人々の中には、(元)タリバンの人も含まれているという。もっとも正式なタリバン資格証があるわけでもないので、誰がタリバンなのか(だったのか)を一義的に決められるものではないのだが。あるとき、そのようなタリバンの一人が中村氏に、耳打ちするように忠告したという。「ナカムラ、タリバンには気をつけたほうがいいぞ」と。中村氏は、「お前だってタリバンじゃないか」と突っ込みを入れたくなったが、黙って聞いていたという。タリバンであることと、草の根の革命運動に参加することの間には、言わば、排他的《はいたてき》な互換性《ごかんせい》があり、革命運動に入ってしまえば、自分がタリバンであったとの自覚も消えてしまうのである。

4 第8章で引用した、「地味で暗くて向上心も協調性も存在感も個性も華もないぱっとしない子」という春子の口癖が、東京にいた頃のアキを評するフレーズとして、番組の中で繰り返される。

5 もう一度、前章で引用した、阿部真大のアンケートのことを思い起こしてほしい。阿部が、(地元に残っている)大学生に「地元」として連想するものは何かと質問すると、出てきた答えは、「ミスド」や「マック」や「イオン」だった(『地方にこもる若者たち』朝日新聞出版)。「地元に帰ろう」の歌詞は、地元へのこうした感覚と対応している。

6 『あまちゃん』の視聴率は、二〇〇〇年以降のNHKの朝ドラとしては、かなり高いほうではあるが、最も高いというわけではない(たとえば二〇一二年前期の『梅ちゃん先生』のほうが、期間平均視聴率は高いし、『あまちゃん』の後に放映された『ごちそうさん』の視聴率も『あまちゃん』より高い)。しかし、引き起こした論議の拡がり、関連した書籍の量等々が示している熱狂の大きさに関しては、『あまちゃん』は、二一世紀に入ってからの朝ドラの中でずば抜けている。このギャップをどう考えたらよいのか。推測は難しくない。視聴者の中心にオタクがいたとすると、彼らの視聴は、しばしば、公式の視聴率に反映されなかったのではないか。オタクの多くは、朝を苦手としている。彼らの多くは、録画やネットで視聴していた可能性が高い。

7　辻泉「なぜ鉄道オタクなのか――「想像力」の社会史」宮台真司監修『オタク的想像力のリミット――〈歴史・空間・交流〉から問う』筑摩書房、二〇一四年。

8　たとえば「北鉄」のような小さな路線に。われわれはかつて（第3章）、マンガ原作者の竹熊健太郎の半生記から、彼をオタクの道へと導いた「国鉄鉄民さん」のエピソードを引用したことがある。鉄民さんは、総武線にだけ興味をもつ鉄道オタクだった（『私とハルマゲドン』太田出版、一九九五年）。

9　『あまちゃん』には、何組か、夫婦や恋人が登場する。アキと種市先輩との恋愛、春子と正宗（アキの父親）の夫婦、大吉と安部ちゃん、鈴鹿ひろ美と太巻プロデューサーという隠れた夫婦。しかし、どのペアにも、それほど熱烈な愛は感じられない。そうした中にあって、登場する夫婦・恋人の中で最も高齢のペアである夏と忠兵衛だけは、まるで新婚夫婦のように初々《ういうい》しく情熱的に愛し合っている。

10　『あまちゃん』には、カフェが三つ登場する。北三陸駅に直結している「リアス」と東京の純喫茶「アイドル」、そして「海女カフェ」である。「リアス」が古典的な地元を代表しているとすれば、東京に対応しているのが「アイドル」である。そして、「海女カフェ」は、そのどちらでもない〈地元以上の地元〉に対応している。なお、「リアス」と「海女カフェ」の対照については、中島岳志《たけし》氏より有意義なヒントをいただいた。

第11章　相対主義を超えて

1　二〇一五年の敗北

二〇一五年、日本では、いわゆる「六〇年安保」のときに匹敵する大規模なデモがあった。国会議事堂の周囲で、そして日本列島の各地で、安保関連法案に反対するデモがあったのだ。その規模は、敗戦後七〇年間で最大のレベルだ。

二〇一五年のデモに関して特に注目されたことは、参加者の中に、多くの若者が、二〇歳前後から三〇代前半あたりまでの若者が、大学生程度の若者が含まれていたことだった。このことが驚きの目で見られたのは、「この何十年間も、もう少し正確に言い換えれば、一九六八年あたりにピークを迎える若者の左翼的運動が沈静化《ちんせいか》した七〇年代前半以降、つまりは私が「虚構の時代」と呼んでいる戦後史の段階に入ってからこのかた、若者たちは、政治に無関心であり、しかもその無関心の度合いは、ますます高まってきている」と見なされていたからである。実際、彼らの政治への「無関心」は、この年齢層の投票率の低さ、投票率の長期的な低下傾向によっても実証されるので、こうした一般的な印象は事実に反していたわけではない。しかし、二〇一五年のデモには、多くの若者が参加した。

そのような若者の中心にいて、彼らの運動の象徴ともなったのが、SEALDs（Students Emergency Action for Liberal Democracy-s 自由と民主主義のための学生緊急行動）という名の学生団体である。この団体自体は、二〇一五年五月に設立されたのだが、さらに、二〇一三年一二月に結成された、「特定秘密保護法」に批判的な学生たちの団体が母体となっている。SEALDsには、会員資格のようなものがあるわけではないので、その正確な規模はわからない。いずれにせよ、この団体の行動が広く耳目を集めたことは間違いない。そして、この団体を支持し、応援する人たちがたくさん出てきた。とりわけ、彼らよりもずっと上の世代の者たちの中から。もっとも、SEALDsに懐疑的な人たち、批判的な人たちも少なからずいる。

ところで、私は本書の中で、若者たちの政治的な行為や意識について、次のような趣旨のことを論じてきた。単純に、一つの人格に関して、政治的な志向性があるとかないとかと断定することはできない。行為の表出には、さまざまなチャンネルがある。あるチャンネルではまったく出現しなかった傾向性や性質が、別のチャンネルにおいてははっきりと現れることがある。たとえば、ふだんはまったく平凡な利己的な人物が、危機的な局面で、突然、自分の命を顧《かえり》みないほどに崇高《すうこう》な利他主義者としてふるまったりする。若者の政治的な志向性についても同じことが言えるのではないか。

実際、多くの社会調査や現象が、現在の若者たちが、彼らの前の世代――二〇年以上離れた世代――よりもなおいっそう強い政治的な志向性や社会貢献意識をもっていることを示している。だが、それは、投票のような最も一般的な政治についてのチャンネルの中では、表出されない。しかし、適切なチャンネルが出現したときには、そうした若者たちの志向性は、行動として現れるはずだし、これまでも散発的には現れていた。私は、こうしたことを、あの手この手を使って証明しようとしてきた。

それゆえ、SEALDsをはじめとする、デモに出てきた若者たちは、本書で私が論じてきたことを裏付けるものだと言える。本書の中で予想してきたことが、まさに、その通りに実現したのである。

だが、この若者たちの行動は、いや若者だけではないが、二〇一五年に列島の各地で展開されたデモは、政治的には敗北した。もちろん、闘争は永続的なものだから、最終的には敗北したわけではない、まだこれからが勝負だ、ということにはなる。しかし、当面の目標、つまり安保関連法案の国会での否決は果たされず、法案は国会を通過した（そして実施された）。とするならば、まずは敗北を認めないわけにはいかない。

さらに——あえて言えば——この敗北は、予想外のものだった。少なくとも、予想を超えて、敗北の程度は甚《はなは》だしかったと言うべきではないか。「負けるにしてもここまでとは……」と言いたくなるような負け方である。デモが連日繰り返される中、法案を通そうとする安倍内閣の支持率は、ほとんど下がらなかった。法案の通過後には、支持率は、完全にもとのレベルに、つまり法案が閣議決定されるよりも前の水準に回復した。これは予想に反することではないか。

小泉内閣より後の日本のすべての内閣については、支持率は、ほとんど同じパターンで推移する。内閣発足直後には、どの内閣の支持率も六割を超え、かなり高いが、一年内外の短期間で支持率は下がり、最終的には二割前後になる。このレベルまで下がると、内閣の継続は難しくなり、別の総理大臣が立ち、新内閣が始まる。そして同じパターンが繰り返される。

国民に激しく反対されるほどのことをやらなかった内閣――少なくともデモによって反対の意志を示されたようなことは行わなかった内閣――でさえも、このようにして支持を失い、継続が不可能になるのだ。ところが、安倍内閣と与党は、戦後最大規模のデモによって反対されていることを強引に推進したにもかかわらず、さして支持率を下げることがなかったため、悠々《ゆうゆう》と法案を通すことができた。どうして、デモは、これまで政治的には眠っていた多くの若者たちまでも参加したデモは、これほどひどく政治的に敗北したのだろうか。[1]

2 「貧困世代」は代表されない？

この問題について、私はすでに一度論じている。[2] ここでは、さらに先まで考えを進めるために、別の角度から議論しておこう。

「貧困世代」という新造語がある。貧困世代とは、稼働《かどう》年齢層の若者で、かつ(社会状況が現状のままであれば)一生貧困であることがほぼ確実であるような人々のことである。つまり、一〇代から三〇代(一五〜三九歳)で、現在貧困であるだけではなく、そのまま死ぬまでずっと貧困であろうと予想される者のことを、貧困世代と呼ぶ。この語を導入したのは、藤田孝典である。[3] 私の時代区分を用いるならば、貧困世代の最年長層は、大学を卒業したとき、「不可能性の時代」(一九九五年〜)に入っていた世代だということになる。

藤田は、二〇一五年の著書で、ソーシャルワーカーとしての体験等をもとに、「下流老人」が大量にいる、という問題を指摘した。[4] 下流老人も藤田の造語で、極端に貧しい高齢者、つまり生活保護基準相当で暮らしている高齢者(とその恐れがある高齢者)のことだ。高齢者の経済的な格差が拡がり、ごく一部の富裕層の反対側に大量の下流老人がいる。

だが、下流老人を社会問題として強調すると、人は、仕事をしている若いころにはさして貧困ではないが、仕事を辞めた後に「下流」化する、というイメージをもつ。だが、藤田はさらに次のことに気づく。若い頃から貧困で、しかも必死に働いているのに貧困で、一度も中流にあがることがなく、そのままやがて下流老人に直結していく、そのような人生の行路が、今、用意されているということに、である。非常に多くの若者にとって、今や、このような行路を歩むことが、（このままでは）ほぼ確実なこととして予定されている。このような人々、およそ半世紀後の下流老人の予備軍、これが貧困世代（という若者）である。

貧困世代の若者は、社会人の場合には、たいてい非正規雇用の仕事に就いている。その月収は、生活保護の受給額とほぼ同じ（かそれ以下）で、単に生きることだけがやっといった水準だ。異様な激務であるにもかかわらず、将来的にも収入が上がる見込みはない。結婚したり、子をもったりなどということは、望めぬ「贅沢」と感じられている。親の実家で暮らすことができる人はまだ幸運である。しかし、「パラサイトシングル」という語が発明されたときには、「その気になればいくらでも自立できるのに」といった含みがあったが、貧困世代は、望んで親の実家にいるわけではない。親もすでに貧困なのだが、実家を出て生活することは、経済的にさらに困難で、実家は、出たくても出られない監獄のようなものになっている、と藤田は指摘する。

学生も貧困世代に含まれる。というより学生は貧困世代の中心だと言ってもよいくらいだ。現在の大学生の多くは、親からの仕送りだけでは生活することができない。そこで、アルバイトをする。ところが、現在の日本の労働環境のもとでは、学生たちが従事するアルバイトの多くが、「ブラックバイト」である。これも最近の造語だ。大内裕和によれば、ブラックバイトとは「学生生活と両立できないアルバイト」のことである。[5] 仕事の内容や量があまりに過酷であるため、勉強することができなくなるほどのアルバイトということだ。疲労のために、あるいは時間が不足して、勉強する余裕がなくなる。試験期間中でさえも休むことができず、ついにはアルバイトで試験を受けられず留年する、などということまで起きる。

特に深刻なのは、住宅問題である。収入が低すぎて、部屋を借りることができないのだ。藤田たちの実施したアンケート調査では、なんと四人に一人の率で、若者が一度はホームレス状態を経験しているのだ。アパートを借りることができないので、やむなく安い「家賃」の「脱法《だっぽう》ハウス」で暮らす者もいる。脱法ハウスとは、正式な借家でもなければ、宿泊施設でもない、法的に根拠のない施設で、使われていない事務スペースなどが充《あ》てられている。藤田の著書では、窓のない三畳ほどの部屋（というか囲い）のような脱法ハウスの実例が紹介されている。

藤田が著書の中で繰り返し強調していることは、このような貧困な若者は、例外的な少数派ではない、ということだ。それはまさに「世代」と呼んでもよいほど、若者の平均像である。極端な不運に見舞われたためにそうなったわけではない。怠《なま》け者がそうなるわけでもない。また能力が低い人がそうなるわけでもない。貧困世代的な人生は、多くの若者がすでに歩んでいる、あるいは歩みうる、少なくとも歩んでいたかもしれないと想定しうる、標準的な生のあり方だ。

＊

さて、ここでのわれわれの目的は、貧困世代の実態を知らしめることにあるわけではない。ここで問いたいことは次のことだ。これほど冷遇されているのに、これほど搾取《さくしゅ》されているのに、これほど困っているのに、どうしてこの若者たちは公共空間で「声」をあげないのだろうか。どうして、彼らは、その窮状《きゅうじょう》と不当を訴えるべく、そして事態の改善を求めるべく、たとえばデモなどの行動を起こさないのだろうか。いや、もちろん、多少の行動があることはわかっているし、彼らを支援するNPOや労働組合（ユニオン）もある。そもそも、藤田孝典にしても、この世代の一員であり、まさに問題の所在を明らかにし、改革のための策を提案するための活動の一環として、その著書を書いている。だが、藤田が述べるような貧困世代が若者にとって一般的な現状であると考えたとき、問題性を訴える若者自身の活動はあまりに小規模で影響力が小さい。どうしてなのか。

こんな問いを立てると、批判が飛んでくるだろう。「お前は若者たちの現状をわかっていないからそんなことを言えるのだ。彼らは、諦めざるをえないような状況に置かれている……」等々と。だが、私は、ここで若者たちを道徳的に非難するつもりはない。冒頭でも本書を振り返りつつ述べたように、私は、若者の政治的な主体性を信じている。彼らは、誰かが法や制度を変えてくれるのを待っているだけの受動的な対象ではない。だからこそ疑問なのだ。どうして、貧困世代の若者は、集団的な行動によって問題を訴えないのか。

疑問は、SEALDsのような若者がいることを思うとますます深まる。若者たちが一般に消極的で、政治に背を向けているわけではない。どうして、安保法制への反対についてならば、かなりの数の若者が動いたのに、貧困問題や労働問題では、それに匹敵する大規模な行動が生じないのか。ここで、最も避けなくてはならない誤り、誤りの中でも最も罪深い誤りは、「政治意識の高い優れた若者とそうではないダメな若者がいる」といった類の説明である。

そうだとすると、違いはどこから来るのか。日本の自衛隊がアメリカ中心の連合軍の一員として戦争することへの道徳的な憤り《いきどお》りとか、もしかすると徴兵制が採用されるかもしれないという恐れのほうが、ブラックバイトで働きづめに働いて、ときに「自爆」（売り上げがノルマ以下のときに自分で買い取ることを強いられること）で気がつけば数ヶ月の手取額がゼロ円であったことの失望や、結婚などとうてい望めぬものと思い定めて脱法ハウスで暮らし続けることの惨《みじ》めさよりも大きいのだろうか。多分、そんなことはない。それでは、安保法制反対を訴えて国会議事堂に集まった若者は、裕福で暇だったのだろうか。そんなことを言ったら、SEALDsのメンバーは怒るだろう。ではなぜ違いが出ているのか。

さらに、こうも考えられる。もし二〇一五年のデモが、貧困世代的な苦境のうちにある若者たちをも動員するものであったならば、それは「勝利」につながっていたかもしれない、と。イシュー（論点）が異なるのだから、そんなことはもともとありえない、という反論があろう。一方は、憲法九条や外交・戦争の問題であり、他方は、国内の再分配（社会福祉）や労働問題だ、と。だが、そうではない。たとえばSEALDsの活動の焦点にあるのは、究極的には、民主主義とは何かという主題であり、また立憲主義である。とするならば、論理的には、憲法が保証している「健康で文化的な最低限度の生活を営む権利」を奪われている若者が、運動に共感して、一緒にデモに参加してもおかしくなかったはずだ。だが実際にはそうはならなかったようだ。

もし、SEALDsのデモに関して、いや二〇一五年のデモ一般に関して、貧困世代の若者が、「私たちの願望や意志がそこに代表されている」という感覚をもつことができたならば、きっとデモは成果をあげただろう。貧困世代がそのような感覚をもつということは、若者だけではなく、それこそ下流老人などの貧困層のすべてが、デモに対して、自分たちの代表を見出していた、ということを意味するからだ。だが、あれほどの規模のデモが繰り返されながら、内閣支持率がさして下がらなかったということは、このような感覚が広く分け持たれることはなかった、ということを示している。多くの人がこう感じたのだ。「なるほど、その論点（安保法制とか解釈改憲等）についてはあなた方（デモ）に賛成だ。しかし、それは私にとっては大事なことではない」と。

3　新しくかつ古い哲学的問題

もう一度問おう。どうして貧困世代の典型であるような若者たちは、もっと積極的な政治的行動を起こさないのだろうか。

一般に、次のように言うことができる。人が公共空間で自ら固有の何者かとして現れながら、政治的な行動をとるのは——デモを起こしたり発言したりするのは——、自分が「呼びかけられている」と感じる場合である。具体的な誰彼にデモに誘われるとか、神や天の呼びかけの声を聞く、という意味ではない。客観的に見れば、その呼びかけは、自分で自分を選び、指名しているのだが、本人の主観的な意識には、何者かに呼びかけられ、それに応答せざるをえないといったかたちで事態は現れている。たとえば、SEALDsのメンバーは、それぞれみな、多かれ少なかれ、そのような内面の呼びかけを聞いたはずだ。[6] だが、貧困世代（として特徴づけられる限りでの若者）は、自分たちが呼びかけられている、自分に対してなされている不正を公共空間で語るべく呼びかけられている、とは感じていない。

　では、呼びかけを自覚するとは、どういうことなのか。どんなときに呼びかけられているという自己認識をもつのか。それは、公共空間において語ろうとしていること、訴えようとしていることについて、その普遍性を確信するか、にかかっている。SEALDsの参加者たちは、自らの主張に、民主主義、立憲主義、九条、平和主義、戦争反対、個別的自衛権とかといった主張に普遍的に妥当する正義があると直観している。それに対して、貧困な若者たちは、自分の要求に、すべての者にとって有意味な普遍性があるとは思っていない。それは切実であり、かつ当然の要求ではあるが、しかし、自分の個別の利害の問題だと感じられているのではなかろうか。

　ということとは、SEALDsは普遍的な正義のために戦い、貧困な若者たちは私的な利益にしか興味をもっていない、ということなのか。そうではない。結果が示していること、つまり「二〇一五年の敗北」が示していることは、むしろ逆のことだ。SEALDsが――というか彼らのみならずデモ全体が――主張したことも普遍的な訴《そ》求力《きゅうりょく》をもたなかった、ということ、この事実を認めないわけにはいかない。彼らの主張は、それはそれでわかるが、もうひとつの個別の欲求、それぞれに固有の価値観の表出、極論すれば一種の趣味の問題として、受け取られてしまったのである。それゆえに、貧困世代の若者を含む多くの人々が、デモの主張の中に、自分たちが代表されていると実感することがなかったのだ。[7]

すると、SEALDsをはじめとする、集団的自衛権に反対して行動した者たちとしては、主張の内容を練り直し、もっと説得力のあるものに、普遍的な正義としての条件を備えたものに改訂すればよい、ということなのだろうか。普通はそう考えるだろう。が、ここで、われわれは、現代の思想と哲学の先端的な問題にぶちあたっていることに気づかねばならない。そもそも、普遍的な真理、普遍的な正義などというものは存在するのか、と。ポストモダンの時代にわれわれが獲得した相対主義 relativism や脱構築主義 de-constructionism は、この点について懐疑的だ。つまり、ポストモダンの思潮は、普遍的な真理や正義などどこにも存在しはしないとして、それらを嘲笑的《ちょうしょうてき》に斥《しりぞ》けてきたのだ。それぞれの人の欲望や利害や価値観や趣味に基づく私的な言明の群れがあるだけだ、と。相対主義に基づくならば、結局は、神々の闘争が、つまり個人的な価値観や利害の間の闘争だけが残る。実際、二〇一五年に日本で起きた、集団的自衛権の是非をめぐる闘いは、こうしたタイプのものだった。われわれは、相対主義から普遍性を救出することができるのか。〈革命〉の——たとえば憲法から欺瞞《ぎまん》をすべて取り除いたり、格差問題の抜本的な解決になるような社会の構造的な変革の——可能性は、このことの成否にかかっている、と言っても過言ではない。

＊

問題を解くために、思い切った回り道をしよう。今、われわれは、相対主義と普遍的真理・正義という対立はポストモダンの時代の主題だと述べた。つまり、哲学の最新の主題のひとつだ、と。だが、これは哲学の最も初期の論争点だったとも言える。というのも、プラトンとソフィストとの間の対立も、まさにこの点にあったからである。

プラトンはもちろん、普遍的な真理や正義や美がある、という立場である。そうした普遍的なるものにプラトンが与えた名前が、「イデア」だ。それに対して、ソフィストは相対主義を標榜する。

たとえば、ソフィストの一人、ゴルギアスは、「存在」について次の三つの命題を主張したとされている。

①何も存在しない。
②もし何かが存在するとしても、それについて知りうることは何もない。
③もし何かが存在し、それについて知りえたとしても、他者に伝えうることは何もない。

この三命題をどう解釈すればよいのか。この命題は、パルメニデスの議論のパロディなのだが、いずれにせよ、後ろから遡るように読むと解釈しやすくなる。まず、それについて他者にきちんと伝達できないのだとすれば、われわれはそれをほんとうにはわかっていない、ということになる（③→②）。もし、われわれがそれを認識できないのであれば、それは実在していないに等しい（②→①）。つまり「③伝達（コミュニケーション）→②認識→①存在」という構成になっており、後の項はその前の項に還元できるということになる。[8] そうだとすると、ゴルギアスが述べていることは、現在の思弁的《しべんてき》実在論（speculative realism）をリードする哲学者カンタン・メイヤスーが言うところの「相関主義 correlationism」の、最初の原始的な表現だということになる。相関主義とは、思考と世界、あるいは認識と存在はたがいに相関しており、その相関の外には何もないとする説である。誰も「それ」について思考し、認識することがないのだとすれば、いかなる権利で「それ」が存在していると言えるのか。言えまい、とするのが相関主義だ。[9]

ソフィスト（ゴルギアス）によれば、結局、存在は、言語（コミュニケーション）に相関しており、言語による構築物だということになる。とすれば、言語を超越した存在や真理などというものは虚妄《きょもう》だ。「真理」と見なされることも、それぞれの言語を媒介にした世界でしかない。ここに、相対主義と同趣旨の見解が認められる。

4　革命が始まった瞬間

これを、つまり相対主義をどう乗り越えたらよいのか。[10] プラトンに回帰するわけにはいかない。われわれは、イデアの実在を想定するわけにはいかない。プラトンとソフィストとの対決においては、われわれは後者（相対主義）を支持しなければならない。だが、これが最終のゴールではない。さらに先があるのだ。

ゴルギアスのように考えた場合には、存在と認識と語りとが合致する。つまり、語ることのうちに、それぞれの話者に相関した「真理」や「正義」がある。だが、このゴルギアスのテーゼをひっくり返してしまい、こう考えたらどうであろうか。われわれの語りがとらえなかったこと、語られた内容との間の相関性を逃れてしまったことのうちにこそ、ほんものの普遍性が、普遍的な真理や正義があるのだ、と。つまりこういうことである。われわれは、何かを言わんとして語る。何ごとかを意図して語る。が、しばしば、ギリギリの語りの中では、意図していたこと以上のことを言ってしまう。もう少し厳密に言えば、積極的に語られていることとわれわれの語るという行為そのものが全体として表現していることとの間にはギャップがある。素朴な例をあげるならば、「あなたとのことはもう忘れました。もう想うことがありません」と繰り返し言うことで、実際に語ってしまっていることは、あなたのことが忘れられない、あなたをまだ愛している、ということであったりする。語られたことに関しては、相対主義からの批判（「そんなことは普遍的なことではない、あなたたちの個人的な信念にすぎない」云々）を免れることはできない。だが、語ることが語られたことに対して乖離《かいり》してしまうというその事実、それこそがまさに普遍的ではないだろうか。普遍性は、語られたことのうちにはないが、語る行為そのものが語られたことに対して余剰を孕《はら》むという事実のうちにあるのではないか。これこそ、フロイト的な意味における「無意識」である。われわれは、知っているということを自覚していることについて語ろうとする。知っているということを知っていることを、である。しかし、実は知っているのに、まさに知っているということを知らないことがある。それが無意識である。無意識は、自覚的に語ろうとしたことに対する逸脱《いつだつ》の中に、たとえば思わず言いすぎてしまうとか、言い間違えるとか、不必要に繰り返す等の逸脱として現れるというのが、フロイトの解釈である。

こうしたことが、どのような政治的な意義をもつのか。それを例示する場面として、フランス革命の引き金を引いた、三部会における、ミラボーの式部《しきぶ》長官への、それゆえ国王への拒絶の応答をとりあげよう。ミラボーは伯爵の称号をもち、一応貴族だが、放蕩三昧《ほうとうざんまい》で何度も牢獄に入れられたこともある、貴族の落ちこぼれである。しかし、体格がよく、天然痘の痕《あと》がある異貌《いぼう》の持ち主で、外見だけでも迫力があるが、それだけではなく、声も大きく演説の名手で、「雷」の異名で呼ばれていた。

フランス国王ルイ一六世は、一七八九年五月に、一八五年間開かれていなかった三部会を招集した。増税のためには、どうしても三部会の承認を必要としたからだ。しかし、三部会のメンバーは、とりわけ第三身分の代表は、増税以前に、王が要求する討議の仕方や議決の方法からして受け入れられず、会議は最初から荒れに荒れた。その日、つまり六月二三日、国王親臨《しんりん》会議の後、第三身分の代表者たちは、抗議のために議場にとどまっていた。ミラボーは、第二身分に属するが、第三身分に合流していた。この三日前に、彼らは、有名な「テニスコートの誓い」を——憲法が制定されるまでは断じて解散しないという誓いを——交わしていた。

さて、議場にとどまる第三身分のもとに、式部長官ドゥルー＝プレゼ侯爵《こうしゃく》がやってきて、国王が退去せよとの命令を出している、と伝える。するとミラボーが立ち上がって答えた。「わかった。われわれは国王の命令は理解した」と。そして続けた。「だが、お前はなんの権限があってわれわれに命令するのか？　われわれは国民(nation)の代表である！　国民は命令を発する。だが命令を受けはしない」。さらにミラボーは式部長官に言う。「行って、お前の王に伝えよ。われわれはここを退出するつもりはない。退出させることができるのは銃剣だけだ」。語り終えると、ミラボーは満足し、椅子に座ったという。

ミラボーのこの発言が決定的なターニングポイントになった。これをきっかけにして、儀礼的な三部会が革命へと転換したのだ。パリ市民がバスチーユ監獄を襲撃したのは、この三週間後のことである。ミラボーの発言の中で最も重要な語は、「国民nation」である。この発言は、この六日前に第三身分の者たちが「国民議会Assamblée nationale」なる組織を結成したときとともに、この語nationが政治的な意味で使用された、歴史上、ほとんど最初の瞬間である。[11] 彼は、この応答の中で、王を国民に置き換えた。命令を発する主体を交替させたのだ。この概念を得たことによって、第三身分の特定の意志が、国民＝人民の意志として普遍化された。それ以前は、それぞれの身分の利害に規定された特殊な意志があっただけで、それらを包括する普遍性は王に託されていた。しかし、ミラボーの発言によって、国民の誰もがそこに自分が代表されていると見なしうるような、普遍的意志の座が見出された。第三身分は第三身分（三つのうち一つの身分）ではなく、国民だからだ。逆に王のほうは、特殊な所属へと転落する（「あなたの王」）。

このときのミラボーの発言に関して、ハインリヒ・フォン・クライストがすこぶる興味深いことを述べている。「語りのプロセスにおける思考の漸次的《ぜんじてき》形成について」と題するエッセイで、彼は書いている。[12]ミラボーは語り始めたとき、つまり「わかった。われわれは王の命令を理解した」と言ったとき、この後何を話すかを決めておらず、自分でもわかっていなかったに違いない、と。まして、最後に「銃剣」云々でスピーチを締めくくろうとは計画していなかっただろう、と。ミラボーは、何も事前には考えずに、衝動にまかせて語っただけである。このクライストの推測は、ミラボーという人物の全体像を考えれば、十分に首肯《しゅこう》できる。彼は、宮廷とひそかに通じ、そこから金も受け取るようないかがわしい人物だったからである。[13]にもかかわらず、あの瞬間、彼は、無意識の衝動のままに語る中で、「国民」という語をまことに創造的な仕方で使用してしまったのだ。このとき、彼は自分で自分を制御できていなかったに違いない。

　語る行為が、積極的に語られたこと、語ろうと意図していたことに対して余剰を孕《はら》む、とはこのような事態を指している。この余剰だけが普遍的な妥当性に値する。われわれの本来の現場に戻ろう。たとえば、SEALDsが語っていたことには、この時代の相対主義を超克するような普遍性はとうていない。だが、彼らが駆り立てられるようにしてとった行動、その行動において表現されていることには、普遍性があるかもしれない。この行動に適切な記号（シニフィアン）が与えられ、行動そのものが対自化《たいじか》されれば、たとえば「貧困世代」として排除されている者たちも――フランス革命時の第三身分を連想させなくもない貧困層も――自らを投映しうる普遍的な概念が獲得されるかもしれない。

　さらに付け加えておこう。同じようなことは、日本の憲法九条についても言える。日本人が憲法九条についてこれまで語ってきたこと、語っていることは支離滅裂で、欺瞞に満ちている。しかし、かくも愚弄《ぐろう》しながら、この条項を捨てることができないということ、この条項をめぐって戯れ続けてしまうということ、こうした驚異の執着が表現していることには普遍性があるかもしれない。[14]

　繰り返そう。相対主義を乗り越える普遍性は確かにある。だが、われわれは注意深くなくてはならない。それは、否定的・消極的な仕方でしか、つまり語られたことへの余剰という形式でしか宿らないからである。

1　少なくとも、六〇年安保のときの首相、つまり安倍晋三の祖父岸信介《きしのぶすけ》は、デモの反対に抗して日米安保条約を改定したが、その結果、国民の支持を失い、首相の座を降りなければならなくなった。しかし、安倍晋三は問題なく首相を続けている。また、次のように想像したらどうだろうか。もし、デモが起きている最中に、安倍内閣の支持率が急落し、たとえば一〇パーセント台になっていたとしたら。この場合、与党の国会議員の中から離反者が出て、法案は通過しなかったかもしれない。しかし実際には、自分たちが擁《よう》する内閣の支持率が低下しないので、与党の議員たちは安心していたのだ。

2　大澤真幸「戦争と平和――九条の純化に向けて」『Thinking「O」』13号、左右社、二〇一五年。

3　藤田孝典『貧困世代――社会の監獄に閉じ込められた若者たち』講談社現代新書、二〇一六年。

4　藤田孝典『下流老人――一億総老後崩壊の衝撃』朝日新書、二〇一五年。

5　大内裕和・今野晴貴『ブラックバイト』堀之内出版、二〇一五年。

6　アラン・バディウに、〈(日常的な)存在〉と〈(決定的な)出来事〉という二分法がある。〈出来事〉は、呼びかけを自覚する者に対してのみ、まさに〈出来事〉として現れる。たとえば、3・11はどうか。それは、一部の人にとってはまさしく〈出来事〉だった。しかし、その〈出来事性〉を否認する者、そもそも〈出来事〉とは感じなかった者もたくさんいたようだ。二〇一五年に関しては、国会議事堂前の大規模なデモそれ自体が、デモ参加者にとって、〈出来事〉であった。以下を参照。Alain Badiou, *L'être et l'événement*, Paris, Minuit, 1989.

7　念のために書いておくが、このことは、集団的自衛権を含む安保関連法に普遍的な妥当性があると見なされたということではない。それもまた、いずれかの主体にとっての私的な利害や打算の表現と見なされた。
8 この解釈はジジェクに負っている。Slavoj Žižek, *Less Than Nothing*, Verso, 2012, p.75.
9 カンタン・メイヤスー『有限性の後で』千葉雅也・大橋完太郎・星野太訳、人文書院、二〇一六年。メイヤスーは相関主義の完成した形態をカントに見ている。しかし、ゴルギアスの主張にすでにその胚子《はいし》がある。思弁的実在論は、相関主義を超えようとする試みである。
10 ゴルギアスの問題提起がメイヤスーの造語で言えば相関主義にあたる、と述べたことからも示唆されていたように、この問いは、哲学的には思弁的実在論の主題でもある。以下に述べることは、メイヤスーの前掲書で論じられていることの、いささか思い切った言い換えであり、要約でもあり、さらに政治的な局面への一種の応用である。
11 ラテン語のnatioに由来するこの語自体はたいへん古い。しかし、この語には、なんらの政治的な含蓄もなかった。たとえば、この出来事の一三年前に書かれたアダム・スミスの『諸国民の富 Wealth of Nations』の「諸国民」は、たんに「人々」というだけで、政治的な意味あいをまったくもたない。以下を参照。大澤真幸『ナショナリズムの由来』講談社、二〇〇七年。
12 S. Žižek, *op.cit.* pp.569-573. より。
13 ここで、第4章で紹介したコルベ神父のことを思ってもよい。反ユダヤ主義者でもあったコルベが、アウシュヴィッツで思わずとった崇高な行為を、である。ミラボーの二重性は、コルベの二重性と似ている。
14 こうした観点から日本国憲法を論じたのが次の著作である。柄谷行人『憲法の無意識』岩波新書、二〇一六年。

第12章　「呼びかけ」と〈呼びかけ〉

1　I would prefer not to

ウォール街のある弁護士の事務所に、バートルビーという名の品のよい青年が書記として就職した。一九世紀の半ばのことである。ニューヨークのウォール街は、この頃、すでにアメリカの金融の中心であった。半世紀も経てば、ここは、アメリカだけではなく世界の資本主義の中心となる。だから、この街は、多くの弁護士を必要としていた。件の弁護士も、そうした需要に応じて、事務所を構えていた。彼は、実際、自分のことをこのように紹介している。「〔陪審員団を前にして刑事事件の被告を弁護するより〕お金持ちの方々の債権証書や抵当証券、または不動産権利証書なんかに囲まれて、気分よく仕事をするほうを好む人間なのであります」と。つまり、ウォール街にぴったりの弁護士、というわけである。こういう弁護士は、当然、事務所で働く人を何人か雇う必要があった。彼の弁護士事務所も仕事が急激に増え、これまでの二人の書記——と一人の給仕——に加えて、もう一人、書記が必要になった。求人広告に応じてやってきたのが、バートルビーである。

これは、一八五三年に発表されたハーマン・メルヴィルの中編小説『バートルビー——ウォール街の物語』の設定である。この小説は、語り手である弁護士が、バートルビーの奇妙な生態を記述する、というスタイルになっている。この小説は、書かれた当時にはほとんど無視されたが、[1]二〇世紀になってから、多くの哲学者や批評家の思考を触発するものとなった。バートルビーの「行動」にふしぎな魅力が宿っているからだ。この小説に惹きつけられた哲学者は、ブランショ、デリダ、ドゥルーズ、そしてネグリとハート、さらに加藤典洋《のりひろ》などである。[2]中でも、ジョルジョ・アガンベンは、洞察力溢れる読解によって、この小説の哲学的な含意を引き出している。[3]

バートルビーとは何者なのか。彼のやったことの何がそんなにおもしろいのか。小説を最後まで読んでも、バートルビーが何者か、どこから来たのか、どんな家族に属していたのか、これまでどのようなキャリアを積んできたのか、はまったくわからない。結末で、彼の前職についての不確かな噂が紹介されるだけである。そして、彼は、おもしろいことは何もやらない。というより、彼は、何もしないのだ。彼の行動とは、まさに行動の否定、無為そのものである。

バートルビーは、雇い主である弁護士から仕事を頼まれても、それを拒否して、仕事をしようとしない。雇われた当初は、バートルビーは、最も肝心な筆写の仕事だけは、ものすごい勢いで、尋常《じんじょう》ならざる量をこなしていた。だから、弁護士は、最初はバートルビーを有能で勤勉な書記であると考え、大いに喜んだ。ところが、ある日、書き写したものを急いで点検する必要があり、弁護士がバートルビーに口述を頼むと、彼は、「私はそれをしないほうがいいと思います」と言って、協力をいともあっさりと拒否したのである。弁護士はあまりにも予想外の答えに、一瞬何が起きたか理解できず、沈黙して座り込んでしまった。その後、バートルビーは、何を頼んでも、「しないほうがいい」として断ってきた。そして、ついに、バートルビーは、彼がまさにそれのために雇われている仕事、つまり筆写の仕事さえも、同じ言葉で拒《こば》むようになったのだ。この間に、バートルビーは事務所に住み着いているらしい、ということもわかってくる。

こうなれば、弁護士としては、バートルビーを解雇したほうがよい、と考える。実際、弁護士は解雇を言い渡す。それなのに、彼はバートルビーを解雇することができない。バートルビーは、こともなげに、この事務所から「立ち去らないほうがいいと思います」と言い、一向に事務所から出て行かないからだ。いろいろ手を尽くしてもバートルビーを追い出すことができなかった弁護士は、ついにあきらめて、自分たちのほうが去ることに決めた。つまり事務所のほうを移動させたのだ。バートルビーはどうしたのか。何もしなかった。つまり、彼は、事務所があった建物を離れようとしなかったのだ。建物の家主から弁護士に苦情が来たため、彼は、なんとかバートルビーを建物から去らせようと説得するが、それも断られてしまう。最後に、バートルビーは、警察によって強制的に、「墓場」と呼ばれている市立刑務所に送られた。彼は、「墓場」でも拒否の態度を貫くことで、つまり食事を拒んだまま、死ぬことになった。

以上が、『バートルビー』のプロットである。ここに記したように、バートルビーの口癖、雇い主からの依頼を拒むときの決まり文句は、“I would prefer not to...(私は……しないほうがよいと思う)”という不自然な言い回しである。この小説へのすべての批評的な考察の焦点には、この言い回しがある。彼は、ただこう言うだけで、どうして仕事を拒否するのか、その理由を絶対に言わない。バートルビーは、カフカの小説の主人公たちの裏返しである。カフカの主人公たちは、理由のない呼び出しを受け、それを拒むことができない。バートルビーは、呼び出しを、理由なしに拒否する。

とりあえず、バートルビーの態度の論理的な位置だけを確定しておく。アガンベンは、『バートルビー』の中で、ライプニッツの『自然の諸要素』の中から、諸様相の分類図式を引用している。この図式を用いれば、バートルビーがやっていることは、「Xしないことができる」ということにあたる。たとえば、彼は筆写しないことができるのだ。つまり、バートルビーとは、純粋な偶有性 contingency のうちにとどまる者だということになる。

可能なもの	とは存在	することが	できる	何かである
不可能なもの		することが	できない	
必然的なもの		しないことが	できない	
偶有的(偶然的)なもの		しないことが	できる	

なぜ、この小説を紹介することから始めたのか。ここに資本主義に対するミニマムな抵抗と革命があるからだ。もちろん、まったく個人的な営みで、集団的な広がりもなく、体制を転換させたわけでもない

のだから、これが完成された革命だったとはとうてい言えない。しかし、この小説の副題が、「ウォール街の物語」であることに留意しなくてはならない。バートルビーの絶対的な拒否が、ウォール街の金融資本の守護者である弁護士事務所を根底から揺さぶっている。とすれば、ここに革命の端緒《たんしょ》、革命の精髄《せいずい》を詰め込んだ種子を見てもよいのではないか。これは、私一人の見解ではない。たとえば、ネグリとハートは、バートルビーを――J・M・クッツェーの小説『マイケルK』の主人公マイケルKと合わせて――論じて、「労働と権威の拒否、つまりじつをいえば自発的隷従の拒否は、解放の政治の始まりにほかならない」と断じている。[4]

だが、バートルビーは、上司の何か特定の命令を――納得のいかない一部の命令を――拒否しているわけではない。彼は、すべてを無差別に拒否しているのである。その結果は、行動のまったき否定、完全なる無為である。これほど「革命」に反するものはないのではあるまいか。どうして、これが、ウォール街を震撼《しんかん》させるのか。どこに、それほどのインパクトがあるのか。どのような意味で、これが革命の――断固たる行動――端緒と解釈できるのか。

2　Klēsis = Klasse

これらの問いに答えるためには、とりわけ資本主義を資本主義たらしめている仕事や労働の性格について、ごくかんたんにでも検討しておく必要がある。この主題に関して、最も示唆に富むのは、今でも、社会学の古典中の古典、マックス・ヴェーバーの『プロテスタンティズムの倫理と資本主義の精神』だ。[5] ヴェーバーはこの有名な論考の前半で、ルター訳（として普及した）聖書で、パウロの「召命《しょうめい》 klēsis」という語にドイツ語の「Beruf（英訳 calling）」が充てられ、さらに、この語が「職業」という意味を獲得したことに注目した。本来は、神からの召命、神の呼びかけに、世俗の職業という含意はまったくなかった。ルター派プロテスタンティズムとともに、職業そのものが、神からの召命によるとする解釈（つまり職業は天職であるとする解釈）が始まる。職業が召命としての意義を十全に獲得するのは、しかし、ルター派においてではなく、禁欲的プロテスタンティズムの諸派、とりわけカルヴァン派においてだった、というのがヴェーバーの歴史解釈である。ルター派においては、ベルーフは、単に適応し、甘受《かんじゅ》すべき聖慮《せいりょ》だが、カルヴァン派においては、それは、神の栄光につながる、個々人の使命である。つまり、ルター派のベルーフに対しては信者は受動的・消極的に関わることになるが、カルヴァン派のベルーフに対する信者の関わりは能動的・積極的である。ベルーフとしての職業に対する、プロテスタント的な態度、とりわけカルヴァニスムの態度こそが、資本主義の精神の原点になった。これが、ヴェーバーの有名なテーゼである。

このヴェーバーの説を、われわれとしては、さらに次のように解釈し、敷衍《ふえん》してみよう。もしベルーフ＝職業という観念が資本主義の精神の源泉にあるのだとすれば、資本主義の中で生き延びるためには、まして、資本主義の中で勝者になるためには、その人は、「ベルーフ」であると確信をもてるような職業をもっていなくてはならない。彼または彼女は、自身の職業に対して、それがベルーフであるかのように関係することができなくてはならないのだ。

このことは、もちろん、敬虔《けいけん》なプロテスタントでなければ、資本主義の中で成功しえない、という意味ではない。実際、現在の資本主義の中で成功したり、主導権を握ったりしている者たちは、必ずしもプロテスタントではないし、プロテスタントの末裔《まつえい》でさえない。しかし、ヴェーバーが示したような因果関係があるのだとすれば、資本主義というシステムでは、成功や勝利を望むプレーヤーたちは——その信仰の如何《いかん》に拘《かか》わらず、また仮にいかなる神をも意識的には信仰していないとしても——、まるで自分の仕事がベルーフであるかのように、つまり神のような超越的な存在からその仕事を遂行するように呼びかけられ、命令されているかのように振る舞わざるをえない。そうでないプレーヤーは、敗者になるか、場合によっては（失業して）システムから排除されることになるからだ。

資本主義の下では、職業は、最小限の、あるいは一定の満足できる水準の生活の糧《かて》を得るためにあるわけではない。また、何らかの（仕事以外の）快楽や幸福をもたらすのに必要なお金を得るため（だけ）に職業があるわけでもない。自分の職業にこのような意識しか抱くことができない者は、どちらにせよ、資本主義の中でたいした成功を収めることはないだろう。資本主義の中では、職業を遂行することにおいて、あたかも神からの呼びかけへの応答であるかのように、つまり適切な水準の自己利益を超えた過剰な使命を実行するかのように振る舞う者が、生き延びることができるのだ。

このようにヴェーバーのテーゼを一般化して捉え直すと、われわれは、これを、ベンヤミンの資本主義論へとそのまま接続することができる。遺稿のひとつ「宗教としての資本主義」の中で、ベンヤミンは、次のような趣旨のことを述べている。[6]
普通、資本主義は、世俗的な体制であり、反宗教的・冒瀆的《ぼうとくてき》でさえあるシステムだと見なされている。しかし、ベンヤミンに言わせれば、実際はまったく逆である。資本主義は、これまでに存在した宗教の中で最も極端で絶対的な宗教だ。その中では、教義や理念ではなく、信仰の遂行のみが意味をもつ。資本主義という宗教の中では、信仰は永続的であり、聖日と労働日の区別がない。つまり単一の聖日（宗教的に特別な価値を帯びた日）だけがある。ということは、宗教としての資本主義においては、信仰と労働とが一致している、ということになる。

このベンヤミンの解釈は、資本主義の精神についてのヴェーバーの説を敷衍して述べてきたことと正確に重なる。労働（職業）こそが、神の呼びかけに応ずることであって、信仰そのものの遂行なのだ、と。[7]

*

資本主義というシステムを駆動《くどう》させる中核的な要素を、ヴェーバーは、ベルーフとしての職業に見た。これに対応する役割を果たす概念を、マルクスの理論のうちに見出すとすれば、それは、「階級」であろう。ところで、今日ではまったく普通に使用されている階級Klasseという概念は、マルクスの発明品である。彼は、フランス語からの借用によって、新語を創造したのだ。なぜマルクスは、新語を導入する必要があったのか。ヘーゲルは、マルクスだったらKlasseと呼ぶ対象を、伝統的な語彙《ごい》Stand（身分）で指示している。なぜマルクスは、Standを使わず、わざわざKlasseという聞きなれない語を用いたのか。

ヴェーバーが、意図せざるかたちで、間接的なヒントを与えてくれる。そしてそのヒントが、ここまでヴェーバーとベンヤミンを通じて述べてきたことと、マルクスの理論との間にひとつの重なりを指示することにもなるのだ。ヴェーバーは、脚注の中で、こう述べている。「klēsis（召命）」という語が、「少なくともここ〔『プロテスタンティズムの倫理と資本主義の精神』〕で論じられているもの〔職業〕を想起させる意味」をもつ唯一のギリシア語のテクストは、ハルカリナッソスのディオニュシオスの一節である、と。[8]

ではディオニュシオスは何を言っているのか。市民の集合の中で兵士として召喚された部分を、ラテン語ではclassis（クラッシス）と呼ぶ。もちろん、これは、フランス語のclasseの語源である（このclasseをドイツ語化して、マルクスはKlasseにした）。ディオニュシオスが推測しているのは、このclassisの語源である。彼によると、ラテン語のclassisはギリシア語のklēsisに由来するのだ。すると、

klēsis（召命）〔ギリシア語〕⇩classis〔ラテン語〕⇩classe〔仏語〕⇩Klasse〔独語〕

という系譜を導くことができる。この系譜が正しければ、BerufもKlasseもともに、klēsis（召命）という語に発していることになる。

残念ながら、この語源学的な推測は、今日の知見からすると認めがたいようだ。つまりclassisの語源はklēsisだという推測は正しくない。しかし、それでも、ディオニュシオスの説を、われわれの考察を推進させるための起爆剤として活用することができる。というのも、マルクスのKlasseの中には、klēsisの含みが響いているからである。このように提案しているのは、ジョルジョ・アガンベンである。[9] アガンベンの誘いにあえて乗ってみることにしよう。

マルクスによれば、ブルジョワジーはクラッセ（階級）であってシュタント（身分）ではない。それは、むしろシュタントの解体をこそ表現しているのだ。このように

述べるとき、マルクスはいったい何を言おうとしているのか。たとえば、貴族（身分）は永遠に貴族のままであり、平民は平民のままである。つまり身分は個人の不可分の属性になる。階級はまったく逆である。個人の社会的所属を階級として把握することは、その個人と彼の社会的な姿としての階級との間には、本質的なつながりがないということを、むしろ両者の間には分裂があるということを暗示している。貴族が貴族であることは必然である。それに対して、ブルジョワがブルジョワジーに属していることは偶有的《ぐうゆうてき》である。したがって、ブルジョワは、ブルジョワになるのだ。

このとき、つまり個人が自ら能動的・選択的にブルジョワになるとき、klēsis（召命）が効いている。彼は、神からの呼びかけられた使命であるかのように、永続的に資本を蓄積し続ける。マルクスは、資本家やその前身としての守銭奴《しゅせんど》を、「天国に宝を積む」ために（この世においては）無欲な信仰者と類比的に捉えている。資本家の行動は、神の呼びかけに答える禁欲的な信仰者のそれだからだ。これは、ヴェーバーが見ていたことと正確に同じ現象だ。

3　無為と行動

さて、資本主義における仕事・労働の性格についてこのように確認しておけば、ウォール街のバートルビーの行動、というか無為にどのような意味があるのか、少しずつ明らかになってくる。資本主義において、人は呼びかけられている。神のようなものに呼びかけられ、労働し、職業に打ち込むのだ。バートルビーは、雇い主からの要求・命令をことごとく拒否する。これらの要求・命令の向こう側には、資本主義というシステムの一般を特徴づけている呼びかけがある。バートルビーが拒否しているのは、この呼びかけである。バートルビーの態度が、一弁護士事務所の範囲を超える広がりをもちうるのは、そこに、こうした意義を認めることができるからだ。

とはいえ、彼のこうした拒否の姿勢は、あまりにも消極的ではないか。革命と見なすには、それは、あまりに非創造的ではないか。ここで、バートルビー的な徹底した無為が、ときに最も果敢な行動と合致しうるということ、少なくともその条件となりうるということ、このことを理解しなくてはならない。順を追って説明しよう。

まず、前節に紹介したマルクスの議論、階級についての彼の議論から、われわれは次のような含意を引き出すことができる。資本主義は、ある意味で、革命そのものだ、ということ。資本主義は、革命を内包したシステムなのである。革命的な運動に身を投じた者たちは、実際に、神からの呼びかけのようなものを直観し、一種の宗教的な信念に基づいて行動しただろう。同じように、資本主義は呼び出しのシステムだった。その中で、人は、召命として職業に従事し、神から呼びかけられているかのように労働する。その結果が、資本主義にあっては、既存の階層構造の流動化、身分の解体である。とすれば、資本主義とは日々の革命ではないか。

資本主義の革命としての本性を確認させる、現代的な実例は、中国の資本主義である。「改革開放」を唱えて以降の中国、とりわけ二一世紀の中国、「社会主義市場経済」という看板を掲げている中国流の資本主義と、それ以前の「文化大革命」とを比較してみるとよい。文革は、それこそ、日常それ自体を革命しようとする運動であった。それは、とてつもない規模の物理的・精神的な破壊と正確にその数がわからないほどの大量の犠牲者を生んだが、しかし、中国人の伝統的な行動様式を根底から変えるものではなかった。あえて誇張して言えば、毛沢東のもとでの文革は、秦の始皇帝がやったことの繰り返しである。変化の広がりや深さという点では、現在の資本主義がもたらしつつあるもののほうが大きい。実際、資本主義をおおむね受け入れた後の中国は、日常的に革命しているような状況である。社会主義市場経済という資本主義が、文革が果たせなかった夢を実現しつつある、と言ってもよいくらいだ。資本主義は文革以上の革命である。あるいは、こう言い換えてもよいかもしれない。中国の資本主義化が順調だったのは、文革による準備作業があったからだ、と。いずれにせよ、資本主義こそ文革の徹底化であり、完成である。

資本主義を革命によって乗り越えることが困難、というかほぼ不可能なのは、資本主義がすでに革命だからだ。革命自体は革命できない。脱構築そのものを脱構築できないのと同じように。この革命不可能なものへの革命的な挑戦が、バートルビーの絶対的な拒否、バートルビーの無為である。

＊

この意味を鮮明なものにするために、あるギリギリの局面での態度と選択を見てみよう。これから紹介する場面で、誰がバートルビーなのか、バートルビー的に振る舞っているのは誰なのか、考えてみるのだ。

一九一七年のロシア革命の渦中のことである。ロシアは、まだブルジョワ的な民主主義革命さえも完遂できるかどうかわからないときだった。革命勢力は厳しい選択に迫られることになった。六月一八日にペトログラードで大規模なデモがあった。この後、革命勢力は大きく二分された。というか、それ以前からあった対立がより覆い隠せないものになった。以下の二つの勢力のうち、どちらがバートルビー的か。これが「練習問題」である。

一方には、（第二次）臨時政府を構成していた党派――デモ直前の全ロシア・ソヴィエト会議の多数派でもあった者たち――の、つまりはエス・エル（社会革命党）やメンシェヴィキの立場があった。彼らは、民主主義革命を経てプロレタリア革命へと至るという歴史の客観的な発展段階についての法則を重視していた。つまり、彼らは、まずはブルジョワ民主主義派と手を組んで、民主主義革命を実現すべきであり、それより前にはあわてて進むべきではない、と主張してきた。労働者や人民の間で臨時政府への不満は高まっているが、調子に乗って過激なことをすればかえって失敗する、プロリタリア革命の機は未だ熟してはいない、これがエス・エルやメンシェヴィキの立場であった。だから、彼らが、六・一八デモのために用意したプラカードは、「憲法制定議会を通じて民主共和国へ！」「革命勢力の統一！」といったものであった。

他方、これに対して、レーニン等ボルシェヴィキ側に味方するプラカードは、「一〇人の資本家大臣を倒せ！」「全権力を労働者・兵士代表ソヴィエトへ！」といったものだった。つまり、レーニンたちは、状況へ積極的に介入すべきだ、と考えた。「時期尚早」を恐れるメンシェヴィキとは対照的である。

以上の二派のうち、どちらがバートルビーの態度を反映しているのか。行動に対して消極的なほう、どちらかというと「多くをしないこと」のほうへと傾いている前者、臨時政府を支えるメンシャヴィキやエス・エルのほうが、バートルビー的であると答えたくなるかもしれない。しかし、そう回答するとしたら、まだバートルビー的な態度の最も重要なポイントがわかっていない、ということになる。この場面では、バートルビーに似ているのは後者、レーニンたちボルシェヴィキのほうである。どうしてそのような結論になるのか、その点を理解することが要諦である。

メンシェヴィキら前者はどうして果断に前進できないのか、どうして彼らの腰が引けているのか、その理由を考えるとよい。彼らは、機が熟していないのにやりすぎて、失敗したくないのだ。言い換えれば、彼らは、客観的な歴史法則に照らしてみて、彼らがやろうとしていること、やっていることが間違ってはいないのか、法則に合致しているのか、と気にしている。わかりやすく言ってしまえば、彼らは、歴史の神（歴史法則）に呼びかけられていることが確実だったら行動したい、と言っているのだ。歴史の神が呼びかけていないのに、あるいは呼びかけを聞き間違えて行動したくない、というわけだ。バートルビーとは、偶有性（偶然性）を純粋状態でキープすることだったことを思い起こしておこう。これとは逆に、メンシェヴィキたちが欲していることは、必然性として、つまり（法則に照らして）「そうするほかない」「そうしないことができない」という状態で行動すること、である。こう考えると、彼らが、バートルビーとは正反対であることがわかるだろう。

メンシェヴィキやエス・エルなど臨時政府の主流派に対して、レーニンたちボルシェヴィキが言っていることは、「歴史法則からすると今こそ行動すべきときなのだ」ということではない。そうではなく、行動を、神（にあたるもの）の呼びかけや神の承認に依存させてはいない、ということだ。それとは関係なく決断し、行動しなくてはならない。自分たちの行動を正当化してくれる、超越的な審級（神とか歴史法則とか）が外部に存在していることをあてにしてはならない、これがレーニンたちの主張と行動が表明していることである。このように、神の呼びかけを無視できるためには、神の呼びかけが聞こえていそうなときに、「しないこと」ができなくてはならない。バートルビーのように、である。「しないことができる」ということ、つまりは偶有性が、レーニンたちの断固たる行動の、論理的な前提条件となっている。バートルビーは、メンシェヴィキやエス・エルの側にではなく、ボルシェヴィキ側にある、と言ったのは、こういう意味である。

神的なもの、外部にある超越的なものからの呼びかけに応じた必然の使命として、つまり召命に応えるように行動したい。これは、資本主義を支えている基本的な欲望である。このことを思うと、メンシェヴィキやエス・エルの心性は、資本主義的なものの内にある。それは、決して、資本主義を超える革命にはつながらない。先に述べたように、資本主義は、それ自体、革命の形式をとった体制である。もし仮に資本主義そのものを超えていくような革命がありうるとすれば、そうしたものが可能だとすれば、それは、バートルビー的な態度を通過したものでなくてはならない。それがいったん、呼びかける神の外的な存在を還元（無化）するからである。

では、レーニンたちは、何の呼びかけも聞かないのだろうか。彼らを、行動へと駆り立てる契機は、何なのか。彼らもまた、呼びかけを聞いているはずだ。ただ、その呼びかけの主体、呼びかけの担い手は、彼らの行動の外部にはない。たとえば、一神教の神とか歴史法則とかといったような抽象的な実体としても、また上司とかリーダーとか具体的な個人としても、あるいは大衆や国民とかといった集合的な実体としても、呼びかけがそこから発しているとされる何かが外的には存在しない。あの瞬間、レーニンたちも呼びかけを聞いた。その源をあえて特定すれば、結局、自分たち自身に、自分たちの行動自体にあったと言うほかない。

ここで、われわれは、二種類の呼びかけを区別しなくてはならない。一方に、外部の超越的な実体――具象的であったり抽象的であったりする実体――に帰せられる「呼びかけ」がある。他方に、行動する者自身の外部に根拠をもたない〈呼びかけ〉がある。〈呼びかけ〉を聞くためには、「呼びかけ」に対して耳を塞《ふさ》がなくてはならない。これがバートルビーである。

*

ここで、前節であえて論じなかったことをあらためて主題化しよう。われわれは、マルクスの「階級 Klasse」の概念に「召命 klēsis」の含みが入っている、と論じた。そこで、ブルジョワジーについて指摘したのだが、階級はもうひとつある。プロレタリアートである。

プロレタリアートは、マルクスの世界では、独特の階級である。それは、階級の否定であるような階級だからだ。ブルジョワジーが、身分 Stand の解体であるような階級、身分の否定によって定義される階級だったとするならば、階級それ自体の否定によって定義されるのがプロレタリアートである。プロレタリアートは、階級分化そのものを廃絶できる唯一の階級とされているからである。『ヘーゲル法哲学批判』のくだりは、あまりにも有名である。長文なので一部を省略して引用しよう。

それでは、ドイツ解放の積極的な可能性はどこにあるのか。解答。それはラディカルな鎖につながれたただひとつの階級の形成のうちにある。市民社会のどんな階級でもないような市民社会の一階級、あらゆるシュタントの解消でもあるような一シュタント、その普遍的な苦悩ゆえに普遍的な性格をもち、なにか特殊な不正ではなく不正そのものをこうむっているためにどんな特殊な権利をも要求しない一領域……ひとことでいえば、人間の完全な喪失であり、したがって、ただ人間を全面的に救済することによってのみ自分自身を達成することができる領域〔…〕の形成のうちにある。こうした解消をひとつのシュタントとして体現したもの、それがプロレタリアートである。[11]

われわれのここまでの考察と関係づければ、次のように言ってもよいのではないか。資本主義の神の「呼びかけ」に答えて仕事をするのがブルジョワジーであるとすれば、神なき〈呼びかけ〉に応答するのがプロレタリアートである、と。「ブルジョワジー／プロレタリアート」という対立を、「資本家階級／労働者階級」という対立と同一視してはならない。前者は、後者のように、経済に関係する客観的な指標、たとえば資産の多寡《たか》とか生産手段の所有／非所有によって定義されるわけではない。「ブルジョワジー／プロレタリアート」は、資本主義に内在する行為者の、資本主義というシステムに対する主体的な態度に究極的には規定される。彼または彼女は、どちらを選んでいるのか。「呼びかけ」か〈呼びかけ〉か。

階級の分化を、論理的様相との関係で定義することもできる。階級の階級たる所以《ゆえん》――階級を身分と分かつ条件――は、個人とその社会的なポジションとの間の分裂にあった。貴族は生まれてから死ぬまで貴族のままだが、ブルジョワは本来的にブルジョワであるわけではない。つまり、私がブルジョワであるということには、偶然性が入り込む。私がブルジョワではなかったかもしれない、という可能性が留保されているからだ。

しかし、ブルジョワジーにとっては、この偶然性は、最終的には飼いならされ、解消される。もしその個人の階級帰属が、神的なものの「呼びかけ」に応じたことの結果ならば、たとえば（カルヴァン派が信じているように）神がその個人に対して予定していたことならば、あるいは資本主義的な業績主義の評価に相応したその個人の労働の正当な報酬であると解釈できるならば、その階級帰属には理由があり、それは「なるべくしてなったこと」（必然）ということになるからだ。だが、プロレタリアにとってはそうではない。自分がプロレタリアートに帰属することが、宿命であり、必然であるとはとうてい受け入れがたい。つまり、資本主義というシステムにおけるどんな社会的なポジションも社会的状態も偶然でしかないということを、むき出しに体現しているのが、プロレタリアートである。それゆえ、結論的に整理すれば、階級は、ブルジョワジーにとっては、最終的には必然の様相をもって現れ、プロレタリアートにとっては、偶然の様相を最後まで失わない。ここで、バートルビーが偶然性（偶有性）をまさに裸のまま体現していた、ということを思い起こそう。つまり、彼は、プロレタリアとしてのプロレタリア、その純粋な代表だということになる。

4　不安と勇気

さて、すると鍵は、〈呼びかけ〉を聞くことができるか、にある。人々が、十分に多くの人が〈呼びかけ〉に応えるならば、われわれは、革命的な変容へのユートピア的な期待をもつことができる。誰が〈呼びかけ〉を聞くことできるのか。どうやったら、聞き取ることができるのか。私の仮説は、こうである。誰もが〈呼びかけ〉を聞いている。むしろ、〈呼びかけ〉を無視すること、聞かないことは不可能なのだ。この仮説の意味を説明しよう。そして、この仮説に説得力がある、ということを示してみよう。

議論を推進させるための手がかりとして、アラン・バディウが、初期の著作『主体の理論』(一九八二年)で述べていることを活用しよう。[12] バディウの理論は、〈存在〉と〈出来事〉の二元論をベースにしている。〈存在〉は、物事の日常的な秩序のことであり、〈出来事〉とは、日常の秩序に断絶や歪《ゆが》みをもたらし、日常的には隠れていた〈真実〉を露呈させる瞬間である。たとえば、私が、ごく普通のサラリーマンとして毎日同じような業務を繰り返していたとする。ところがある日、偶然街で出会った女性と恋に落ち、その女性と暮らすためには仕事も家族もすべてを捨ててもかまわない、と思ったとしよう。このとき、この恋が〈出来事〉である。たった一人の女性のために、これまでの人生の中で蓄積してきたすべてを犠牲にしてもかまわないという判断は、日常の〈存在〉の連関の中では決して自覚することがなかった、私にとっての〈真実〉だ。〈存在〉と〈出来事〉という二元論は、『主体の理論』においてはまだ十分に完成していない。が、この二元論を遡《そ》求的《きゅうてき》に適用したほうが、『主体の理論』の主張は理解しやすいものになる。

バディウは、この中で、〈出来事〉に対する基本的な態度が、四つの主観的・感情的な要素に整理できる、と述べている。四つの要素は、さらに二組の二項対立に整理される。各二項対立は、それぞれ古代ギリシアの代表的な悲劇詩人によって代表され、ソポクレス的カップル、アイスキュロス的カップルと呼ばれる。前者が、「恐怖－不安」のカップル、後者が「勇気－正義」のカップルだ。〈出来事〉に直面したとき、この2×2＝4個の感情的な反応のいずれかが生ずる、というわけだ。

だが、われわれは、バディウのこの図式を額面通りに受け取る必要はない。ソポクレス的なカップルというときに、彼の念頭にあるのは、『アンティゴネー』である。クレオンの発した厳しい法が「恐怖」に対応し、アンティゴネーの、（クレオンの法を破ることになる）兄ポリュネイケスの埋葬《まいそう》への執着は、取り替え不能なものを失うことへの無限の「不安」の表現になっている、と。しかし、クレオンの法は、都市国家の安寧《あんねい》のための実務的な判断から出されたものであって、〈出来事〉というより〈存在〉の側に属していて、その厳格さには何らの過剰性もない。この作品を悲劇たらしめているのは、アンティゴネーのまったく妥協をしないすさまじい執念である。とすれば、ソポクレス的カップルで重要なのは、アンティゴネーに代表されている〈不安〉のほうだけだ。次に、アイスキュロス的カップルを導くときに参照されているのは『救いを求める女たち』という戯曲である。これは、かんたんに言えば、他国との戦争を恐れずに難民を受け入れ、保護する話である。ここに「勇気」と「正義」が現れている、というわけだが、「正義」は感情的要素とは言いがたい。アイスキュロス的カップルは、〈勇気〉のほうに絞られる。したがって、バディウの四つの要素は、結局、〈不安〉と〈勇気〉に圧縮することができる。

＊

さて、バディウの理論をコンテクストにした場合には、革命はどのように定義されるだろうか。革命とは、〈出来事〉の衝撃を制度化し、永続化することである。世界史の中の最大の革命を例にとってみよう。およそ二〇〇〇年前エルサレムで、民衆から「神の子」だとか「キリスト（救世主）」だとか言われて人気があったイエスという名の青年が、冤罪《えんざい》で死刑になった。この〈出来事〉は、当時のユダヤ人やその周辺にいた者たちにとって、大きなショックであった。が、他の多くの出来事の中に埋もれて、忘れられる可能性だってあったのではないか。もっと多くの犠牲者を出す殉死《じゅんし》事件や冤罪事件は、その前にも、その後にもいくらでもあったのだから。しかし、この〈出来事〉は忘れられることはなかった。この〈出来事〉の意味が、パウロを中心とする後の者たちによって理論化され、教義として体系化され、結果として教会という制度が生まれたからである。この過程が、キリスト教というまったく新しい宗教、神から与えられた法をキャンセルするという教義をもつ斬新《ざんしん》な宗教を生み出す、革命である。これは、イエス・キリストの冤罪死という〈出来事〉が反芻され、反復され、その意味が永続化したことで成り立ったことである。

　すると、次のように考えることができるように見える。〈出来事〉の衝撃こそは、あの〈呼びかけ〉なのではあるまいか、と。が、このような解釈は、直ちにさらなる問題を呼びよせる。それは、「キリストの死」を〈出来事〉の例とした今しがたの解説の中に、すでに暗示しておいた問題である。〈出来事〉は、それ自体として客観的に存在しているわけではない。〈出来事〉は、それを体験する主体との相関でしか存在しない。〈出来事〉は、それをまさに〈出来事〉として認知し、そこに衝撃を見出す者にとってしか存在しないのだ。たとえば、ある人は、イエスという男の死を、よくあることのひとつと見なし、幸い犠牲者の数も少なかったのだからたいしたことではない、と解釈するかもしれない。この人にとっては、イエスが十字架の上で死んでも、それは〈出来事〉ではない。これが〈出来事〉になるのは、イエスを「神（の子）」として信じている者の視点に対してのみだ、ということになる。このことを踏まえて、〈出来事〉の衝撃こそが〈呼びかけ〉だという認定に戻ると、それは、「〈呼びかけ〉は、〈呼びかけ〉をそれとして聞くものに聞こえる」というまったくのトートロジーになってしまう。

たとえば、加藤典洋《のりひろ》は、3・11の福島第一原発の事故のおよそ三年後に出版された本の序文で、次のように論じている。3・11の後、普天間《ふてんま》問題、菅降ろし、消費税、TPP、オスプレイ配備、国境問題、日韓不和、日中対立激化、解散総選挙、……と次から次へと問題が百出し、それらがことごとく「待ったなし」の問題と言われ、実際にも、すべて大きな問題ではあった。が、加藤は言う。

しかし、私には一方で醒めた疑いがあった。これら社会、経済、政治、外交の〝緊急課題〟も、三・一一以降は、あの大きすぎる「穴ぼこ」から自ら目をそらすため、私たちが無意識のうちに必要としているアジール（避難場所）にあたるのではあるまいか、と。[13]

この診断はおそらく正しい。つまり、こういうことである。3・11は〈出来事〉であった。その他の問題、たとえばTPPがどうしたとか、尖閣《せんかく》諸島がどうしたとか、菅首相を辞めさせろとかといった、3・11と比較すれば相対的に小さいことに大騒ぎしている人は、それらのことにも〈出来事〉性を見出す感受性豊かな人たちかと言えば、そうではない。彼らは、それら別のことがらを（にせものの）「出来事」に仕立て上げ、その問題に没頭することで、ほんとうの〈出来事〉である3・11に直面することから逃げているのである。こういう人たちにとっては、〈出来事〉としての3・11は存在しないに等しい。

＊

だが、ここでさらによく考え直してみよう。TPPとか後継首相とか尖閣問題とかといった「出来事」をアジールとしている人にとっては、ほんとうに、3・11は〈出来事〉として存在しないのか。そうではあるまい。もし、3・11に何も感じないのであれば、アジールに逃げ込み、別の問題に過剰に関心をもつ必要もなかったからだ。3・11以外の緊急の課題を次々と見出すということ自体が、3・11に何かを感じていることの証拠である。何を感じたのか。

不安である。なぜ不安なのか。3・11のような〈出来事〉が、経験の前提になっていたことを、つまり超越論的な条件を揺さぶり、粉砕するからである。経験したことを意味づけるためには、認知のための地図のようなものが必要である。それが、超越論的な条件である。それは、経験のための公理的な前提だから、固定されていなくてはならない。だが、〈出来事〉は、そのような超越論的な条件が、正しくないのではないか、事実ではないのではあるまいか、という疑惑を与える。つまり、〈出来事〉は、超越論的な条件そのものを偶有化する（他のようかもしれないという直感を与える）。このことの感情的な反応が〈不安〉である。

〈出来事〉に不安を覚えるということ、そのことは普遍的である。誰も〈出来事〉がもたらす不安から逃れることはできない。ところで、不安は特別な感情である。

ハイデガーは、不安を現存在（人間）にとって、最も本源的な感情と見なした。フロイトやラカンも、さまざまな感情の中で、不安を特権視した。不安だけは嘘をつかない、というのだ。他の感情は、しばしば嘘をつき、他人だけではなく、いや他人以上に、本人を欺《あざむ》くことになる。たとえば、ライバルだった友人の死を、自分では悲しんでいるつもりなのだが、ほんとうは、（無意識のうちに）喜んでいる、などということがある。このとき、悲しみの意識は、無意識の喜びを隠す囮《おとり》のようなものである。しかし、不安にだけはそのような自己欺瞞《ぎまん》がありえない。ほんとうは不安ではないのに不安を感じている、などということはないのだ。

ここで私が言っておきたい。不安こそ、〈呼びかけ〉を聞いたということにほかならない、と。誰もが〈呼びかけ〉を聞いてしまっているのである。そのことの感情的な痕跡《こんせき》が、不安である。

ここで、また『バートルビー』に、一瞬、立ち返ってみよう。この小説の中で最も頻繁に言及される感情は、不安である。バートルビーが来たことで、語り手の弁護士をはじめとする周囲の人々は、頻繁に不安を感じるようになっているからだ。たとえば、いつの間にかにバートルビーの決まり文句「ほうがいいと思う」が伝染し、自分の口癖にもなっていることに気づいた語り手は、こう言う。

ですから、この書記と付き合っていることがすでに深刻なほど精神面に影響を与えていると思うと、身震いするほどでした。これから先、もっと恐ろしい異常事態が起こるんじゃないだろうか？　このような不安があるせいで、手っ取り早い手段を選ばなきゃならないぞ、という気持ちにさえなってきました。

繰り返せば、〈出来事〉に対して、誰もが不安を覚える。これは普遍的なことである。が、この不安が原因となって、さまざまな二次的な反応が生ずる。二次的な反応は、個別的で多様だ。〈出来事〉の衝撃をなんとか処理しようとする者もいる。〈出来事〉を矮小化して解釈し、既存の（超越論的な）認知地図の中に収めようとする者もいる。別の、そして偽の「出来事」のほうに逃げ込む者もいる。

だから、〈呼びかけ〉を聞き、不安を感じただけでは、〈出来事〉の衝撃をまるごと引き受けるような行動が引き起こされるとは限らない。そのような行動が生ずるためには、不安は別の感情に変換されなくてはならない。別の感情とは、勇気である。不安が勇気に引き継がれたとき、行動が――首尾よく展開したときにはまさに「革命」と見なしうるような大きな変化をもたらす決定的な行動が――選択される。

だが、不安から勇気への転換が、必ず起きるわけではない。その証拠に、日本人は遍《あまね》く、3・11のときに不安を覚えたのに、原発に対して、さして大きな行動をとってはいない。さまざまな別の問題に源泉をもつ「呼びかけ」に忙しく対応することで、3・11が惹起した〈呼びかけ〉に応ずることを回避してきたからである。「呼びかけ」があまりにうるさいので、〈呼びかけ〉が聞こえない……というふりをしてきたのだ。

いずれせよ、ここでは、不安の普遍性のほうを重視したい。〈出来事〉に対してまずは不安を覚えるということは、普遍的な現象である。その不安が、さらに勇気へと接続するのは、一部のケースかもしれない。しかし、その前段階である不安は、革命的な行動のために不可欠な必要条件であり、しかも普遍的に共有されている。

不安とは何であろうか。不安は何を表示しているのか。不安は、本来は同一であるべきところにどうしても消えない差異が宿っていることの証拠を認めてしまったときに生ずる。たとえば、雇い主や上司が仕事について命令すれば、雇用者や部下は、その通りに従うのが当然であり、それ以外はありえないという前提があったとする。それなのに、雇用者や部下の側に、その依頼された仕事をしないことができる、ということを発見したとき、人は不安を感じる。「命じられた仕事Xをしないことができない」世界と「命じられた仕事Xをしないことができる」世界との間のギャップが突然開示され、それらの間の差異が埋まらない。その埋まらない差異に出会ってしまったということの表現が、不安である。

不安は勇気の前提であり、革命的な行動にとって不可欠な最初の一歩である。この最初の一歩までは普遍的に整えられる。では、それよりも先に行くことができるのか。現代社会において、現代日本において。現代社会、とりわけ現在の日本において、最終的には資本主義の超克に至るような革命の（不）可能性の条件が見出されるのか。どこに認めることができるのか。これが、本書の探究を貫いてきた問いである。

5　〈二〉の復権

こうした探究は、暗黙の裏面として、哲学の抜本的な見直しを伴っている。つまり、革命の（不）可能性の条件の探究は、第一哲学（存在論）の立て直しの作業と表裏一体の関係にあるのだ。最後に、そのことの所以を説明しておこう。

また、アラン・バディウの助けを借りよう。彼は、あるところで、大胆にも、西洋哲学を全体として要約して、こう述べている。「哲学とは二による三の破壊である」と。[14]こう主張するとき、バディウはとりわけヘーゲルの弁証法のことを考えている。が、いずれにせよ、この要約は西洋哲学の性格づけとして適切とは思えない。

このように、単純な自然数を使って哲学を要約するならば、次のように言うべきではないか。「哲学とは一による二の制覇である」と。その結果として、「二を従える一」が、つまり「三」が出現する。どういうことか。哲学以前の神話の世界は、「相補的な二」の世界である。神話では、善と悪とか、陰と陽とか、正と邪とかが拮抗し、対決する。哲学は、この二を統一的に説明する「一」なるものを見出したときに始まる。「一」は、たいてい観念的な原理である。「イデア」とか、「不動の動者」とか、「絶対精神」とか、「コギト」とか。だが、逆に、「一」を物質的な原理に認めることもできる。そうすれば、唯物論（マテリアリズム）の哲学を得ることになる。いずれにせよ、西洋哲学の基本的な論理は、二を還元する一を見出し、全体として三を出現させる、という構成になっている[15]。

なぜこんな奇妙な解説から入っているかと言えば、以下に述べることは、一と三の間で消滅してしまった「二」の復権という意味をもつからである。ただし、その「二」は、前哲学的な神話の「二」とはまったく違う。

＊

われわれは、こう述べてきた。〈呼びかけ〉を聞き取るためには、「呼びかけ」をことごとく拒否しなくてはならない、と。バートルビーのように、である。バートルビーが具現しているのは、つまり「呼びかけ」の絶対的な拒否を通じて示されていることは、再確認すれば、純粋な偶有性である。偶有的なものとは、「存在しないことができる何か」のことだ。

なぜ偶有性という存在のあり方を確保することが重要なのか。アガンベンがアリストテレスを読み込みつつ論じているように、潜勢力《デュナミス》potentialの、つまり「なしうる」ということの条件になっているのは、偶有性だからである。言い換えれば、偶有性という存在の領域を確保することは、「自由」（なしうる）を哲学的に基礎づけることでもあるのだ。どうして、偶有性が、潜勢力（なしうること）の条件になるのか。アガンベンの説明を聞こう。

たとえば、ピアノの演奏家がピアノを演奏できる、ということは、ピアノを演奏していないときでも、つまり、ピアノ演奏を現勢化actualizeしていないときでも、その潜勢力を保つということである。要するに、ピアノを演奏できるということは、「ピアノを演奏しないこと」ができるのではなくてはならない。常識的には、潜勢力があるということ（なしうるということ）は、「することができる」ということではないか、と思うかもしれないが、そうではない。「することができる」であれば、ただの「する」と区別がつかなくなってしまう。つまり、潜勢力（ポテンシャル）と現勢化（アクチュアル）との区別がなくなってしまう。潜勢力をもつこと、つまり自由を保持することとは、ここで述べたような、純粋な偶有性によって担保される。そして、バートルビーは、まさにこの「（筆写を）しないことができる」の肉体化であった。

*

だが、偶有性という様相を存在論の領域に確保することは、実は、非常に難しい。偶有性が存在論において承認されるということは、「存在することができると同時に存在しないことができるもの something that can both be and not be」の存在が真でありうる、と証明しなくてはならない。が、このような存在は一見したところ、矛盾律を犯しているような印象を与える。このような奇妙な存在の真を確保するためには、哲学的にも、またわれわれの常識の上でも自明とされているいくつかの原則の働きを停止させなくてはならない。バートルビーの実践は、いわば、そうした原則を機能停止に追い込むことができるか、ということについての哲学的な実験のようなものである。

中でも最も手強《てごわ》い原則、どうしても無効にできそうもない原則は、「過去の撤回不可能性の原則」である。過去の出来事、すでに起きてしまったことは、その本性上、撤回不可能だ。トロイアが陥落してしまったとすれば、その事実は撤回不可能だ。だから、起きてしまったことについて、人は意志することはできない。願ったり、意志したりするためには、それが起きることも起きないこともどちらもありうる、ということが条件となるからだ。それゆえ、アリストテレスはこう言う。「トロイアが陥落したことを欲するものは誰もいない」と。

しかし、過去の出来事について、それが偶有的であった、と言えるためには、この「撤回不可能性の原則」を破らなくてはならない。トロイアが実際には陥落してしまっているのに、「トロイアが陥落しないこともありえた」と言えなくてはならないからである。だが、「撤回不可能性の原則」の働きを止めることなど、とうていできそうもない。われわれの常識もそう囁《ささや》くし、多くの哲学者もそう考えた。だが、そうだとすると、われわれは、偶有性を手放さなくてはならない。その代償は、「自由」である。自由なるものがこの世界にありうる、という余地を失うことになるのだ。

どうしたらよいのか。どう考えたら偶有性を救出することができるのか。厳密に証明する余裕はないので、結論だけを述べておこう。鍵になるのは、独特の〈他者性〉の機制である。〈一〉そのもののうちに孕《はら》まれる〈他者〉である。たとえば、「バートルビーが筆写をしている」という出来事があったとする。偶有性は、この出来事が自ら自身との間に不一致を孕み、自らに対する〈他者〉を随伴していると見なさざるをえないときに成立する。つまり、「筆写をしているバートルビー」が、「筆写をしないバートルビー」を析出できるときに、偶有性が生ずる。このとき〈一〉のそれ自身に対する不一致が〈二〉をもたらしていることになる。現勢的なこと（アクチュアルなこと）は、自身との不一致を幽霊のように伴っていて、その幽霊こそが潜勢的なこと（ポテンシャル）を基礎づける。

『バートルビー』の結末で、バートルビーは、弁護士事務所に来る前は、郵便局の「死んだ手紙 dead letter〔配達不能郵便物〕部局」の下級局員だったらしいという噂が紹介される。語り手である弁護士は、Dead letter は Dead man と似た響きがある、と言う。Dead letter (Dead man) こそは、〈一〉が随伴する〈他〉、〈一〉とともにある幽霊の隠喩にほかなるまい。

ともあれ、以上のようなきわめてかんたんなスケッチを通じて、はっきりと宣言しておきたいことは、次のことだ。革命の条件についての社会学的な考察は、第一哲学（存在論）の基礎からの見直しという高度に思弁的な作業と深く連動している。

両者は実のところ同じことなのである。

1　もっとも、メルヴィルの作品は、この小説だけではなく、ほとんどすべて、代表作とされる『白鯨』を含むほとんどすべてが、生前には正当に評価されず、ほぼ黙殺された。

2　Maurice Blanchot, *L'Écriture du désastre*, Gallimard, 1980. ジャック・デリダ『死を与える』廣瀬浩司＋林好夫訳、筑摩書房、二〇〇四年。ジル・ドゥルーズ『批評と臨床』守中高明ほか訳、河出書房新社、二〇〇二年。アントニオ・ネグリ＋マイケル・ハート『〈帝国〉』水島一憲ほか訳、以文社、二〇〇三年。エンリーケ・ビラ＝マタス『バートルビーと仲間たち』木村榮一訳、新潮社、二〇〇八年。加藤典洋『人類が永遠に続くのではないとしたら』新潮社、二〇一四年。

3　ジョルジョ・アガンベン『バートルビー』高桑和巳訳、月曜社、二〇〇五年。

4　『〈帝国〉』、二六六頁。

5　マックス・ヴェーバー『プロテンタンティズムの倫理と資本主義の精神』大塚久雄訳、岩波文庫。

6　Walter Benjamin: *Selected Wrtings, Volume 1: 1913-1926*, Edited by Marcus Bullock & Michael W. Jennings, Belknap Press, 2004.

7　今、ベンヤミンが資本主義＝宗教の特徴としてあげた条件の中の二つを紹介した。聖日と労働日の区別がないこと。信仰と労働とが一致すること。これらに加えて、ベンヤミンが指摘している三つ目の特徴は、さらに興味深く逆説的である。一般に、宗教を通じて人は罪を浄化する。しかし、ベンヤミンによると、資本主義は逆である。それは、人に罪を着せる宗教である。信仰すればするほど、罪の意識が深まるのが、資本主義という宗教である。

8 ヴェーバー、前掲書、一〇六頁。

9 ジョルジョ・アガンベン『残りの時——パウロ講義』上村忠男訳、岩波書店、二〇〇五年、四七頁。

10 以下も参照。大澤真幸『量子の社会哲学』講談社、二〇一〇年、二三五－二三七頁。見田宗介・大澤真幸『二千年紀の社会と思想』太田出版、二〇一二年。

11 カール・マルクス「ヘーゲル法哲学批判」『マルクス・エンゲルス全集1』大月書店、一九五九年。

12 Alain Badiou, *Théorie du sujet*, Paris: Seuil, 1982.

13 加藤典洋、前掲書、一一一頁。

14 Alain Badiou & Barbara Cassin, *Il n'y a pas de rapport sexuel*, Paris: Fayard, 2000, p.117.

15 ここに述べたことは、ジジェクが述べたことの改訂である。Slavoj Žižek, *Less Than Nothing*, pp.840.

III

終章　革命を待つ動物たち

1　想像力の貧困

最後に、ここまでの本書の主題からいくぶんか逸脱したことを論じておこう。本書と私の他の仕事との関係について、簡単に説明しておきたいのだ。私は今、いくつもの仕事を並行して進めている。ほんとうは一つずつ集中して片付けていきたいのだが、それは叶わない。人生は有限だからだ。一つずつやっていたら、おそらく、なさねばならぬ次の仕事に取りかかる前に人生は終わるだろう。ゆえに、いくつもの異なる仕事を同時に行わざるをえない。

だが、私にとっては、実は、多数の仕事は、同じひとつの仕事でもある。それらは、相互に連関しているからである。おそらく、他人から見ると、まったく無関係で、つながりがわからない仕事もある。しかし、私にとっては深く結びついている。

だからこそ、同時に進めることができるのである。

ここで、最も遠く離れているように見える仕事も、相互につながっている、ということを自己解説風に論じておきたい。本書の主題は、〈革命〉である。これと最も隔《へだ》たっているように見える仕事は、〈動物と人間〉をめぐる研究だ。私は今、動物との関係において人間とは何かを問う探究に従事している。とりわけ、人間の社会性、人間に固有な社会性は何であり、それはどのようなメカニズムで可能になっているのかが中心的な主題である。この研究では、進化生物学や霊長類学、脳科学などの自然科学から、社会学や哲学の知見までが、横断的に総動員される。成果は部分的に発表されている。いや、まさに発表の途上にある。[1]こうした研究は、〈革命〉の可能性という主題とは、およそ関係がないように思われるだろう。しかし、そうではない。

序章で述べたことをここでもう一度思い起こしてほしい。私は、資本主義のアンチノミーについて述べた。われわれは、資本主義の本質的な限界を予感しているのに、その外についての想像力をもてずにいる。この状態を、次のように言ってもよいかもしれない。現代人の主観的な想像力に対して、資本の客観的な想像力が勝っているのだ、と。われわれが、（資本主義の）外部として想像することなど、資本の方ではたいした驚きではなく、すぐに取り入れ自分の発展のために活用してしまっているのだ。今のところ、われわれの想像力は、資本の想像力よりも貧困だ。この貧困を克服しなくてはならない。動物までも視野に入れる社会学的考察は、そのための道である。

　動物と革命ということに奇妙な組み合わせに、ひとつのイメージを与えるために、パウロの有名な言葉を引いておこう。「ローマ人への手紙」に次のようにある。「被造物〔動物〕は、神の子たちの現れるのを切に待ち望んでいます」（八章一九節）。「神の子たちが現れる」とは、もちろん、終末の日における救済である。宗教性（キリスト教）を脱色させて、われわれの文脈に対応させれば、これは、もちろん、革命が成就したときである。動物も革命の成功を待っているのだ。そのとき、動物はどうなるのだろうか。間接的に暗示されているだけだが、動物はおそらく人間になるのだ。宗教的な救済のイメージに、生まじめに付き合う必要はないが、ここから、寓意的な教訓を引き出すことはできる。人間の解放の条件が、動物のうちに胚胎《はいたい》しているという直観は、パウロにもあった、ということ。この直観に、学問的な裏付けを与えることが、私の狙いであるとも言える。

2　共産主義（コミュニズム）の二つの要素

若き日のマルクスは、エンゲルスとともに、こう書いている。「古いブルジョワ社会、その諸階級および階級対立にかわって、各人の自由な発展が万人の自由な発展の条件となるような、社会組織がうまれるのである」。この一文で、マルクスは、革命が実現する共産主義の社会について語っている。ここで、フランス革命が掲げたスローガンに含まれる三つの要素のうちの二つが、同時に満たされることが目指されている。

フランス革命のスローガンとは、もちろん、「自由、平等、博愛」である。各人の自由が、すべての他者たちの自由の条件にもなっている、ということは、（個人の）自由と普遍的で無際限の連帯（博愛）とが、同時に、相互に条件づけあうようなかたちで実現している、ということである。ここで、三つの要素の中から平等はカットされている。

これはいささか意外なことである。普通は、社会主義や共産主義は、平等を最優先にするイデオロギーであると見なされているからである。また、今日のわれわれが最初に求めるのも、平等ではないだろうか(格差の是正等)。どうして、マルクスとエンゲルスは、平等を目的にあげていないのだろうか。

その理由は、おそらく、平等の直接的な追求こそが不平等をもたらす、という逆説にある。どうしてか。平等を制度化することは、必ず、反事実的な仮定を含む。人々は実際には平等ではないからだ。現実には不平等な者を、ヴァーチャルな想定として平等と見なすと、そのことこそが、不平等をさらに生み出すことになる。こうした事実を、われわれはよく知っているはずだ。たとえば、機会均等の原則。機会均等の原則が、不平等を正当化することがあるのを、われわれは知っている。たまたま偶発的な原因で有利な者が、まさにその有利さを活用して勝利することを、機会均等の原則は許すからだ。逆に、アファーマティヴ・アクション(積極的格差是正措置)をとったときにはどうか。しかし、この手法の恩恵を受けない者が、被差別感をもつことは、よく知られている。だから、平等の制度化こそが、まさに不平等の原因になりうる。

では、マルクスとエンゲルスにとっては、平等などどちらでもよい、いくら格差があってもかまわない、ということなのか。そうではない。平等は、直接の第一次的な目的にすべきではない、ということがポイントである。言い換えれば、平等は、結果的に、いわば副産物のようにして獲得されなくてはならないのだ。

マルクスとエンゲルスが記述した理想の社会組織、つまり各人の自由が万人の自由の条件となっているとき、人は不平等に不満を覚えることになるか考えてみとよい。そのとき、不平等（格差）の問題も解消しているはずだ。他者（たち）の自由が、自分の自由の条件でもあるならば、他者（たち）が自分より大きい自由をもっている（かもしれない）ということに、誰も不満をもつはずがない。他者が自由をもっていてくれなければ、自分も自由ではありえないからだ。自由と博愛が結合しているとき、平等／不平等の問題も解消していることになる。

さて、すると、重要なのは、自由と普遍的な連帯（博愛）である。それらは、いかにして可能なのか。動物への遡行《そこう》によって、それらは、究極の基礎を得ることができるのである。

3　部分的／普遍的連帯

まずは、連帯の方から。人は、一般には、部分的に連帯している。つまり、普遍的には連帯していない。誰もが、自分の身内、自分の所属集団、つまり内集団を優先するからだ。人は、ほぼ常に、内集団の利益や幸福を、外集団の利益や幸福よりも大事にし、両者の間にトレードオフの関係があるときには、前者をとる。このことは、日常的な経験からもわかっていることだが、厳密な心理学的実験によっても検証できる。

このような人間の傾向は、生物進化の産物であろう。このように類推することは、きわめてリーズナブルなことだ。なぜなら、進化は、利己的遺伝子たちの間の競争によって生ずるからである。利己的遺伝子が、適応のために、つまり自分の再生産や増殖にとって有利な戦略として、動物個体（つまり人間個体）に、互いに仲良くなったり、親切にしたり、同情しあったりといった性質を植え付けるということは、十分にありうることだ。そうすれば、複数の動物個体（としての人間）が互いに連帯し、協調しあい、生存の確率と子孫を残す確率を高めることだろう。これは、遺伝子の生き残りや増殖にとっても好都合なことだ。われわれだって、競争に勝ち抜くために、仲間を作ったり、徒党を組んだりする。同じことは、遺伝子も試みる。

ただし、利己的遺伝子がもたらすことは、部分的な連帯であって、普遍的な連帯ではないはずだ。これは、進化が（利己的遺伝子の）競争を原動力としていることの必然である。われわれも徒党を組むのは、ライバルに勝つためであろう。ライバルがいなければ、わざわざ徒党を組む意味はない。しかし、このとき、ライバルや敵は、連帯の範囲から排除される。

資本主義は、人間のこのような性質、つまり部分的に連帯し、内集団をひいきする傾向を、徹底的に活用している、と言うことができるだろう。資本主義とはまさに競争の場、市場において利潤をあげあう競争の場、資本蓄積をめぐる戦場だからである。人々は、企業や家計というかたちで、部分的に連帯しながら、市場での競争に勝利しようとする。

さて、すると、マルクスが求めたような普遍的な連帯など、動物としての人間には求めることはできない、という結論になるのだろうか。だが、ここで自分自身を反省してみるとよい。確かに、われわれには、身内を、つまり内集団をひいきするきわめて強い傾向がある。しかし、それでも、われわれは一般に、特に利害が対立していなければ、外集団の人についても、幸福であってほしい、成功してほしいという願望をもつのではないか。われわれは、できることならば、すべての人が幸福であってほしいと（漠然とであれ）望むのではないか。こうした願望こそは、普遍的な連帯のための条件となりうる。

宮沢賢治の『銀河鉄道の夜』は、まさにこのことを主題とした童話である。この物語は、人々はそれぞれ自分の神、自分の価値観をもっていて、自分自身の観点からはそれぞれの神が唯一絶対的なものに見えるために、互いに闘争しあうしかなく、連帯は困難だ、という問題を提起する。ジョバンニが乗っている銀河鉄道で、同乗している客たちはみなそれぞれの駅で降りてしまう。それぞれの駅が、それぞれの人の神や共同体を象徴している。ジョバンニだけが、どこまで行ける切符をもち、どこにも降りない。

物語の結末で、突然、ブルカニロ博士というふしぎな人物が現れる。[2] 彼は主人公のジョバンニに言う。「みんながめいめいじぶんの神さまがほんたうの神さまだといふだらう。けれどもお互ほかの神さまを信ずる人たちのしたことでも涙がこぼれるだろう。」

だが、どうして、われわれは、他の神さまに属する人にも同情するのだろうか。どうして、われわれは、外集団の人の幸福をも望むのだろうか。これらの同情や願望は、利己的遺伝子の論理から逸脱しており、そこからは説明できないように見える。それならば、人間には、動物を超えた、動物性には根拠をもたない、何か神秘的な能力や性質が備わっているということなのか。もちろん、そんなことはありえない。

動物性に対して過剰に見える、外集団の人々への共感や同情、連帯の普遍性へのポテンシャルを宿したこうした性質。これもまた、動物としての人間の性質に根をもっていると考えざるをえない。つまり、動物的な原理からの断絶自体が、動物性に内在しているはずだ。動物性がどのようにして、このような逸脱の原因となりうるのか。このことを解明することが、普遍的な連帯の可能性の条件をその最も深部において取り出すことを意味している。これが、〈動物と人間〉をめぐる探究の目的のひとつである。

4　動物の世界の貧しさ

自由についても同じようなことが言える。自由とは何か。もちろん、何ごとかをなしうる、ということにほかならない。だが、「なしうる」とはどういうことなのか。それが人間に帰属するとは、どういうことなのか。この主題についての厳密な説明はあまりに複雑だ。そこで、議論の展開を速めるためにハイデガーの助けを借りよう。いや、ジョルジョ・アガンベンによって解釈されたハイデガーを参照することにする。[3] もっとも、そうしたからといって、圧倒的に簡単になる、とは言えないのだが。ハイデガーもアガンベンも、かなり難解でタフな思想家なのだから。

　ハイデガーは、人間と動物と非生物とを区別するために、三つのテーゼを提起した。「石には世界がない」「動物は世界に関して貧しい」「人間は世界の形成者である」。一人ひとりの人間は、自分が出会う事物を意味づけ、それらを含む経験の全体をひとつの世界として形成している。これら三つのテーゼの中で、最も重要なのは、二番目のテーゼ、つまり動物は世界をもつのだが、その世界は貧しいというテーゼだ。

この動物と世界との関係を、ハイデガーは次のように言い換えている。環境は動物に対して開かれているが、しかし開示されてはいない、と。どういうことか。まず、開かれているとは、動物は、環境からの解発刺激に対して自動的に反応し、環境と見事な相互作用をなしうる、ということだ。たとえば、ダニで説明しよう。ダニは、酪酸《らくさん》の匂いに反応する。哺乳類の皮脂腺から発散される酪酸の匂いが解発刺激（シグナル）となって、ダニは、その持ち場を離れ、落下する。すると首尾よくいけば、そのダニは獲物となる動物の皮膚に着地するだろう。そのあと、ダニは、摂氏三七度という温度に反応する。その温度が解発刺激となり、ダニは、液体を（つまり血液）を吸うことになる。このように環境とうまく噛み合っているのだから、動物にとって、環境が閉じられているとは言えまい。

だが、環境は、動物には開示されてはいない。開示されているとは、主体に対して、対象が何ものかとして（意味をもって、つまり本質を開示して）現れており、主体が、その現れに応じて、対象を道具的に――つまり選択的に――扱っている状態だ。たとえば、私は、目の前にある物体を、パソコンとして認知し、「論文を書くのに有用だ」と思いながら使っている。私に対して、この物体の本質が開示されているのだ。しかし、ダニは違う。酪酸の匂いを感知したとき、「しめしめ、うまそうなやつがやってきた」などと意識するわけではない。ただ、その匂いによって、ダニの身体にスイッチが入り、やみくもに落下するだけだ。開示されていない、というのは、自由がないというのと同じである。ダニは、酪酸に自動的に反応しているだけだからだ。

5 退屈における自由

と、ここまでの展開は、記述が哲学用語に翻訳されてはいるが、たいした独創性はない。が、この後のハイデガー＝アガンベンの議論の展開がまことにアクロバティックである。それだけに疑問を挟みうるものなのだが、ここは、私の研究プロジェクトの概要を紹介することだけが目的で、研究内容に立ち入る場面ではないので、いささかあやしげな説明に便乗することにする。

ハイデガー＝アガンベンは、この動物の貧しい世界ということを、人間の退屈・倦怠という状態と重ね合わせるのだ。[4] ハイデガーによると、退屈には三つの段階があるのだが、アガンベンが主題にしているのは、その第一の段階のみである。それは、「空虚への放逐《ほうちく》Leergelassenheit, l'être-laissé-vide, being-left-to-emptiness」だ。どういう意味かは、事例に語らせればすぐにわかる。あるとき、ハイデガーは、どこかの片田舎の駅で、四時間も次の列車を待たなくてはならなくなったらしい。すべきことは何もなく、まことに退屈だ。ちょっと本を読んでみたり、時刻表を眺めてみたり、付近を散歩してみたり、樹木の本数を数えてみたり、地面に落書きを描いてみたりする。合間に、ふとわれにかえって時計を見るのだが、いくらも時間は経っていない。…このとき、さまざまな空しいことに身を委ねるしかない。これが、空虚への放逐である。

この退屈という状態は、二つの構造的契機からなっている、とハイデガーは分析する。退屈しているとき、現存在（＝人間主体）は、退屈させるもの――この例では本とか時刻表とか樹とか地面とか…である――に身を任せている。これら現存在を取り巻くものは、現存在によって、何か積極的に選択された行為の対象として措定されているわけではない。つまり、それらは、現存在の意識的なコントロールの下に置かれているわけではない。その意味では、これら取り巻きの対象は、いわば、現存在の言うことをきかないもの、現存在にとって意のままにならないものである。むしろ、現存在の方が、特別に自覚も意図もないままに、それらの物との関係に引き込まれてしまっているのだ。

わかりにくければ、樹木調査で樹の本数を数えているときと、退屈でぼんやりと数えているときとを比べるとよい。調査においては、私は樹に対して自覚的に立っており、自分の意識が、上から目線で樹たちを支配している気分になる。しかし、退屈なときには、しかと計画するでもなく、半ば無意識のうちに、仕方なしに、いつの間にかに樹を数えてしまっている。私が樹を統御しているのではなく、どちらかと言えば、樹の方が私を統御している。これが、退屈の第一の契機、「ままならぬ存在者に委ねられていること」である。

このような観点で退屈を捉えたとき、退屈な状態とは、貧しい世界をもっているあの動物とよく似ている…とハイデガー＝アガンベンは認定するのだ。ほんとうだろうか、といぶかしく思うが、説明をきこう。動物（ダニ）は、解発刺激となる要因（酪酸）との関係に、言わばはまっている。というのも、動物にはその解発刺激を含む環境が開示されているわけではないので――つまり動物は環境の意味を意識しているわけではなく――、動物は刺激によって引き起こされる関係に身を任せているからだ。これは、自分が自覚的に統御しているわけではない存在者に委ねられている、退屈時の現存在とまったく同じ状態ではないか。…というわけである。

さて、このあと、第一の構造的契機から、第二の構造的契機へと移行する。第二の構造的契機とは、「宙づりにされて保持されること」である。何のことだかわかりにくいだろう。実は、第一の構造的契機と第二の構造的契機は、同じことを別の観点から捉えているだけである。ただ、観点を変えることで、意味がほぼ逆転する。ここの転換が、そうとうに無理な飛躍になっているのだが、解説しよう。

あの「ままならぬ存在者」が、現存在（人間主体）がその存在者に対してなしうる可能性を可能性のままに明らかにしている、と捉え返すことがポイントである。現存在は、退屈の中で、意図も計画もなく、存在者たちとの関係に引き込まれてしまっているのだった。たとえば、樹木を数えてしまったり、こんどは、樹木の形をなぞっていたり、あるいは樹木の色が気になってしまったり、等々。だが、ここで反省してみれば、これらのこと、つまり本数を数えること、形に注目すること、色を観察すること、等々は、樹木に対して現存在がなしうることの集合ではないか。

つまり、存在者に対してなしうることのすべてが、しかと「これ」とひとつに選択されることなく、言わば、可能性のままに漂っている、宙ぶらりんになっている、そんなふうに状況を描くことができるだろう。これが、「宙づりに保持されていること」という第二の構造的契機である。

この第二の構造的契機における退屈を、ハイデガーは、「休耕地」に喩《たと》えている。ただの荒地、未開墾地《みかいこんち》でもなければ、小麦やらブドウやらトウモロコシやらの特定の何かを栽培している耕作地でもない。つまり、それは、さまざまなものを栽培しうる可能性だけの耕作地、何を栽培するかに関して宙づりになっている耕作地である。

ここから何が言えるのか。退屈を第一の構造的契機として見るならば、それは自由の否定である。人間は、「ままならぬもの」たちとの関係に気づかぬうちにはまり、それらのものに振り回されているからだ。この第一の構造的契機は、貧しい世界をもつ動物のあり方と同じであった。このとき、動物の行動は、環境の中にある解発刺激に決定されており、やはり自由な選択性はここにはない。

だが、同じ退屈を第二の構造的契機として捉え直せば、今度は、それは、純粋な自由としてたち現れる。純粋な自由というのは、まだ行使される前の自由、現実の行動となる以前の自由という意味である。第二の構造的契機において捉えるならば、退屈は、さまざまな可能な選択肢を、どれかひとつに決定しないまま、宙づりに保持していることになるからだ。

　ところで、繰り返し述べてきたように、第一の構造的契機と第二の構造的契機と、別の事態を指しているわけではなく、同じ事態に対する二つの見方である。第一の構造的契機は動物的な状態と同一視することができるのだった。とするならば、以上の理路を、動物性から自由の発生を説明しようとする試みとして解釈できるはずだ。

　多分、ここまで解説してきたハイデガー＝アガンベンの議論には、納得いかなかったろう。ごまかされたような気分になったに違いない。それで構わないのだ。というのも、ここでは、私の研究の方向を示唆するために、彼らの議論を例示的に活用しただけだからだ。

　連帯という要素に関して、先ほど、このような見通しを述べた。動物性からの過剰（連帯の普遍性）ということ自体が、動物性に内在しているのではないか、と。同じことは、自由についても言える。人間的な〈自由〉は、動物的な〈自由の不在〉の後に、外から加えられるのではない。前者は、後者そのものに全面的に根をもつかたちで実現するのである。

*

つまるところ何が狙いなのか。〈革命〉が可能なためには、資本の想像力をこえる想像力によって、ユートピアを構想できなくてはならない。資本のネットワークをこえる普遍的な連帯。資本が許容する自由を上回る大きさをもった自由。それらは、思い切って動物の水準にまで遡行しなくては、人間がまさに動物であるということから考え直さなくては、見つからない。〈革命〉の可能性ということについての本書の現状分析と、〈動物と人間〉をめぐる原理的な考察とは、まっすぐに一本の糸によってつながっているのである。

1　大澤真幸『動物的／人間的Ⅰ』弘文堂、二〇一二年。「社会性の起原」『本』講談社、二〇一四年より連載中。

2　『銀河鉄道の夜』には、四種類の草稿がある。最終形とされている第四次稿には、ブルカニロ博士は登場しない。

3　Girgio Agamben, *L'ouvert: De l'homme et de l'animal*, Joël Gayraud tr., Rivages: Paris, 2002, pp.74-108.

4　ハイデガーの「退屈」についての分析は、以下の著作にまことに明快に解説されているので、参照されたい。國分功一郎『暇と退屈の倫理学　増補新版』太田出版、二〇一五年。

初出一覧

序章　書き下ろし
第1章『atプラス』七号、二〇一一年二月
第2章『atプラス』一二号、二〇一二年五月
第3章『atプラス』一三号、二〇一二年八月
第4章『atプラス』一五号、二〇一三年二月
第5章『atプラス』一六号、二〇一三年五月
第6章『atプラス』一七号、二〇一三年八月
第7章『atプラス』一八号、二〇一三年一一月
第8章『atプラス』一九号、二〇一四年二月
第9章『atプラス』二〇号、二〇一四年五月
第10章『atプラス』二一号、二〇一四年八月
第11章『atプラス』二八号、二〇一六年五月
第12章『atプラス』二九号、二〇一六年八月
終章　書き下ろし

著者略歴

大澤真幸（おおさわ・まさち）

一九五八年長野県生まれ。東京大学大学院社会学研究科博士課程修了。社会学博士。千葉大学文学部助教授、京都大学大学院人間・環境学研究科教授を歴任。思想誌『THINKING「O」』（左右社）主宰。おもな著書に『行為の代数学』（青土社）、『虚構の時代の果て』（筑摩書房）、『ナショナリズムの由来』（講談社、毎日出版文化賞）、『不可能性の時代』（岩波新書）、『〈自由〉の条件』（講談社）、『社会は絶えず夢を見ている』（朝日出版社）、『〈世界史〉の哲学』（講談社）、『夢よりも深い覚醒へ』（岩波新書）、『自由という牢獄』（岩波書店、河合隼雄学芸賞）他多数。真木悠介（見田宗介）との共著に『二千年紀の社会と思想』（太田出版）、『現代社会の存立構造／現代社会の存立構造を読む』（朝日出版社）がある。

at プラス 叢書 15

可能なる革命

二〇一六年一〇月九日　初版第一刷発行

著者　大澤真幸

装幀・造本　有山達也＋岩渕恵子（アリヤマデザインストア）
発行人　赤井茂樹
営業担当　森一暁
発行所　株式会社太田出版
〒一六〇—八五七一　東京都新宿区愛住町二二　第三山田ビル　四階
電話　〇三—三三五九—六二六二／FAX　〇三—三三五九—〇〇四〇
振替　〇〇一二〇—六—一六二一六六
WEBページ http://www.ohtabooks.com

印刷・製本　中央精版印刷株式会社

ISBN978-4-7783-1534-4 C0095

homo Viator
……路上の人